Günter von Hummel

Rede und Sichtung

Zusammenfassende Texte zur
Analytischen Psychokatharsis

Das Umschlagsbild von T. Heydecker (semantik-art.com) zeigt in-einandergeschachtelte Gebäude, die noch zudem mit Linien und Buchstaben in komplexer Weise kombiniert sind. Damit ist das Wesen von Rede und Sichtung – was immer diese zwei Begriffe vorerst bedeuten mögen – bildlich ideal dargestellt. Es könnten Menschen in diesen Häusern wohnen und die Buchstaben könnten die Laute sein, die sie miteinander austauschen. Alles ist in blaues, abendliches oder jenseitiges Licht getaucht und manchmal kann man sogar ein Wort herauslesen: das lateinische vertigo und res zum Beispiel oder das englische night. Ganz sicher kann man nicht sein, und so verhält es sich in allen Bereichen und Wissenschaften. Man muss selbst darauf kommen, was wirklich ist. Man muss eine Selbstanalyse mit den objektiven Kenntnissen verbinden. Dazu kann das Verfahren der *Analytischen Psychokatharsis* helfen.

© 2026 Günter von Hummel

Verlag: BoD · Books on Demand GmbH,

Überseering 33, 22297 Hamburg, bod@bod.de

Druck: Libri Plureos GmbH, Friedensallee 273,

22763 Hamburg

Lektorat: Franz X. Gfirtner, S. Möckel, München

ISBN: 978-3-8482-5814-7

Inhaltsverzeichnis

Vorwort

Ende der Zwanzigerjahre des letzten Jahrhunderts hatte Sigmund Freud dafür plädiert, dass die Psychoanalyse nicht nur von Ärzten, sondern auch von Laien praktiziert werden sollte.[1] Ja er hielt Ärzte fast eher für nicht so geeignet wie Nichtärzte, weil er überzeugt war, Ärzte würden zu sehr im naturwissenschaftlichen und materialistischen Sinne geprägt sein, und so für die Tiefen der Seele letztlich nicht so viel Gespür aufbringen wie eben Laien. Freud wehrte sich vor allem gegen die Ärzteorganisationen in Amerika, die strikt für die Beibehaltung des medizinisch–akademischen Berufs hinsichtlich der Ausübung der Psychoanalyse votierten. Der Grund dafür bestand in der dort sehr raschen Ausbreitung der Psychoanalyse auf oft sehr oberflächlichem Niveau, was Freud auch anmerkte. Doch sein Plädoyer für die Laienanalyse rechtfertigte er weiterhin.

Nun ist es nicht das alleinige Problem, von wem und wie die psychoanalytische Therapie durchgeführt werden sollte. Das gleiche bestand auch darin, dass die Psychoanalyse in absehbarer Zeit – wie es oft hieß – vorwiegend von jungen, reichen und intellektuellen Personen genutzt wurde. Es waren die Menschen aus den großen Städten, die liberal und eher linksorientiert waren, während die mehr konservativen Leute vom Land, die streng in ihren Religionspraktiken verwurzelt und in harter landwirtschaftlicher Arbeit eingespannt waren, von der Psychoanalyse nicht viel hielten, ja sie meistens gar nicht kannten. Das ist auch heute noch so, und so stellt sich berechtigt die Frage, was man tun muss, um der allgemeinen Bevölkerung dieses Therapieverfahren zur Verfügung zu stellen.

Doch es kommt noch ein drittes Problem dazu. Die Psychoanalyse hat sich nach mehr als hundert Jahren immer mehr in schulmeisterliche Akademisierung und scholastische Diskurse verwandelt, die von großen, aufwendigen Organisationen mehr verwaltet werden, als sie für wissenschaftlich freie Arbeit zugänglich zu machen. Die Ausbildung ist strikter, die Unkosten dafür um etliches höher, und

---

[1] Freud, S., GW Bd. XIV, S. 209 und 287

auch in der Ausübung für Krankenkassen und private Bezahler kostspielig geworden. Zudem dauert die Behandlung oft enorm lange, bis zu dreihundert oder auch sechshundert Stunden (im Extremfall auch weit über tausend) mit einem Zeitraum von drei bis acht Jahren sind notwendig. Und weiter: Von Heilung zu sprechen, ist in der Psychoanalyse schwierig, weil sie – wie Freud selbst sagte – mehr der „Wahrheitsfindung dient" als der Therapie. Neurotisches Elend, so seine Aussage dazu, wird nur in normales Unglück verwandelt, viel mehr ist da nicht drin.

Ich habe daher in den vergangenen, dreißig Jahren ein ergänzendes, aber auch weiterführendes, Verfahren entwickelt, das ich *Analytische Psychokatharsis* genannt habe. Dieses Verfahren nutzt auch meditative Übungen. Den Zusammenhang von Psychoanalyse und Meditation habe ich bereits im Buch *Analytische Psychokatharsis* ausführlich beschrieben. Da dieses selbsttherapeutische Verfahren im Grunde genommen einfach zu erlernen ist und nicht unbedingt theoretisch komplizierte Erklärungen benötigt, fasse ich es in diesem Buch verkürzt zusammen, muss allerdings ein paar allgemeine Bemerkungen an den Anfang stellen und erklären, warum psychoanalytisches und meditatives Vorgehen kein Widerspruch sind.

Wie in einer der üblichen Meditationen muss auch der Psychoanalytiker in seiner Arbeit bei sich selbst nach innen gehen und sich dem anfänglich unbekannten Dunkel überlassen. Freud nannte dies eine „gleichschwebende Aufmerksamkeit", mit der und aus der heraus der Therapeut seinem Klienten zuhören sollte. Die Aufforderung zu einer derartigen Passivität bedeutete, dass der Therapeut in diesem Moment nicht (oder vorwiegend nicht) rational-logisch denken kann und soll. Er ist aber wach, auf die Aussagen des Patienten hin orientiert, befindet sich aber dennoch fast wie in leichter Trance. Denn es kommt darauf an, die Zwischentöne in der Rede seiner Patienten herauszuhören und nicht die absichtlich geäußerten Argumente.

Freud drückte sich hinsichtlich der „gleichschwebenden Aufmerksamkeit" auch so aus, dass der Analytiker dem Patienten „sein

Unbewusstes als empfangendes Organ zuwenden sollte".[2] Das klingt ein bisschen seltsam. Denn wie diese Art jungfräulicher Empfängnis vor sich gehen sollte, konnte Freud nicht klarer definieren. Die „gleichschwebende Aufmerksamkeit" blieb somit in der Psychoanalyse stets etwas Problematisches. Sagen wir es so: Der Psychoanalytiker kann die vielschichtige Bezogenheit seines Patienten auf sich als den Therapeuten nur erfassen, wenn er selbst halb in Versunkenheit, aber eben für die Zwischentöne hochgradig sensibilisiert, zuhört. Denn er besitzt sehr wohl einen rationalen Hintergrund, auf den er auch zugreift, gerade wenn ihn in seiner Trance etwas wachrüttelt und weckt, das der Klient bzw. Patient sagt. Es mag ein Stocken im Redefluss sein, ein Versprecher oder ein halbes Geständnis, das die meditative Haltung des Therapeuten unterbricht. Man hat so gesehen eine besondere Art der Meditation vor sich.

Eine weitere Gemeinsamkeit zwischen Psychoanalyse und Meditation besteht auch aufseiten des Patienten in der sogenannten ‚freien Assoziation', in der nun der Patient oder Klient – egal, wie man ihn nennen will – reden muss, was ihm gerade so einfällt. Auch hier steht also ein Treibenlassen, ein Sprechen aus den Kulissen oder aus einer Art des meditativen Tagträumens heraus, im Vordergrund. Dieses spontane Reden, in dem der Patient jedem Einfall ebenso fast tranceartig folgen muss, erzeugt zwar viel Rede-Abfall, ähnelt aber erneut dem meditativen Vorgang. Denn in der Meditation existiert ein durchaus vergleichbares Reden, nämlich einerseits das, was der Meditierende als Hintergrundinformation zu seinen Übungen bekommen hat. Diese Informationen klingen meistens etwas geheimnisvoll, mystisch und mythisch, lassen also frei Assoziatives offen.

Vereinfacht könnte man also sagen, dass in der Psychoanalyse Therapeut und Klient gemeinsam meditieren und das Meditierte dann zusammen interpretieren. Der Psychoanalytiker A. Ferro nannte dies sogar direkt ein „gemeinsames Träumen" zwischen

---

[2] Freud, S., G. SW. VIII, S. 381

Therapeuten und Patienten.[3] Während also der Adept, der ein reine Meditation erlernt, mit dem puren Etwas vor seinem inneren Auge, mit dem Geheiß seines Lehrers, eventuell mit dem Vorgang seines Atems oder etwas Ähnlichem das Gleiche tut, verhält er sich allerdings völlig anders als der Patient in der Psychoanalyse. Er unterhält sich nämlich mit gar niemandem, sondern führt nur das Direktiv seines Lehrers aus, indem er direkter und auch spartanischer mit dem eigenen Unbewussten umgehen muss, weil er alle persönlichen Gefühle und Gedanken zurückstellt und in der Trance nur hochkommt, was in ihm stark zur Bewusstheit drängt und er nicht aufhalten kann. Ein überrationaler Glaube an seinen Lehrer lässt ihn das aushalten.

Diese Arbeit nimmt in der Psychoanalyse der Therapeut dem Patienten ab, indem er aus den ‚freien Assoziationen‘ die nötigen Deutungen herauszieht, die der Patient jedoch auch ertragen muss. In der *Analytischen Psychokatharsis* (verkürzt in Zukunft nur noch *APK* genannt) wirkt ein zu meditierendes sprachliches *Schlüsselelement,* das in einem einzigen Schriftzug mehrere sich überlappende Bedeutungen enthält, direkt und intensiv auf das Unbewusste ein. Denn es provoziert durch seine Irrationalität (mehrere sich überschneidende, aber reale Bedeutungen) die nach außen drängenden Gedanken in einer Form, die der Deutung des Psychoanalytikers entspricht. Auch hier unterbrechen dazwischen tretende Gedanken – emotionale Abwehr in der Psychoanalyse, Abfalls-Einsichten in der Meditation – das konstruktive Vorgehen. Natürlich gibt es auch Unterschiede in der methodischen Verarbeitung, im weiteren inneren Vorgehen, in der Bedeutung des Intellekts usw. Aber die *APK* kann diese Probleme vermeiden, wie ich wissenschaftlich begründet erläutern will.

In diesem Buch sind viele Artikel, die ich im Internet und in anderen Büchern veröffentlicht habe, unter vereinheitlichenden Prinzipien neu formuliert und zusammengefasst worden. Damit ist vermieden,

---

[3] Ferro, A. Pensieri di uno analista irriverente, Raf. Cortina editore (2017)

dass man achtzig oder mehr Artikel nacheinander zu lesen bekommt, die völlig unzusammenhängend sind und in denen sich auch zum großen Teil – vor allem zum Schluss hin – gleiche Argumentationen finden. Der Begriff der Rede soll das unbewusste Sprechen ausdrücken, der der Sichtung dagegen mehr das bildhaft Unbewusste, zwei Wesenhaftigkeiten also, die unter verschiedenen Bezeichnungen immer wieder im Text auftauchen werden. So ist die Rede psychoanalytisch betrachtet vom Entäußerungs- bzw. Sprechtrieb, etwas Wort-Wirkendem, gesteuert. Die Sichtung hat mit dem Wahrnehmungs- bzw. Schautrieb, mit etwas Bild-Wirkendem zu tun.

Vielfach stütze ich mich in diesem Buch auf die Psychoanalyse des französischen Psychoanalytikers J. Lacan, weil dessen Ausarbeitung des Unbewussten hinsichtlich vieler Begriffe der Entwicklung meines Verfahrens sehr ähnlich ist. Lacan gilt als schwer verständlich. Dies liegt jedoch daran, dass Lacan psychoanalytische Forschung eher absurd fand, denn die Wahrheit – und dies speziell in der Psychoanalyse - sei eingebettet in eine Fiktion, man müsste sie geradezu erfinden, argumentierte er.[4] Jedenfalls kommt die Wahrheit, Lacans Meinung zufolge, nicht durch großangelegte Studien und universitäre Untersuchungen zustande. Sie kommt aus dem Unbewussten, und zwar aus der Art, wie dort das Wissen verteilt wird. Es gilt also das Umgekehrte: Nicht noch so viel Wissen kann Wahrheit erzeugen, sondern die Wahrheit liegt darin, wie das Wissen verwendet, paralogisch verteilt und umgesetzt wird.[5] Das Wissen muss der Wahrheit dienen und nicht umgekehrt, wie es beim „universitären Diskurs" (bei der Art, wie die Universität damit umgeht) der Fall ist.

---

[4] Lacan, J., *Ornicar?* 29 (1984) S. 8 - 25
[5] Natürlich gibt es Menschen, die behaupten, die Wahrheit existiert gar nicht, vielleicht nur hie und da als Teilwahrheit. Eine Indologin sagte mir dies einmal. Dabei bedeutet der Wortstamm SAT im Indischen Wahrheit und Sein zugleich. Es gibt vielleicht keine universale, absolute All-Wahrheit, aber Wahrheit als Erkenntniskategorie gibt es schon.

Die Weisheiten Lacans werden manchmal von seinen Interpreten vielleicht nicht so schlecht dargestellt, jedoch meist auf einer äußerst abstrakt-akademischen Erklärungsebene, die nun einmal ganz und gar nicht zu Lacan passt. Natürlich ist es schwierig, nicht zu seinen eher schlichten Epigonen zu zählen sondern zu den „Dupes",[6] den Blöden, die „auf seiner Spur" – wie er sagte –, aber doch „mit ganz eigenen Wegen" ihn neu begründen sollten. Die „Non Dupes" dagegen, die „Nicht-Blöden", die Weltklugen, die Epigonen, die ihn perfekt zu erklären versuchen, weil sie ihn perfekt verstanden zu haben glauben, liegen schon deshalb falsch, weil Lacan ja selbst gar nicht verstanden werden wollte. Jedenfalls nicht allzu schnell und nicht allzu direkt. Wenn man bei einem Redner alles versteht, meinte Lacan, schläft man ein, da einem ja alles zu bekannt vorkommt. Dagegen bleibt man wach und interessiert bei einem, den man nicht ganz mitbekommt, aber doch bemerkt, dass an seiner Rede etwas Wahres dran ist. Und das war bei Lacan ganz sicher der Fall. Einmal sagte Lacan sogar, er spreche nicht so, dass man seine Worte genussvoll aufnähme, sondern eher so, dass es zum Kotzen ist. Nur so würden sie die richtige Wirkung erzielen, weil sie die Zuhörer auf Trab hielten.

Doch so krass und kontrapunktisch wird es in meinem Text nicht zugehen. Das Verfahren der *APK* ist von seiner praktischen Seite her äußerst einfach zu verstehen und zu üben. Aber es ist auch ein gewisses Maß an Theorie nötig, insbesondere wegen des genannten *Schlüsselelements*. Die Theorie erleichtert den Einstieg in das Verfahren, sodass ich sogar sage, man kann es vom Lesen des Textes her schon erlernen. Man kann es von den Internet-Artikeln her begreifen und sich selbst erüben. Dies ist vielleicht sogar ein Zugeständnis an die moderne Zeit. Man benötigt keinen Psychoanalytiker mehr, zumindest nicht mehr in dem Ausmaß hochfrequenter Langzeitanalysen. Vielleicht mag ein Einführungsabend in das

---

[6] .Der Begriff der „Dupes" stammt aus Lacans XXI. Seminare „Les non Dupes errent" (die Nicht-Blöden irren", dessen tieferen Zusammenhang ich später noch klar legen werde.

Wesen der *APK* nötig sein oder auch ein gelegentliches Gespräch mit einem analytischen Therapeuten.

Vom Wissenschafts-Journalisten S. Herrmann wurden nämlich erst kürzlich zwei psychologische Studien zitiert, die behaupten, Meditation diene eigentlich nur dem Ego und Überlegenheitsgefühlen.[7] Es handelt sich wieder um eines der typischen Pauschalurteile, indem die Autoren dieser Studien nicht ausreichend genug die verschiedenen Meditationsmethoden differenziert haben. In der *APK* spielt letztendlich das Analytische gegenüber dem meditativ Kathartischen die entscheidende Rolle. Das psycho-linguistische Vorgehen Lacans und der *APK* bietet die Möglichkeit, dem Unbewussten sogenannte *Pass-Worte* zu entlocken, die mit ein bisschen Rationalität überprüft das Ego zur Selbstanalyse und Eigenverantwortlichkeit zwingen können. Sie können allerdings auch Erfreuliches zur Identität beitragen, das wissen die Studienautoren nur nicht. Freilich existieren auch unlautere Methoden der Selbstoptimierung.

---

[7] Herrmann, S., Im geistigen Hamsterrad, SZ vom 11./12. Juli 2020, erste Seite.

1. Eros und Religio, das Reale und das Wahre

In seiner Arbeit "Kant mit Sade" zeigte J. Lacan, dass Kant und de Sade zwar so gegensätzliche Pole sind, wie man es sich nur denken kann, aber ihre Essenzen in der gleichen Küche brauen. So ist das "moralische Gesetz", das Kant in sich verspürt hat, letztlich das Resultat eines Gleitens der Bedeutung, die von einem Begriff auf den nächsten übergeht: von der "Freiheit" auf die "Autonomie des Willens", sodann auf die "Sittlichkeit", auf die "Pflicht" und schließlich auf den "kategorischen Imperativ". Die reine Vernunft sorgt eben dafür, dass der Blick auf das sinnlich Gute durch ihre eigenen Gesetzmäßigkeiten das Wohlgefallen an der Lust mindert. "Erst in dem Augenblick, in dem das [rein vernünftelnde] *Subjekt* sich keinerlei *Objekt* mehr gegenübersieht, stößt es auf ein Gesetz, . . . das reine praktische Vernunft oder Wille ist",[8] also auf eine abstrakte Form von sich selbst. All das heißt somit, "dass sie [die Vernunft] für keinen Fall gilt, wenn nicht für jeden". Kant vernünftelt bis zum Geht-nicht-mehr und begründet damit letztlich die Vernunft aus sich selbst heraus, aus Prinzipien der Prinzipien. Zum Schluss bleibt eigentlich nur noch der reine Vernunftmensch übrig, der prinzipielle Mensch. Die *Objekte*, um deren Erkenntnis es ging, sind gar nicht mehr nötig, sie sind vergessen, weil ohnehin nicht zu bekommen. So hat man Kants Philosophie die des Idealismus genannt. Das denkende Subjekt ersetzt die reine platonische Idee und ist so sein eigener *Anderer*.

Bei de Sade ist es genau umgekehrt: Der Blick auf das gute Sinnliche lässt alle Gesetze verschwinden. Die Lustgesetze, die er findet, gelten auf jeden Fall, sind aber für keinen zu verwirklichen. Sie sind einfach zu monströs, zu aberwitzig, zu reizüberflutend: Sie objektivieren selbst noch den bedeutendsten *Anderen*. Damit will ich sagen, dass es zwar auch das/den *Andere(n)* als solchen gibt, den bedeutenden *Anderen*, der eben auch seine eigenen Lustgesetze hat, die aber bei de Sade nur aus der Eigenlust und nicht

---

[8] Lacan, J., Das Ich in der Psychoanalyse Freuds, Seminar Walter (1975) S. 135

aus gegenseitigem Spaß bestehen, und so macht die Sade'sche Philosophie ein Gemeinschaftsleben unmöglich.[8] Es gibt nur noch *Objekte* der Lust, und de Sade verlustiert sich ad infinitum. Im Gegensatz zu Kant findet de Sade seine *Objekte* stets und überall, prinzipiell-prinzipienlos. De Sade hat – um mit Freud zu sprechen – nur noch ein *Trieb*-Ich (ein *Trieb*-Selbst), an dem die *Objekte* (seine Opfer) das „Variabelste sind", während Kant versucht, im *Objekt* (Ding) „an sich" vollkommen aufzugehen und kein Ich mehr zu haben. In seiner Bewunderung über den Sternenhimmel verleugnet Kant, dass es die Lust ist, die Schaulust, die ihn so überwältigt, denn sie hätte ihn noch viele andere Lüste sehen lassen (den zweiten und die noch weiteren „Himmel"), und weiß Gott, wohin er damit gekommen wäre. So verstärkt er, ja moralisiert, vergöttlicht er den einen, den äußeren, den rein astrophysikalischen Himmel!

De Sade dagegen sieht nur die Lüste, sieht nur lauter innere Himmel (die bei ihm speziell äußere Höllen sind), die Vernunft verdrängt er vollends, denn sie würde sein Paradies auf Erden stören. Schon der geringste Gedanke daran, dass ja ein *Anderer* ein wirklich *Anderer* ist, dessen Lust- oder Sozialgesetze vielleicht nach ganz anderen Prinzipien funktionieren als die seinen, macht seine „Philosophie aus dem Boudoir", in der er sich an den Misshandlungen spießiger, prüder Frauen ergötzt, zunichte. Aber ist es bei Kant nicht umgekehrt genauso? Indem er das in ihm wirkende Lustprinzip völlig in den großartig entfalteten, in sich zigfach verschachtelten Begrifflichkeiten verschwinden lässt, macht er uns zunichte, uns kleine Erdenbürger, die wir wissen, dass es ein Lustprinzip und ein Todesprinzip gibt. Er lässt uns nur in seinem stringenten *Sprechen* zwanghaft *Schauen*, nicht ins sinnenhafte Darüber hinaus, während de Sade in seinem stringenten *Schauen* uns nur immer die gleichen Lustformeln *Sprechen* lässt, nichts anderes.

Mit den Begriffen *Schauen* und *Sprechen* habe ich zwei – Kant würde sagen: apriorische – Größen eingeführt, die ich ja schon im Titel mit Sichtung und Rede und mit Schau- und Sprech-Trieb anvisiert habe und die ich noch weiter vereinfacht ein Es *Strahlt* und ein Es *Spricht* nennen werde. Ich werde noch reichlich darauf zurückkommen, ob man das auch so stehen lassen kann. Lacan hat diesbezüglich vom Schau- und Sprechtrieb als den elementarsten Kräften bzw. Trieben gesprochen und damit das Freud'sche Trieb-Struktur-Konzept etwas umformuliert. Aber es ist egal, wie man so etwas genau theoretisiert. Denn ohnehin ist klar, dass nach Lacan der Mensch ein in sich gespaltenes Lebewesen ist, denn das *Spricht*, der Sprech-Entäußerungstrieb, hat ihn im Gegensatz zu anderen Lebewesen und zu seinem eigenen biologischen Leben so im Griff, dass er sich nicht einfach mehr auf Instinkte verlassen kann und hinübertaumeln muss zum *Strahlt*, dem Schau- Wahrnehmungstrieb. So gibt es auch – wie schon bei de Sade und Kant zu sehen war – den uralten Gegensatz von Subjekt (das mehr dem *Spricht* zugehört) und Objekt (das mehr dem *Strahlt* zugehört).

Dieser Gegensatz, diese Spaltung ist eine conditio humana, die sich ja auch in dem Doppelbegriff von Rede / Sichtung widerspiegelt. Für das Kleinstkind existiert dieser Gegensatz, den man auch ein gewisses Grundtrauma der menschlichen Existenz nennen kann, jedoch bislang nicht so krass und nicht bewusst. Es hängt an der Brust der Mutter und glaubt, dass diese ein Teil von ihm selbst ist. Es selbst, angeführt vom Oraltrieb und so noch ganz Lust-Ich, Mund-Ich, verschmilzt mit diesem Brust-Objekt zu einer scheinbaren und kurzfristigen Einheit. Und wenn es diese Schein-Einheit nicht herstellen kann, wird es aggressiv schreien und um sich strampeln. In diesem Buch wird es immer wieder darum gehen, diesen Ur-Komplex (Freud nannte ihn den Kastrationskomplex, indem er diese Spaltung auf das Sexuelle bezog) in seiner Enge, Kompaktheit zu belassen, ihn aber gleichzeitig auf eine hohe Ebene des Bild- / Sprachlichen, der Rede / Sichtung, des *Strahlt* / *Spricht* zu überführen.

Der religiöse *Signifikant*

Gesellschaft, Kultur oder Religion, ja der Mensch als solcher beginnen also mit den bereits in Symbole gekleideten, *Signifikant*-Erinnerungen, die durch diese Kräfte des *Strahlt* und *Spricht* bestimmt werden. Ein Tier erinnert sich nicht an einen seiner verstorbenen Ahnen, aber das Menschsein fing mit den ersten Begräbnissen und animistischen Deutungen an. Der Mensch fing an, jemanden zu bestatten, den man in der Erinnerung behielt, und so musste man auch ein Symbol, einen *Signifikaten* dafür haben. In Thailand baut man sich auch heute noch kleine „Geisterhäuschen" draußen am Gartentor. Dort können die Ahnen einkehren, ohne den Lebenden in ihren Häusern zu nahekommen zu können. Aber einem vielleicht großen, bedeutenden Ahnen, den man doch noch gerne auch weiterhin bei sich und in der Nähe behalten hätte, erstellte man einen Altar in der eigenen Wohnung. Er war somit das erste als unvergesslich erachtete menschliche Wesen, der erste Gott. Erschütterung, Trauer, Jenseitsphantasie, und erste all dies bestätigende Worte waren somit der Anfang des Religiösen.[9]

All dies begann wahrscheinlich schon in der Zeit der Neandertaler (oder gar davor), die zu Recht bereits als vollwertige Menschen, als homini sapientes angesehen werden und von denen man Gräber entdeckt hat. In dieser Phase herrschte ein animistisches Fühlen und Denken vor, in dem man zu glauben begann, dass es auch woanders, jenseits, dahinter-und-drüber-hinaus ein „Etwas" geben könnte. Dieses „Etwas" wurde – wie ich an anderen Stellen noch erwähnen werde – nicht nur zu einem Altar in der Wohnung, sondern auch zu einem Identitätswort (Losungswort), was nach sprachwissenschaftlichen Erkenntnissen überhaupt die ersten Worte waren. Diese mit starken Erfahrungen verbundenen Symbole nennt man in der Psychoanalyse eben auch *Signifikanten*. Sie sind nicht nur Sichtung und Rede, sondern beides in einem. So könnte man sagen, dass auch schon die Neandertaler etwas *APK* betrieben haben. Denn sie konnten nur sehr rudimentär sprechen, dafür aber wohl *signifikant*er, als wir es uns denken.

Doch diese also nicht mehr so leicht und einfach zu vergessenden, animistisch beseelten Ahnen (denn man sah sie wiedergeboren im Wehen des Windes, im Rauschen des Flusses und im Rascheln der

---

[9] Ich komme noch auf Freud zurück, der Gott aus einem Schuldgefühl durch den Mord am Vater zurückführt. Das ist sicher ein häufig anzutreffendes psychologisches Motiv. Aber es gibt vielleicht doch noch andere.

Blätter, etc.) und die mit ihnen verbundenen Identitätsworte wurden noch lange vor Beginn großer Hochkulturen vor ca. 10 000 Jahren von mehreren definitiven Clan-Göttern abgelöst. Die Menschen fingen an, sich in größeren Verbänden zusammenzufinden, nicht mehr in den kleinen ursprünglichen Gruppen von ca. 8 bis 20 Individuen umher zu ziehen und eine komplexere Sprache zu sprechen.[10] Aus dem Clan wurden größere Stämme, ein kleines Volk, und so entwickelten sich also polytheistische Völker (wie wohl die Mehrzahl aller frühen Kulturen einen Vielgötterhimmel besaß) oder es herrschte – so wie im alten Ägypten – ein Kosmotheismus vor. Und heute?

Heute haben schon viele Menschen aufgehört, an einen Gott zu glauben, und andere bekämpfen sich noch bis aufs Blut um die wahre Religion, obwohl diese selbst schon vollkommen in Riten und Ideologien erstarrt ist. Die Frage erhebt sich: Was ist überhaupt real und was ist wahr? Wie soll man überhaupt anfangen zu denken? „Das Wahre", meint Lacan, „ist das, was man einfach so glaubt: Der Glaube und speziell der religiöse Glaube, also solch Wahres, hat aber nichts mit dem Realen zu tun!"[11] In den Religionen hat sich die Unklarheit hinsichtlich des Wahren und Realen noch weiter kompliziert und verfestigt, und heute ist es damit also nicht besser geworden. Wir bestatten die Menschen oft ohne große Gefühle und ohne Auswirkungen auf unser Gedenken oder unsere Wertschätzungen, weil wir diesen Zusammenhang von wahr und real nicht mehr so wie früher in dichten und großen Worten herstellen können, aber einen Ersatz haben wir auch noch nicht gefunden. Denn die Religion war immerhin großartige Dichtung.

---

[10] Die Neandertaler konnten noch keine Frikative und Verschlusslaute bilden, hatten also eine sehr einfache rudimentäre Sprache, während die Cro-Magnon-Menschen bereits alle Vokale und Konsonanten unserer Zeit beherrschten. Hier muss irgendwo der Übergang vom Animismus zum Polytheismus stattgefunden haben.

[11] Lacan, J., Seminaire 25: Le *Vrai* c'est ce qu'on croit tel : la foi et même la foi religieuse, voilà le *Vrai* qui n'a rien à faire avec le *Réel*!

So schreibt C. Schüle in der ZEIT vom 8. 11. 2012, dass die „Zergliederung des Todes durch Professionalisierung den Menschen an und nach seinem Ende zu etwas Unbrauchbarem degradiert wird – der Tote als Ware, das Tote als Müll." Ohne liebevolles Zurückerinnern, ohne Würdigung. Wir haben überhaupt kein so gutes Gedächtnis mehr. Große Teile aus den Dichtungen Homers konnten noch vor ein paar Tausend Jahren die Menschen frei rezitieren, ohne je schriftliche Vorlagen besessen zu haben. Platon konnte die Dialoge des Sokrates aus dem Hörensagen und eigenen Erfahrungen fast lückenlos zusammenstellen, und auch die Aussagen von Jesus sind erst zig Jahre später aus der Erinnerung heraus aufgeschrieben worden. Die Worte waren mit dem realen Leben und den wahren Erfahrungen noch so unmittelbar verbunden. Sie waren noch Wort und Bild zugleich. Damals hatte die Religion noch etwas Wahres an sich und der Eros war noch authentisch.

Was wir also heute brauchen, sind neue *Signifikanten*, neues Wort und Bild, neue Rede und Sichtung. S. Freud wollte die Entwicklung der Religion auf den Vatermord stützen. Weil die prähistorische Brüderhorde, die Nachfahren, den Vater umgebracht hätten, wurde der Ermordete später aus Reue und Schuldgefühl zu einem Gott erhöht. Diese psychologische Version der Gottesentstehung hat Freud auch auf Moses, den Begründer der jüdischen Religion, anzuwenden versucht, aber bis heute hat sich diese These – zumindest was die wirklichen historischen Grundlagen angeht – nicht durchgesetzt. Sie ist zu unglaubwürdig, obwohl sie generell in vieler Hinsicht und vor allem psychologisch nicht unplausibel ist. Doch es steht nirgendwo geschrieben, dass Moses umgebracht und irgendwo schnell verscharrt wurde. Möchte man eine psychologische Interpretation aufrechterhalten, müsste man nur dem Schuldkomplex auch noch einen Schamkomplex zuordnen. Denn dann wäre vieles, nicht nur die Religionsentstehung, logischer zu erklären.

Schuld-Scham-Komplexe treten fast immer so kombiniert auf, so dass der eine nicht ganz ohne den anderen bestehen kann. Die Freud'sche Psychoanalyse orientiert sich jedoch betont am Schuldverhalten. Dabei ist es meistens so, dass jemand, der sich schuldig fühlt – und sei es auch unter einem äußeren, ganz ungerechtfertigten Druck – diese Schuld auf andere zu projizieren sucht, und sich mit Alibis selbst vor sich entlastet. Erst das Hinzutreten einer Schamkomponente gibt dem Schuldkomplex sein unbewusstes, vielschichtiges Gesicht. Während man schuldig ist vor dem Gesetz, vor dem Mächtigen, vor dem *Wort* des bedeutenden *Anderen* (großgeschrieben), schämt man sich vor den (kleingeschriebenen) anderen seinesgleichen. Man schämt sich seiner Minderwertigkeit, seiner vor den anderen sichtbar gewordenen Begierden, seiner angeblichen Schmutzig- und Nichtigkeit, während man sich schuldig fühlt eines Verbrechens, einer bösen Tat, gegen das wortbezogene Gesetz. Und doch hängt beides eben zusammen, echt *signifikant*.

Das Schuldgefühl dem Vater gegenüber, weil man ihn als Sohn von der Mutter wegdrängen wollte geht doch einher mit der Scham, wenn das Begehren des Sohnes nach der Mutter entdeckt wird. Dies war der Inhalt von Freuds Ödipuskomplex, bei dem man die Schamkomponente meist nicht so herausgearbeitet hat. Denn so gesehen hat man Moses nicht umbringen müssen, um ihn später zu einem Gott zu erheben, es hat doch genügt, dass man sich den perversen Sexualkulten um das „Goldene Kalb" und Ähnlichem zugewandt hat, und sich eines Tages der Scham bewusst wurde, wenn andere (aus dem gleichen Stamm) einen bei diesen Sexorgien erwischten. Wären wir nicht schuldig und müssten wir uns nicht schämen, wären wir überhaupt nicht auf die Idee gekommen, einen Gott zu erfinden. Wir hätten nie einen gebraucht. Wir hätten allerdings mehr und intensiver Menschen in liebevoller Erinnerung behalten müssen (und können müssen), und da liegt das Problem. Denn auch bei ihren Ahnen in der Frühzeit der Menschheit hat es schon Verwicklungen gegeben, wenn man nicht rein und klar gedacht, gefühlt und erinnert hat. Wenn das Wichtige fehlte: das Bewusstwerden, wie alle diese *Signifikanten,* diese Schau- und Sprechtrieb-Komponenten, dieses *Strahlt* und *Spricht*, Sichtung und Rede zusammenhängen.

Rein psychoanalytisch bedeutet das *Strahlt,* (freudianisch gesehen) den nicht auszuhaltenden Blick des Vaters, wenn der Sohn ihn beim Intimverkehr mit der Mutter beobachtet hat, oder der

Sohn sich von diesem Blick beobachtet fühlte und dachte. Deswegen hat der überhöhte Vater, der Gott, ein den Gläubigen blendendes Antlitz, in das man nicht schauen kann. Es *Strahlt* einfach zu grell, um auf diese Weise die göttliche Wortkraft ganz in den Vordergrund zu stellen. In der *APK* dagegen wird das *Strahlt* in seiner kreativen, erhellenden und eben kathartischen Funktion verwendet. Die Höhe der Katharsis ist dabei begrenzt und dient nur dazu im weiteren Verlauf der Übungen des Verfahrens zum *Spricht* hin zu wechseln.

Das *Spricht* – erneut psychoanalytisch gesehen – bezeichnet das Verbot und seine in der Sprechlust lustvolle Übertretung. Auch hier ist die Verwendung in der *APK* anders: Sie erscheint als direkter Ausdruck aus dem Unbewussten, wozu ich erst später genauer Stellung nehme. Ob man diese beiden Prinzipien, Triebe, Kräfte, Sichtung und Rede, *Strahlt* und *Spricht* als die zwei Grund-*Signifikanten* benennt und versteht, ist eigentlich egal. Der Begriff *Signifikant* stammt aus der Sprachwissenschaft, der Linguistik. Dort unterscheidet man das Signifikat, die reine Bezeichnung, vom *Signifikanten*, dem Bezeichner oder dem bedeutungtragenden Element. Ich verwende hier auch die Begriffe des Bild-Wirkenden (bildhafter, imaginärer *Signifikant*) und des Wort-Wirkenden (worthafter, verbaler *Signifikant*), denn beide, das *Strahlt* und das *Spricht* haben eine enge Beziehung zum Realen.

In der Psychoanalyse spielen die Signifikate (die ich also mehr dem *Strahlt* zurechne) praktisch keine solche Rolle, weil Wörter mehr als Bezeichnungen für etwas, als Etikette, Aufkleber, Emojis, verwendet werden, während die verbalen *Signifikanten* eine hohe Wortdichte, Wortbrisanz und -triftigkeit erreichen und daher der Schwerpunkt der Psychoanalyse auf ihnen liegt. Daher muss man hier darauf achten, wie allein die *Signifikanten* – und nicht so sehr die Signifikate – selbst untereinander kombiniert sind. Nochmals anders gesagt: Wie Sichtung und Rede, *Strahlt* und *Spricht* zusammenhängen, muss geklärt werden. Wie die *Signifikanten* sich gegenüberstehen oder zusammenwirken, muss man durch den sogenannten Übertragungsvorgang (der Patient überträgt Gefühle und Bedeutungen inadäquater Art auf den Analytiker) herausfinden und interpretieren (die Bedeutung enthüllen). So finden also sehr starke, evtl. affektiv aufgeladene Erfahrungen (Sichtung) und Wort (Rede) zusammen.

Noch vereinfachter ließ sich dies alles an der Philosophie John Lockes ablesen. Für Locke sind die eigentlichen Wesenheiten, „die der Mensch in seinem Geist wahrnimmt und die ihm als dort befindlich bewusst sind" die Ideen. Das ist nicht ganz so wie bei Platon gemeint (reine geistige Bilder), sondern bei Locke sind das eigentlich *Signifikanten*. „Dreieck", „Dankbarkeit", „Mord" (Locke, Essay II, 12/4) sind solche Ideen, und an dieser großen Verschiedenartigkeit kann man schon ablesen, dass es bei Locke wie in einer Psychoanalyse zugeht, wo der Analysand (Patient) derartige Assoziationen in seinem Redefluss beisteuern könnte, ohne den wahren Zusammenhang dieser völlig verschiedenen Worte zu erkennen. Und das heißt ja, ohne sie in ihrem Wesen als *Signifikanten* zu erfassen und zu begreifen. Denn durch weitere Assoziationen, Einfälle, Erzählungen von Träumen etc. kann der Analysand zusammen mit seinem Therapeuten zu der Enthüllung kommen, dass das „Dreieck" von Vater, Mutter und Kind aus Problemen, die mit „Dankbarkeit" oder deren Gegenteil zu tun und im Patienten einen „Mord"-Wunsch ausgelöst haben, den er bisher verdrängt hatte. Dann ist plötzlich aus dem reinen Gewurrle, Gemisch und Gewühl von *Signifikanten* ein klar aussprechbarer Satz geworden, eine Erkenntnis, ein Aha-Erlebnis, ein echtes Begreifen.

Denn genau um dieses Begreifen ging es auch in der althergebrachten Religion. Gehen wir davon aus, dass z. B. auch der Gott der Mosesreligion ein derartiges Gemisch und Gewühl von *Signifikanten* war. Da gab es zuerst den Gott der Ahnen, den Gott Abrahams, oder vielleicht auch nur eine Erinnerung an einen der frühen hebräischen Ahnen. Dann spielte ja auch der ägyptische Pharao, Gottkönig und Herrscher im Leben des Moses, eine große Rolle. Moses war ja am Hofe akkreditiert, tötete aber einen Ägypter und musste fliehen. Sodann existierte im Leben des Moses auch noch Jethro, der midianitische Oberpriester und schamanistische Guru, zudem Moses' Schwiegervater. An welchen Vatergott, Meisterlehrer, großes männlich-patristisches Vorbild sollte sich

Moses also gehalten haben? An den Angstgott Pharao, den Toten-
gott Jahwe (vor der Dornbuschszene war Jahwe für Moses ja nur
ein traditionalistischer Ahnengott) oder den Erosgott aus Midian?
Aus diesem Gewirr von Assoziationen konnte sich nur eine *Signifikantenkombination* selbst zusammenballen, eine aus Sichtungs-
und Rede-Komponenten, ein *Strahlt / Spricht*. Dieser *Signifikantenkombination* gelang tatsächlich (was ja eigentlich rein linguistisch nicht sein kann, aber lassen wir es mal so stehen) sich zu sig-
nifizieren in einem: "Ich bin, der ich bin" (Ehyeh Asher Ehyeh).

Ich bin der *Signifikant* meiner selbst, bin mein Name, der sich
selbst ausspricht. Mein Bin ist der Gott für das Ist der anderen, ist
ein *Strahlt* (strahlendes nicht sichtbares Antlitz), das *Spricht*. Man
hat versucht, die Vision des Moses am brennenden Dornbusch als
eine neurologisch erzeugte Erscheinung abzutun. Sicher spielen
neurologische Prozesse bei derart emotionalen und eindrucksvol-
len Erfahrungen eine Rolle, stellen aber niemals das Wesentliche
dar. Man hat auch behauptet, Gott sei ein von Ewigkeit her beste-
hendes transzendentes Überwesen, was wohl eine idolatrisierende
Übertreibung ist. Die *Signifikanten* der "Angst", des "Todes" und
auch des "Eros", könnten in ihrem Zusammenwirken vielleicht viel besser erklären, warum und wie der Gott des Moses sich
offenbart hat, als es die Freud'sche Annahme tut, der zufolge man
Moses ermordet hätte, um ihn dann aus Schuldgefühl zu einem
Gott zu erheben. Sollte es bezüglich der *Signifikanten* beim Chris-
tengott nicht genauso gewesen sein?

Ja, natürlich war es so. Jesu leiblicher Vater war unbekannt, d. h.,
sein Name wurde von seiner Mutter Maria zumindest nicht verraten. Der Grund war wohl – was viele Autoren schon ebenso vermutet haben –, dass der leibliche Vater entweder aus einer Gesell-
schaftsschicht stammte, die Marias Herkunftsfamilie aus sozialen
oder ethnischen Gründen nicht genehm war, oder – was wahr-
scheinlicher ist – dass er z. B. ein römischer Besatzungsoffizier
war, den man aus politischen Gründen ebenfalls nicht nennen
wollte. Damit wuchs Jesus genauso wie Moses im *Spannungsfeld
der Vaterfrage* auf: Wer und was ist ein wirklicher Vater, was heißt
es, wirklich Vater zu sein? Man könnte die Frage in einer

derartigen Situation, wie Jesus sie vorfand, verdrängen und sich einfach mit dem Adoptivvater Josef zufrieden geben. Man könnte auch sagen, Jesus hätte aggressiv die Mutter unter Druck setzen müssen, sie solle die Wahrheit verraten. All dies lag Jesus natürlich fern, und ein junger, aufgeweckter, umfassend interessierter Mann suchte sich damals meistens eine andere Lösung: sich nämlich an den Vater als solchen zu halten, an den Vater per se (wie der Mensch laut Locke ihn in seinem Geist wahrnimmt, als Idee, *Symbol des Vaterwesens* schlechthin), von dem es ohnehin heißt, er sei „unser aller Vater" (Geistvater, „Schöpfer"). Aber auch wenn alles nicht exakt so war, ein Problem in dieser Richtung hat es sicher gegeben.

Der Philosoph C. Türcke, der eine ausführliche, psychoanalytisch orientierte Untersuchung über Jesus veröffentlicht hat, schreibt zu Recht, dass Moses eine Stütze seiner Vater-Gott-Suche in seinem Volk hatte.[12] Er verfügte bereits über eine bestimmte Reputation und Zugehörigkeit zu dem Stamm der Levi, die den Großteil der ägyptischen Hebräer darstellten. Er konnte sich auf ein volkbezogenes „Wir" stützen. Jesus musste dagegen den ganz individuellen Weg gehen. Vielleicht war es ein Aufenthalt bei den Essenern, oder – wie Türcke meint – die Lehrzeit bei Johannes dem Täufer, die ihn schließlich dazu führte, eine Direktbeziehung zum Vater als solchem, zu Gott selbst, wahrzunehmen und sich selbst als „Menschensohn" zu bezeichnen. Jesus habe sich – so Türcke – in dem Gleichnis vom verlorenen Sohn selbst gemeint, weil er einen schweren Konflikt mit Johannes dem Täufer hatte, den er lange nicht überwinden konnte. Auffallend ist schon, dass das Gleichnis vom verlorenen Sohn eigentlich äußerst paradox ist. Der daheim gebliebene Sohn beschwert sich zurecht, dass der Vater dem verlorenen Bruder einen so maßlos übertriebenen Empfang bereitet. Der Vater beschenkt den Bruder nicht nur, sondern veranstaltet ein Riesenfest und schlachtet einen Stier, während er für den daheimgebliebenen, braven und wie ein Sklave arbeitenden Sohn nicht

---

[12] Türcke, C., Jesu Traum, Psychoanalyse des Neuen Testaments, Zu Klampen (2009)

mal ein Böcklein übrig hatte. Wie auch immer, die *Signifikanten* „Vater", „Sohn" und „Geist" spielten hier vielleicht die entscheidende Rolle, indem sie sich zu einer Rede-Sichtung verdichten, die aus Jesus unbedingt einen Retter dieser Trinität machen musste.

Ich will damit sagen: Die historischen Details enthalten nicht das Wesentliche. Die althergebrachte Religion war damals gültig, hat aber heute ihren Sinn verloren. Vielmehr ist klar geworden: Der religiöse *Signifikant* kann nur einer sein, der in einer klaren Kombination mit allen anderen *Signifikanten* stehen muss. Er kann nicht mehr so geschichtlichen, sozialen, persönlich unbewussten Kräften und Assoziationen – wie eben geschildert – verhaftet bleiben. Er muss das Wahre und das Reale zusammenbringen. Ich habe daher das Verfahren der *APK* entwickelt, das von der Wissenschaft der Psychoanalyse herkommend eine solche Kombination verwendet. Es enthält kein Wort, keinen „Tod", keinen „Geist", keinen „Vater" sondern rein formale, formelhafte Formulierungen, das Schlüsselelement, das ich auch *Formel-Wort* nenne. Diese Worte sind der lateinischen Sprache entnommen, die aber in sich mehrere Bedeutungen, Ideen, *Signifikanten* so verknotet, so sehr sich überschneidend, dass bei dieser Formulierung von verschiedenen Buchstaben aus gelesen jedes Mal eine andere Bedeutung herauskommt. Eine derartige Formulierung kann meditiert werden, ohne sich erst wieder in eine Konfession, Kirche oder festgefahrene Religion vertiefen zu müssen. Doch bevor ich wirklich zu so weitreichenden Erklärungen komme, setze ich die biblischen und theologischen Fragestellungen noch etwas weiter fort.

Am plausibelsten für diese These, dass das Wesen der Religion und des Religiösen am besten durch die *Signifikantenkombination* erklärt werden kann, erscheint mir die Geschichte des Propheten Hosea. „Hoseas eigene Liebesgeschichte war eine Leidensgeschichte. Er heiratete eine Frau, die ihm immer wieder untreu wurde. Er beschwor sie, sperrte sie sogar ein, um weitere Treffen mit ihren Liebhabern zu verhindern. Er beschimpfte sie als Hure oder versuchte es mit pädagogischen Strafmaßnahmen."[13]

---

[13] Wikipedia: Hosea

Und ich will mich ihrer Kinder nicht erbarmen, denn sie sind Hurenkinder. . . . ich will ihr den Weg mit Dornen versperren . . . und wenn sie ihren Liebhabern nachläuft und sie nicht einholen kann, und wenn sie nach ihnen sucht und sie nicht finden kann, so wird sie sagen: Ich will wieder zu meinem früheren Mann gehen; denn damals ging es mir besser als jetzt (Hos 2, 6ff).

Diese enorm schwierige und desaströse eheliche Beziehung, in der der ständig Betrogene trotz der Untreue seiner Frau nicht von seiner Leidenschaft zu ihr lassen kann, wurde schon von Hosea selbst, insbesondere jedoch von späteren Kommentatoren als Symbol für den Zustand Israels genommen. Denn alle Propheten mahnten ja ständig das Volk, seine Kräfte nicht wie eine Hure zu verschwenden, sondern zum wahren Herrn zurückzukehren. Und wenn ich vorhin mehr die Vaterproblematik in den Vordergrund gestellt habe, so geht es hier um die gleiche Problematik, sie ist nur lediglich mehr in Begriffen bezüglich des Wesens der Mann/Frau-Beziehung ausgedrückt. Es geht mehr um die erotische Zerrissenheit in der Liebesbeziehung, die auf die gleiche *Signifikantenkonstellation* zurückgeht wie die von Sohn/Vater, in der Moses und Jesus gestanden haben. Das Wichtigste daran aber ist, dass man bei fast allen Propheten und Religionsgründern diesen Zusammenhang eines bereits in der Kindheit begonnenen, psychoanalytisch zu verstehenden, persönlichen Konfliktes und seinen eklatant analogen Bezug zu dem Konflikt Gott/Volk oder Glaube/Unglaube nachweisen kann, wie ich es auch gerade oben für die Person von Jesus getan habe.

Was wohl den meisten völlig unbekannt ist, ist die Tatsache, dass Pilatus sich sehr für religiös-philosophische Grundfragen interessierte. Ich beziehe mich auf die biographischen Bemerkungen, die Paul Claudel in seinen Schriften gemacht hat.[14] Danach sei Pilatus oft im damaligen Palästina umhergereist und habe religiöse Stätten

---

[14] Diesen Hinweis fand ich bei Lacan in Mon Enseignement, Ed. Seuil (2005) S. 26. (Weniger ergiebig sind neuere Veröffentlichungen wie die von E. Schmitt: Das Evangelium nach Pilatus, das sich an einigermaßen glaubhaften historischen Überlieferungen überhaupt nicht orientiert).

aufgesucht. Ihm war bekannt, dass die Juden im Gegensatz zu dem von ihm in Rom erlernten Glauben an ein polytheistisches Pantheon an nur einem einzigen Gott festhielten. Und so wollte er die Wahrheit wissen (die Wahrheit des Glaubens, des religiös-philosophischen Überbaus). Er fragte daher jeden Tempelpriester oder Wächter eines Sanktuariums: „Was ist Wahrheit"? Doch stets hielten die Befragten zuerst die Hand auf: „Bezahle, dann bekommst du eine Antwort". Aber dies kannte Pilatus schon von seiner römischen Heimat her. Die Jupiterpriester wollten für jede Handlung im Tempel immer erst Geld, und bei den Diensten der für Juno, Mars oder Apollon Zuständigen war das nicht anders. Sie waren alle die gleichen rigiden, starr an ihren religiösen Auffassungen klebenden Bürokraten. Sie waren alle die gleichen Zwangsneurotiker, die Angepassten, die genauso Geld scheffelten wie die Reichen und die Mächtigen. Das war alles die gleiche Clique.

Deswegen kann es nicht verwundern, dass Pilatus auch Jesus die gleiche Frage stellte: „Was ist Wahrheit?"[15] Die Antwort ist nicht genau überliefert, aber sie wird in etwa so gelautet haben, wie es schon bei Johannes 14: 6 steht: „Ich bin die Wahrheit". Ich bin der, dessen Rede die Wahrheit authentifiziert, ja, dessen Sein (Sichtung) schon die Wahrheit ausstrahlt. Doch auch das war etwas, was Pilatus nur kurz verwunderte. Denn die vielen Sektierer und Prediger, die ständig davon reden, dass sie die Wahrheit einfach aus sich selbst haben, auch die kannte Pilatus schon aus seiner Heimat. Es sind die Neurotiker, die Pathetiker, denen es immer wieder gelingt, durch ihr suggestives Temperament Leute um sich zu scharen. Und die gab es natürlich auch in Palästina. Entweder haben sie besonders viel gelesen wie die Pharisäer, oder es waren Eremiten wie Johannes der Täufer, die schon durch ihr skurriles, eigenbrötlerisches Leben auffielen. Solche Menschen brauchte man eigentlich nicht zu fürchten. „Was hat er denn getan?", fragt daher Pilatus. „Ich finde keine Schuld an ihm." Es geht um eine rein jüdische Angelegenheit, und so sollen es die Juden selbst entscheiden.

---

[15] Johannes 19; 38

Pilatus hat sich reichlich Mühe gegeben. Mehrmals geht er aus dem Palast heraus, um die jüdischen Ankläger zu hören, und wieder hinein, um Jesus weitere Fragen zu stellen. Es heißt ausdrücklich, dass er ständig erneut nach Gründen suchte, wie er Jesus freibekommen könnte. Aber Jesus machte es ihm nicht leicht. Er machte es wie viele USA–Immigranten in der Zeit der McCarthy-Ära, der Schriftsteller L. Feuchtwanger etwa oder der Mathematiker K. Gödel, die sagten, dass sie nicht an einen persönlichen Gott glauben, und durchscheinen ließen, dass sie nicht rechts-konservativ dachten. Ihnen wurde dann ein Aufenthalt in den USA erheblich erschwert. Jesus sagte zwar nicht, dass er König über das römisch besetzte Palästina werden wollte, jedoch schon, dass er König sei. König als solcher, ein Hochstehender unter den Menschen. Pilatus wand sich hin und her, um diese heiklen Aussagen zu relativieren. Aber er konnte so die „Wahrheit", die wahre Wahrheit, nicht finden. Das Wahre war ihm nicht real genug. Die Rede nicht genug Sichtung (in meiner Nomenklatur: das *Strahlt* kein *Spricht* und umgekehrt). Jesus war an seinem eigenen Tod mitschuldig, auch wenn der Kreuzestod dramatischer und somit für die Weiterentwicklung von Jesu Gedanken wirksamer war.

Dabei ist es doch so einleuchtend, wenn Lacan sagt, dass „Gott nur mit Leichen vollständigen und authentisch kommunikativen Verkehr hat."[16] „Gott versteht nichts von Lebewesen", schreibt Lacan weiter, „seine Allgegenwart erfasst die Dinge nur von außen, nie von innen." Dadurch kann Gott als begründete Wahrheit nur dem Mystiker oder dem Psychotiker erscheinen, die dafür allerdings mit Weltferne und Ausgeschlossenheit von der gottgläubigen Gesellschaft büßen müssen. Gott ist ein Körper ohne Gestalt, d. h. er hat reale Präsenz, aber sie zeigt sich nicht als direkt und formhaft fassbar. So muss man ihn mit Worten, Riten, Formeln, und anderen Operationalisierungen einkreisen, wodurch man sich ihm eigentlich wieder entfremdet. Und so kommt es doch dazu, dass man nur im Tode in sein Reich aufgenommen wird – das ist doch christliches Bekenntnis. Als Toter wird man lebhaft mit ihm zusammen

---

[16] Lacan, J., Seminar III, Quadriga (1997) S. 84

sein, aber als Lebender muss man darum kämpfen, dass wenigstens etwas von ihm innen und außen zugleich ist, Eros und Religio am selben Ort sind. Wenigstens etwas vom Realen und Wahren zusammen.

Wenn wir in der Psychoanalyse die Träume deuten, tun wir ja nichts anderes, als die darin versteckte Wahrheit heraus zu kitzeln. Trotz aller Verdichtungen, Verschiebungen, sekundärer Bearbeitungen und Rücksichtnahmen auf Darstellbarkeit (dies sind die vier von Freud postulierten Traumverarbeitungsmodi), kann man umgekehrt auch das Unbewusste mit den gleichen Strukturen, mit denen es selbst arbeitet, nämlich den erwähnten Wortklangbildern, provozieren (besser vielleicht: zur Herausgabe seiner Wahrheit anregen, drängen,). Die Frage ist natürlich dann, welche Wortklangbilder man dazu verwenden kann. Schließlich kann man ja nicht irgendwelche einfach nur erfinden oder schon von irgend jemandem erstellte unkritisch benutzen. Man muss dazu selbstverständlich das gleiche linguistische, phonetisch-phonologische Vorgehen anwenden, wie es das Unbewusste selbst tut und es in den *Formel-Worten* auftritt.

Um was es mir geht, ist Folgendes: Ich will die Rede/Sichtung-Verknotung aufbrechen, um aus dem Unbewussten selbst eine neue Rede/Sichtung-Kombination (klare, bewusste Kombination und nicht unbewusste Verknotung) heraus zu holen. Damit würde man mit dem Wahren an das Reale anstoßen.[17] Auch die anagrammatische Umstellung nur von Buchstaben wäre für dieses Vorhaben ungeeignet und auch nicht zulässig, denn nichts weist darauf hin, dass das Unbewusste anagrammatisch arbeitet. Es stellt wohl Buchstaben um, wie man es am besten bei den sogenannten Versprechern gut beobachten kann: Wenn jemand statt Schein Schwein sagt, oder statt Professor Prozessor, ist sofort spürbar, dass die Buchstabenverrutschung aus semantischen Gründen

---

[17] Ich komme auf diese Thematik noch beweiskräftiger zurück. Vorerst sei schon angemerkt, dass das Reale nicht die Realität, die Wirklichkeit ist, sondern ein subjektbezogenes Reales, das aber für den Menschen fast wichtiger als die Realität ist.

erfolgt. Hier spielen aber oft wieder soziale und kulturelle Gründe eine Rolle: Man wertet den Professor zu hoch oder sieht in ihm eigentlich nur den mechanischen Prozessgestalter seines Instituts. Tief verwurzelte Komplexe können eine Rolle spielen. Viel stärker aber würden Wortklangbilder wirken, die schon von sich aus so vielschichtig in ihrer Bedeutung sind, dass das Bewusstsein davon fast eher verwirrt zurückgelassen wird und ein wiederholtes Denken solcher „linguistischer Kristalle" (ein Ausdruck Lacans für derartige Wortklangbilder) ein Öffnen des Unbewussten bewirken kann.

Im Titel seines XXI. Seminars hat Lacan einen derartigen „linguistischen Kristall" verwendet, nämlich in der *Schreibung: Les non dupes errent* (Die Nicht-Blöden irren). Darin sind drei – allerdings nur auf Grund einer im Französischen häufig anzutreffenden Homophonie (Gleichklang) gegebene – Bedeutungen enthalten, nämlich zu dem ersten auch noch*: Les non du père* und *Les noms du père* (die Nein des Vaters und die Namen des Vaters). Ganz egal, wie man es schreibt, ein Franzose kann von der gleichklingenden Aussprache her nicht unterscheiden, was gemeint ist. Lacan hat dieses Beispiel dazu verwendet, den psychoanalytischen Grundkomplex noch dichter, kognitionswissenschaftlicher, „linguisterischer" darzustellen.[18] Eine Vielfalt analytischer Aussagen steckt damit in einer Formulierung und ist damit nicht gleich zu verstehen. Das Unbewusste ist die Sprache des *Anderen*, und dieser oder dieses *Andere* ist so gemacht, dass man sein Wesen, seine Aussagekraft nicht gleich erfassen kann. Seine eigentliche Bedeutung ist verdrängt. So eine Formulierung wie die gerade von Lacan zitierte, könnte auch im Traum erklingen, der uns damit seine

---

[18] Als "Linguisterie" bezeichnete Lacan mehrmals seine Art der Psychoanalyse (zusammengesetzt aus Linguistik und Hysterie). Auch der Name des Vaters war ja in Lacans Darstellung bereits ein Haupt-*Signifikant*. Die Nein des Vaters symbolisieren das ödipale Nein gegenüber dem Sohn: Fass die Mutter nicht an! Die Nicht-Blöden, die Weltklugen, aber irren. Das Wesen der Analyse liegt in der Erfassung dieser Dreier-Formel, fast könnte man in Anklang an die buddhistische Koan-Meditation auch sagen, dieses Dreier-Koans.

Überdeterminierung zeigt, nämlich dass in einem Traumsymbol noch reichlich andere Symbole mit hineingepackt sind, dass der Traum also die Arbeit der Verdichtung und Verschiebung etc. geleistet hat.

Diese französische Homophonie zeigt einen weiteren Effekt. Nicht nur, dass man nicht weiß, was jetzt gemeint ist, die einzelnen Bedeutungen, die man ja als französisch Sprechender heraushört, haben noch dazu einen für die Psychoanalyse treffenden Hintergrund. Man würde dessen Paradoxie nämlich nicht erfassen, würden diese drei Sätze Ausdruck einer normalen Konversation sein. Psychoanalytisch aber ist klar: Der Ödipuskomplex besteht nicht nur aus dem inzestuösen Begehren des Sohnes, sondern eben auch aus dem diesbezüglichen Nein des Vaters. Dessen Name ist vielschichtig und hintergründig wie der des monotheistischen Gottes. Und noch dazu: All die, die glauben, die ganz Gescheiten zu sein, die Supernaturwissenschaftler, Theologen, die Traditionalisten etc., sie sind es, die irren, während doch schon in der Bibel steht, dass es der Einfältige ist, der die Wahrheit kennt. Doch so gelungen der homophone Effekt des Lacanschen Seminartitels auch sein mag, für mein hier vorzustellendes Verfahren ist er nur theoretische und nicht praktische Anleitung.

So eine Formulierung wie die der Lacanschen Sätze, die wirklich durchdacht, meditiert, und durchgearbeitet sind, würde uns zwar etliche Analysestunden ersparen. Ich will aber diese Formulierung so darstellen, dass sie zum Üben, zur Selbstanalyse, zum analytisch meditativen Verfahren, noch besser geeignet ist, nämlich erstens durch Verwendung der lateinischen Sprache, und zweitens nicht durch eine Homophonie (die lässt sich ja nur sagen, nicht schreiben), sondern durch eine Homologie, also eine wirkliche *Schreibung,* eine völlige Gleichheit des *Signifikantisierens*! So etwas, so ein „linguistischer Kristall", wird dann das eigentliche *Formel-Wort* sein. Eine derartige Formel drückt nämlich nicht nur das Wesen der Psychoanalyse aus (durch Überdeterminiertheit und eine dreifache Bildhaftigkeit, bzw. Homophonie), sie könnte auch für ein Verfahren, wie ich es in diesem Buch von verschiedenen Seiten darstellen will, geeignet sein, weil eine solche Formel nicht zulässt, dass man sich eine Bedeutung herauspickt, und man somit gezwungen ist, das Bewusstsein immer wieder auf die rein strukturelle Rede/Sichtung-, Formel-Wort-Ebene zu verweisen, die mit der des Unbewussten identisch ist.

Ich habe dieses etwas umständliche Einführungskapitel deswegen verfasst, weil es keine Wissenschaft gibt, die Wahres und Reales besser zusammenbringen könnte. Lacan sagt in seinem 24. Seminar: "La science n'est rien d'autre qu'un fantasme, qu'un *noyau fantasmatique* . . . La science est liée à ce qu'on appelle spécialement pulsion de mort. C'est un fait que la vie continue grâce au fait de la reproduction liée au fantasme."[19] Die Naturwissenschaften führen im Hintergrund eine leicht paranoide, fantasmatische Einstellung mit sich, was schon Freud so ausgedrückt hat (so zeige die Kunst und Philosophie auch eine Verwandtschaft mit der Hysterie und die Religion mit der Zwangsneurose). Trotzdem will ich mich hier nicht auf eine Abwertung aller Wissenschaften stützen und die *APK* als der Weisheit letzten Schluss darstellen. Ich will eher den Gegensatz von Eros und Religio, vom Realen und Wahren in meiner Argumentation überwinden.

Auch ist der Psychoanalyse ihre Wissenschaftlichkeit häufig abgesprochen worden. Doch wenn sie nicht (im stringenten sach-wissenschaftlichen Sinne) Wissenschaft ist, ist sie doch unwiderlegbar, weil sie Praxis ist, logische Praxis.[20] Und Praxis heißt Reales und Logik Wahres. Auf dieser Kombination liegt eben noch mehr der Schwerpunkt der *APK*. Zudem hat man hinsichtlich der Psychoanalyse auch von einer „Wissenschaft v o m Subjekt" gesprochen (was ich im nächsten Kapitel noch ausführen werde) und sie

---

[19] Die Wissenschaft ist nichts anderes als ein Phantasma, als ein phantasmatischer Knoten . . .Die Wissenschaft ist an das gebunden, was man speziell den Todestrieb nennt. Es ist eine Tatsache, dass das Leben fortdauert, dank der tatsächlich an das Phantasma gebundenen Reproduktion.

[20] Auch dies ist ein Statement Lacans. Und im Seminaire XXIV, vom 15. 11. 77 heißt es: „C'est une pratique . . . .de bavardage." Die Psychoanalyse ist Praxis des Geschwätzes (der „freien Assoziation" z. B.).

auch eine der „Liebe unterstellte Wissenschaft" genannt (auch dies werde ich noch detaillierter erklären und gleich in den nächsten Zeilen darauf eingehen).

Das Subjekt kann dann also ein an seine Kultur etc. angepasstes Ich-Es sein, es kann aber noch mehr ein „Subjekt ohne Ich", ein „vollkommen realisiertes Subjekt" sein, und das wäre dann sogar der ideale Psychoanalytiker. Denn dieser würde keine störende Gegenübertragung oder sonstige Hindernisse ins Spiel bringen, sondern schon sein bloßes „ultrasubjektives Ausstrahlen" (Lacan) würde einen großen Fortschritt in der Beziehung „von Subjekt zu Subjekt", „von unbewusstem Wissen zu unbewusstem Wissen", „von Sein zu Sein" darstellen. Auch dies klingt wieder etwas kühn. Dennoch beziehe ich mich auf konkrete Erfahrungen psychoanalytischer Natur, auch wenn die klassische Psychoanalyse diesbezüglich keine so unmittelbare Praxis bietet. Diese Erfahrungen, die einem AHAVA, die bei den frühen Juden stark erotisierte Gottesliebe, bewusst werden lassen, können viel besser durch die *APK* realisiert werden, und zwar speziell mit dem *kathartisch* genannten Teil.[21] Der analytische Teil zeigt jedoch klar auf, dass das Verfahren in der Psychoanalyse seine Grundlage hat.

Der Dramatiker F. Dürrenmatt schrieb, dass „der Mensch von einer Kompliziertheit ist, die nur Individualitäten zulässt". Das ist richtig und wichtig. Aber man könnte diese Aussage noch ein bisschen ergänzen durch das Statement, das der Soziologe T Lipowatz immer wieder geäußert hat. Er meint, dass neben der Individuierung als zweites wichtiges Prinzip die „Liebe zur Transzendenz" stehen muss. Und um genau dies geht es in meinen Versuchen über Eros, Liebe, „Metaeros" (wovon ich später noch schreiben werde) usw. Es handelt sich in der wahren Religio darum, einen ganz eigenen,

---

[21] Das griechische Wort kathairo (καθαιρο) heißt „reinigen, herunterrieseln". Ich zitiere hier immer gerne Goethes Faust, wo der Dichter sagt: „Das Schaudern ist der Menschheit bestes Teil". Gemeint ist genau dieses innere Rieseln, wo es einem bei einer bestimmten Musik oder Ähnlichem prickelnd (z. B. den Rücken) herunterläuft und so den Menschen reinigt.

individuellen Weg zu finden, der aufs engste zusammenhängt mit einer Liebe zu dem scheinbaren Nichts in einem selbst, zu einem reinen Darüberhinaus. Dazu kann und soll die *APK* führen.

Ich muss spätestens an dieser Stelle erwähnen, dass alle Texte in diesem Buch von Texten aus über zwanzig anderen Büchern von mir zusammengestellt sind. Deswegen ist manches etwas holprig ausgedrückt oder wird auch mehrmals erwähnt. Denn meine Bücher waren zwar stets von verschiedenen Thematiken her verfasst, dienten aber letztlich immer dem Verfahren der *APK*, der *Analytischen Psychokatharsis*.

2. Eine Wissenschaft v o m Subjekt

Die herkömmlichen Fach-Wissenschaften stützen sich auf ein Objekt. Dadurch glauben sie, besonders objektiv zu sein. So basieren die Naturwissenschaften auf materiellen und energeti-schen objektbezogenen Grundlagen, während die Geisteswissenschaften sich auf eine von vornherein als bedeutend festgelegte Einheit beziehen (z. B. auf so etwas wie „Transzendenz" als einem geistigen „Objekt"). Beide Wissenschaften versuchen also so vorzugehen, dass sie behaupten können, sie hätten das Subjekt der Wissenschaft, den Forscher, den persönlichen Menschen, aus dem Spiel gelassen, und haben daher eine besonders sachliche, objektive Basis. Wir wissen heute natürlich, dass dies nur zum Teil stimmt. Lacans und Freuds Beurteilung der Wissenschaft als von einem Phantasma mitbestimmten Vorgang habe ich bereits erwähnt. Über das „Lustprinzip" z. B. können die Philosophen nichts sagen, sie müssen es immer entweder moralisiert darstellen oder als hedonistisch abwerten. Sie können es nicht im Austausch zweier Subjekte (Analytiker und Patient) sich ausdrücken lassen, sondern müssen immer etwas davon opfern.[22]

Wie der Naturwissenschaftler sein Experiment auswählt, ist oft von sehr persönlichen Gegebenheiten beeinflusst, und manchmal muss er sogar ein wenig grob und rüde nachhelfen, um etwas „objektiv" beweisen zu können. So muss er z. B. in der Biologie, der Wissenschaft vom Leben, genau dieses Leben oft erst töten, zerschneiden, um es im Mikroskop exakt betrachten zu können. Andererseits bemerkt der Physiker als exakter Wissenschaftler oft selbst, dass er an „objektive" Grenzen gerät: wenn z. B. eine Einheit der Physik – etwa ein Quant – an zwei Orten zugleich sein kann, wie dies bei den neueren sogenannten „Durchtunnelungs- bzw. Verschränkungsexperimenten" der Fall ist. Es muss etwas Subjektbezogenes mit im Spiel sein. Modern ausgedrückt: In all diesen Fällen etwas „para-physikalischer" Experimente wird „eine

---

[22] Lacan, J., Seminaire Nr. VI, vom 13. 5. 59

präzise Definition von ‚Messung' gar nicht gegeben" –, schreibt
der Physiker M. Esfeld.

„Das ist auch nicht möglich", so Esfeld weiter – denn physikalisch
gibt es keinen Unterschied zwischen einem Messprozess und einer
beliebigen Interaktion. Ferner sind Messgeräte keine natürliche
Art von Gegenständen, die in der Natur unabhängig von unseren
Interessen vorkommen wie Elektronen, Sauerstoffatome, DNA-
Sequenzen oder Katzen [bezieht sich auf die Theorie von
‚Schrödingers Katze']. Vielmehr können beliebige Dinge von Ex-
perimentatoren entsprechend ihren Absichten als Messgeräte verwendet werden." Und weiter: „Wenn man definitive numerische
Werte als Eigenschaften für makroskopische Objekte anerkennt –
wie etwa lebendig oder tot zu sein für Katzen – und wenn man die
Quantenmechanik als vollständige Beschreibung der mikrophysi-
kalischen Wirklichkeit anerkennt, dann muss man die Möglichkeit
des Übergangs zu wohlbestimmten numerischen Werten in die Dynamik einbauen, die man für die Zeitentwicklung von Quantensystemen ansetzt."[23]

Während es also manchen Naturwissenschaften am Übergang zu
wohlbestimmten numerischen Werten mangelt, sind es wieder andere, die an der völlig starren 1,2,3,4,5,6,7 etc. – Numerik hängen
bleiben. Denn auch das ist ein Problem. Woher kommen die fertigen Zahlen? Es gibt bis heute keine wirklich empirische Theorie
der ersten ganzen Zahlen. Nicht anders ergeht es den Geisteswis-
senschaftlern. Sie versuchen zwar mit geradezu mathematischer
Logik, einen Begriff so herauszuarbeiten, dass er „objektiv" erscheint, in Wirklichkeit haben sie ihn aber schon von vornherein
als bedeutend festgelegt. So hängt das Kant'sche „Ding an sich"
beispielsweise sehr an den Wörtchen „an sich", als ob dies dem
Ding, der Chose, besondere Wertigkeit und gar wahre Wirklichkeit
oder wirkliche Wahrheit angedeihen lassen würde. Überhaupt ist
der Philosoph wie der Theologe auf ein „Ding", das eigentlich kein
Ding mehr ist, angewiesen, und so muss er seine Wissenschaft

---

[23] Esfeld, M., Das Wesen der Natur, Spectrum der Wissenschaft, 6/11, S. 57

irgendwie entdinglichen, entsachlichen, und es kann dann passieren, dass so etwas wie Konstruktivismus und Dekonstruktivismus nebeneinander existieren, obwohl sie völlig konträr sind.

Die Psychoanalyse ist daher mit ihrem Versuch, den Menschen einfach selbst sein Innerstes hinaus äußern zu lassen (durch die „freie Assoziation") in eine ganz neue Richtung gegangen, die man am besten als eine Wissenschaft v o m Subjekt bezeichnen kann. Man lässt jemanden alles herausplappern, was diesem so spontan, ja sogar auch in seinen Träumen einfällt, und sortiert dieses „Material" dann nach systematischen Gegebenheiten. Man ordnet das „Material" dieser Äußerungen dem Ich des Betreffenden, seinem Über-Ich, Ich-Ideal oder einem Trieb zu, wodurch der Betreffende tatsächlich in den Besitz einer Wahrheit / Wirklichkeit gerät. Der Begriff Trieb spielt dabei eine große Rolle, doch auch er ist kein Objekt.

Der Trieb hatte bei S. Freud, dem Begründer der Psychoanalyse, noch reichlich biologische, aber auch literarische Bedeutung. Was die Biologie angeht, leitet Freud ihn dennoch nicht direkt vom tierischen Instinkt ab, sondern aus der Zusammensetzung verschiedener Teiltriebe, die zwar auch biologischen Bezug haben, aber gerade umgekehrt aus der Entbindung vom Instinkt hervorgegangen sind. Manchmal nannte Freud die Triebe sogar „mythische Wesen, großartig in ihrer Unbestimmtheit", er wechselt also vom Feld des Biologischen ganz auf das des Literarisch-Mythischen. Erst J. Lacan hat hier Klarheit geschaffen. Er kam von der Sprachwissenschaft her und sagte, die Triebe sind eigentlich *Signifikanten*, bedeutungtragende Kräfte, Bestimmer ureigenster Art. Darin sind sie zwar nicht materiell, aber doch real. Man braucht dazu keine Natur- und Geisteswissenschaften, denn im psychoanalytischen Akt geschieht das, worum es geht, von sich aus.[24] Der Akt besteht aus dem „freien Assoziieren" und der „übertragungsbezogenen Deutung" (man „überträgt" auf den Psychoanalytiker Bedeutungen, die dieser dann nach Maßgabe seiner Wissenschaft –

---

[24] Freud wandte den alten italienischen Spruch auf sein Werk an: Psychoanalyse fa da se, die Psychoanalyse kann es von sich aus machen.

und das heißt insbesondere der Bezogenheit dieser Bedeutungen auf ihn selbst und der dahinter liegenden letzten Kräfte oder Triebe – interpretiert). Triebe sind Kraftprinzipien, immer schon da und immerfort wirksam, und man muss ihnen eben einen Namen geben. Deswegen sind sie gleichzeitig real und auch symbolisch. Das Reale leitet Lacan aber nicht vom Ontischen, vom Sein her ab, sondern von der Eins. Seine Wissenschaft ist die der Henologie, der Einswissenschaft, die jedoch das Subjekt genauso berücksichtigt wie das Objekt.

Eine *Eins* z. B. ist nicht einfach primär eine *Eins*, vielmehr „repräsentiert eine *Eins*", so die Lacansche Mathematik, „eine Null für eine andere *Eins*."[25] Der Psychoanalytiker z. B. repräsentiert eine *Eins* – zweifelsohne – aber manchmal sieht der Patient in ihm etwas, dem er nicht vertrauen kann, und möchte die Therapie am liebsten abbrechen. Er ist dann in gewisser Weise eine Null für den Patienten, dieser zweiten *Eins*, und natürlich gilt all dies auch umgekehrt. Aber trotz dieser recht krassen Abstraktion ergibt sich auf diese Weise dennoch eine Mathematik! Denn die Herstellung des Null-Eins-Abstandes als einer wohldefinierten Größe ist für die Mathematik – und so ist es auch in der Psychoanalyse – seit jeher eine große Leistung! Dieser Abstand ist nicht einfach natur- oder gottgegeben. Auch wenn jeder für den anderen – und selbstverständlich nur in gewisser Weise – eine Null repräsentiert, so war jeder sich doch des gegenseitigen Null-Eins-Abstandes gewiss, und genau damit kann man zu zählen anfangen! Auch die Null ist ja nicht Nichts, sie stützt ja diesen Abstand, und wenn man in der Therapie zusammenbleibt, um doch wenigstens etwas Arithmetik zu betreiben, war schon sehr viel gewonnen. Verständnis ist nicht alles. Mathematik ist vielleicht mehr als Verständnis.

S. Freud gab den Triebkräften die Namen Eros-Lebens-Trieb und Todestrieb. Man reduziert in einer Wissenschaft immer alle gefundenen Parameter auf möglichst wenige Grundelemente, meistens zwei oder drei. J. Lacan hat diese Konzeption etwas umformuliert und einen Wahrnehmungstrieb (Schautrieb) dem Entäußerungs-

---

25 Lacan, J., Problèmes Cruciaux pour la Psychanalyse, Sem. vom 20.1.65

trieb (Sprechtrieb) gegenübergestellt. Ich habe diese Trieb- oder Kraftprinzipien, wie schon im Vorkapitel erwähnt, vereinfacht ein *Strahlt* und ein *Spricht* genannt, weil es so noch leichter verständlich ist, die universale Geltung dieser Wissenschaft v o m Subjekt überall nachzuweisen. So ist es natürlich für die Psychoanalyse kein Problem, in ihrer Arbeit mit diesem leicht veränderten Konzept vorzugehen. Das *Strahlt* steht für die Schaulust, aber auch für das Primäre am Wahrnehmungsvorgang, das *Spricht* für die Entäußerungslust, die beim Menschen ja hauptsächlich das Sprechen betrifft (Lacan sprach vom Invokationstrieb).

Aber kehren wir zuerst einmal wieder zu den Naturwissenschaften zurück. Dass es in oder inmitten der Elementarteilchen so etwas wie ein *Strahlt* gibt, ist sicher kein Zweifel. Aber *Spricht* es auch darin? Ja doch, gerade oben habe ich ja das Beispiel von den Quanten gebracht, die man bei sogenannten „Verschränkungsexperimenten" an zwei Orten gleichzeitig messen kann. Das ist eben nicht mehr durch einfache materielle, geometrische Linien (*Strahlt*) darstellbar, hier kommt eine völlig andere Dimension herein. Es ist, als ob jemand dazwischenfunken würde. Kein Objekt mehr, eher etwas Subjektbezogenes. Mit immer gigantischeren Anlagen und Maschinen versuchen die Physiker, den Zusammenhang von Energie und Materie, von Gravitation und Quantenmechanik und ähnlichem weiteren Physikalischen zu lösen, doch als Ergebnis kommen nur seltsamere virtuelle Bruchstücke oder nur mathematisch zu berechnende Theorien heraus. Kein Zweifel, eines Tages werden uns die Physiker diese „Allumfassende Theorie" liefern, aber sie wird rein abstrakt und nur für ein paar Fachleute von Interesse sein. Man hat das Higgs-Teilchen gefunden und wird uns weitere Bilder von explosionsförmigen Linien zeigen, die beeindruckend sind und die Frage aufwerfen: Und dann? Und was jetzt?

Man wird uns auf die Stringtheorie verweisen, die zweifellos sehr interessant und auch plausibel ist. Doch dann?[26] Das Gleiche

---

[26] In meinem Buch „Nach Lacan" habe ich ausführlich Zusammenhänge zwischen der Stringtheorie und der Psychoanalyse Lacans dargestellt.

können wir auch in der Astronomie erfahren. Je weiter wir in den Weltraum hinausschauen, desto mehr sehen wir gar nicht mehr das, was dort wirklich und wahr ist, sondern etwas, das durch Gravitation (z. B. Gravitationslinsen) und anderes (dunkle Materie und Energie) so verschoben und verändert wird, dass wir mehr oder weniger ein Irgendetwas sehen, dem wir alle nur denkbaren Bezeichnungen zuordnen könnten. Natürlich wird man innerhalb der astrophysikalischen Sprache bleiben, aber man wird nicht ohne Subjektbezug auskommen. Ich könnte Kants „gestirnten Himmel" zitieren, der für ihn der Zenit der Subjektbezogenheit war. Selbst in der eklatantesten Naturwissenschaft wird es also ohne ein *Spricht* nicht gehen. Selbst der Urknall ist eine Lautäußerung, die etwas ankündigt.

Auch in der Mathematik lassen sich derartige Argumente nutzen. Wir zählen zwar, aber dies ist ein künstliches Modell, das im entscheidenden Moment versagt. „Ich habe drei Brüder, Paul, Ernst und mich", sagte einmal ein Junge, und recht hatte er. Denn er hat sich zuerst einmal als Subjekt mitgezählt und dann gab es ja noch den Brüderbegriff. Also waren es drei. Shackleton, der berühmte Antarktisforscher (Endurance-Expedition), soll nach Rückkehr von einer äußerst strapaziösen Tour zu seinem Schiff sich entsetzt gefragt haben: „Wo ist der vierte Mann?" Sie waren jedoch nur zu dritt gewesen, er selber war einer der dem Erschöpfungstode nahen Tourteilnehmer gewesen, aber dann gab es ihn ja auch noch als den Planer, den Verantwortlichen, den Über-Teilnehmer, den er konstant auf dem langen Weg beobachtet hatte. Einer von diesen beiden war plötzlich nicht mehr da, klar, es waren ja alle drei gerettet.

Hier geht es also nicht um Hirngespinste, hier geht es genau darum, eine Mathematik auf der Basis des wirklichen und wahren Menschen zu begründen, und nicht auf der abzählbarer Konsumgüter, mit der das Abzählen irgendwie begonnen hat. Es geht um das Zählen als solches, also auf der Ebene, auf dem Feld, wo „Es Zählt". „Noch bevor die eigentlichen Humanbeziehungen entstehen, sind gewisse Verhältnisse schon determiniert . . Noch vor jeder Erfahrung, vor aller individuellen Deduktion und noch bevor überhaupt kollektive Erfahrungen . . . sich niederschlagen, gibt es etwas, das dieses Feld organisiert und die ersten *Kraftlinien* in es einschreibt . . die Funktion einer ersten Klassifizierung. Wichtig ist für uns, dass wir hier die Ebene erkennen, auf der es - noch vor jeder Formierung eines Subjekts, das denkt – bereits zählt, auf der gezählt wird. Wichtig ist, dass in diesem Gezählten ein Zählendes schon da ist."[27] Genau dies rechtfertigt das *Spricht*. Es ist anfänglich etwas, das im Gezählten als Zählendes schon da ist.

Wo Es-Zählt und Er-Zählt, beginnt also die Wissenschaft v o m Subjekt. Ich habe auf die Lacansche Mathematik mit der Eins, die eine Null für eine andere Eins repräsentiert, schon im Vorkapitel hingewiesen. Dies ist eine Formel, die exakt auch auf das Unbewusste des Menschen zutrifft. Der mit der Geburt zu sich erwachende Mensch ist kein instinktgeleitetes Tier, sondern ein vollkommen von seiner Umwelt und Bezugsperson abhängiges Subjekt. Subjekt heißt, dass außer dem einfachen Dasein des Kleinkindes bei diesem auch ein rigoroser Anspruch besteht, dem unmöglich völlig entsprochen werden kann, auch wenn etwa die Mutter alles perfekt so richtet, wie sie es eben kann. Der Anfang ist also gekennzeichnet von einem grundlegenden Mangel, einer Null, die somit der gerade entstehenden Eins von der anderen Eins (Mutter, Bezugsperson etc.) repräsentiert wird.

Ich muss hier und jetzt aber nicht in einer ausschließlich mathematischen und astrophysikalischen Sprache sprechen, um erneut einen Vergleich zum Unbewussten herzustellen. Freud sprach ja vom „Pulsieren" des Unbewussten. Ohne diese Bezeichnung bei Freud zu kennen, kam der Philosoph F. Lyotard zu gleichen Auffassungen. Lyotard spricht von der „pulsierenden Matrix / *Figure*", in der er das primäre und mehr imaginär Unbewusste (das Freud'sche Unbewusste ist mehr symbolisch verfasst) durch das Pulsieren einer Matrix und damit zusammenhängender Bilder erklärt wird. Diesen Komplex pulsierender Bild-Blicke oder Blick-Bilder nennt er daher Matrix / *Figure*. Nicht nur solche Blicke oder Bilder, die aus unserer eigenen Erfahrung stammen und evtl. in der Verdrängung oder Spaltung nicht erinnert werden können, sondern

---

[27] Lacan, J., Die vier Grundbegriffe der Psychoanalyse, Walter (1980) S. 26

auch solche, die im sogenannten „kollektiven Unbewussten" (der Begriff ist jedoch heikel), im Gehirn, in den Genen oder eben noch im intrauterin angelegten Unbewussten „pulsieren", sind damit erfasst. Wenn wir nunmehr regressiv, also zu frühen seelischen Zuständen zurückkehrend (z. B. im Traum) in die Matrix / *Figure* (oder nach meiner Nomenklatur ins reine *Strahlt*) geraten, d. h. sie uns etwas bewusst wird, laufen wir Gefahr, verwirrt oder psychotisch zu werden. Gott sei Dank hält uns hier das *Spricht* im Gleichgewicht.

Der realen Nichtung, die das Subjekt erfährt, wird nämlich ein symbolischer Wert gegeben, eine Mathematik, eine Berechnungsmöglichkeit. Ja, mehr noch, diesem Oszillieren, Pulsieren zwischen der Null und der Eins wird in der Mutter-Kind-Situation wie auch in der therapeutischen Situation zudem noch ein Halt gegeben, indem die Mutter doch viele Bedürfnisse stillt und Ansprüche anerkennt oder der Therapeut positiv zugewandt ist und zuhört (damit stellen beide eine Eins dar, die allerdings ständig von der Null konterkariert wird, weil das Bemuttern nicht gleich Reife erzeugt, sowie auch das Zuhören ja nicht gleich die Heilung ist). Aber der Therapeut gibt ja auch Interpretationen, die zwar auch nicht mehr als Eins-Null-Eins sind, aber im Subjekt diese Symbolisierung weiter festigen, so dass es damit in einer echten Weise wird anfangen können zu zählen. Echte Weise heißt beispielsweise, dass es durch die Therapie zum ersten Mal einen Partner haben wird, eine wirkliche Zwei also, die es dann im Leben auch auf andere Menschen übertragen wird und so weiter zählen kann.

Wir müssen mit dieser Art von Mathematik beginnen, die uns die Wissenschaftlichkeit garantiert, sodann müssen wir natürlich noch etwas anfügen, was die Zutreffendstheit erklärt. Ich habe schon gezeigt, dass eine rein objektive Wissenschaft wie die Physik, Chemie, Biologie etc. zu materiell bezogen sind, und die Geisteswissenschaften sich zu sehr auf vorgefestigte, fertige Begriffe stützen, die sie dann hintenherum als durch ihre Wissenschaft gefunden herausgeben. Im Gegensatz dazu ist der Mangel (die Null) , der durch zwei Stützen (die Eins und die andere Eins) wenigstens in der Schwebe gehalten wird, etwas, das subjektbezogen bleibt, also nicht subjektiv ist, sich aber doch haltbar, gefestigt und bezogen auf das menschliche Subjekt darstellt. Linguistisch lautet die Formel von der Eins / Null / Eins nach Lacan daher: ein *Signifikant (ein* Bedeutungsträger, Bezeichner) ist ein Subjekt für einen anderen *Signifikanten.* Das menschliche Subjekt ist eingespannt zwischen zwei es bestimmende Wesenheiten, die man in der Linguistik eben *Signifikanten* nennt.

Denn in der Sprachwissenschaft gibt es auch das Problem, dass die Sprache in sich selbst einen tiefen Riss enthält, der bewirkt, dass wir niemals alles genau so sagen können, wie wir meinen, so dass der andere es wirklich eins zu eins verstehen müsste. Man kann mit der Sprache lügen, dass sich die Balken biegen, und doch kann man damit auch etwas Wahres ausdrücken, was sich nicht anders ausdrücken ließe. Die Linguisten unterscheiden – wie ich im ersten Kapitel schon diskutiert habe - den *Signifikanten* vom Signifikat (dem Bezeichneten), was jedoch nur eine Unterscheidung innerhalb ihrer eigenen Wissenschaft ist und bleibt. Zwei *Signifikanten* sich gegenüber zu stellen erzeugt natürlich ein viel spannungsreicheres, aber eben auch subjektbezogeneres wissenschaftliches Arbeiten, als es alle anderen Wissenschaften vermögen. Dies ist auch die Basis der Psychoanalyse, auch in ihrer herkömmlichen Form. Zwei *Signifikanten*, die sich gegenüberstehen, haben keine Lobby, keinen Mediator, der sie verbindlich macht. Der Mythenerzähler, auch der Prophet, der die Offenbarung hörte, war mit seinen *Signifikanten* identisch, er hatte dieses Problem nicht. Er war aber auch kein Wissenschaftler.

Was das heißt, konnte ich einmal bei einem Kind beobachten. Es wollte die Geschichte von Räubern erzählen, und als es zu der Stelle kam, wo es sagte „und dann waren da im Wald die Räu . . . .", konnte es nur noch selbst vor Angst zitternd hervorstottern: „Räuhäu . . äuho . . häu . . eber . . ." Der Räuber-Wald-*Signifikant*, der *Signifikant* des Dunklen, Bösen, Schaurigen hatte das Kind selbst im Griff der Identität. Das Du-hun-kle, das Bö-höö-se, das Scha-ha-haurige: Eigentlich sollte man alle diese Worte immer so aussprechen, lautmalerisch, wie sie wirklich sind. Wir haben das verlernt. Aber es hat auch Sinn gehabt, es zu verlernen, weil wir so differenziertere Wissenschaft betreiben können und nicht mehr vom reinen Offenbarungsmythos abhängig sind. Der *Signifikant* antwortet im Mythos, in der Esoterik, Mystik und Magie direkt dem anderen *Signifikanten*. In der Wissenschaft dagegen, legt er eine gut begründete Zwischenstufe ein, die den klaren Zusammenhang von Wissen und Wahrheit garantieren soll, wie es der Null-Eins-Abstand nahelegt, der durch *Signifikantenwirkung* zu einer echten Zwei führen soll..

Leider gelingt es in der klassischen Psychoanalyse nicht so ganz, dass diese Zwei exakt so erreicht würde. Vielleicht war dies zwischen Freud und Lacan der Fall (obwohl sie gar nicht direkt miteinander gesprochen haben, doch in ihren Werken korrelieren sie eng und wohldefiniert), aber sonst sehe ich dies nirgendwo realisiert. Meistens reden die Patienten nicht wirklich „frei assoziierend". Dann gelingt dem Analytiker auf Grund seiner *Gegenübertragung* (eine Gegenreaktion darauf, dass der Patient alle möglichen Bedeutungen auf den Analytiker *überträgt*, wenn er in dieser ungewöhnlichen Form mit ihm redend in Beziehung tritt) nicht immer die zutreffende *Deutung* der Einfälle des Patienten. Die bekannte Psychoanalytikerin F. Henningsen verwendet allerdings ihre *Gegenübertragung* in einer so sehr subtilen Form, dass sie damit den therapeutischen Prozess aufrecht erhalten kann. Sie schildert jedoch sehr lange, ca. 800 Stunden andauernde Analysen, in denen sie mit dem Patienten wirklich auf dem Boden der traumatischen Spaltung angekommen ist und diese mit dem Patienten zusammen symbolisieren, also sprachlich voll zugänglich lösen kann.[28] Ihre Arbeit ist enorm tiefgründig und vielschichtig, aber werden heute solche aufwendigen Analysen möglich sein? Weltweit sind doch sicher Millionen Menschen früh-traumatisiert. Wie sollte man sie so aufwendig und kostspielig behandeln können?

Die „ultrareduzierten Phrasen"

Ich habe deswegen auf die elementaren Grundlagen der Mathema-

---

[28] Henningsen, F., Psychoanalysen mit traumatisierten Patienten, Klett-Cotta (2012)

tik und Psycholinguistik zurückgegriffen, um wieder dahin zu kommen, was der Subjektbezogenheit vollen Raum gewährt. Gehen wir mit Lacan noch einen Schritt weiter und entfernen wir uns damit von der herkömmlichen, klassischen Psychoanalyse, jedoch nicht ohne weiterhin ihre Grundsätze zu beachten, wie sie die Wissenschaften bis hin zu Freud – und mit ihm – entwickelt haben.

Wir haben bereits die zwei Subjekte im perfekten Austausch gesehen, uns vorgestellt, wie sie ideal mit den *Signifikanten* hantieren und sich die Bälle des Sinns und der Bedeutungen zuwerfen. Aber wir haben noch nicht zu Genüge gesehen, was sich im Inneren dieses Vorgangs abspielt, ja wir wissen immer noch nicht ganz genau, was ein *Signifikant* wirklich sein soll. Dazu kann uns ein Lacanscher Begriff bestens helfen: es ist der Begriff der „ultra-reduzierten Phrase" bzw. des monosyllabischen Ausdrucks.[29]

Lacan zitiert hierzu eine Geschichte Dostojewskis. Dieser hatte einst in Moskau eine Gruppe völlig betrunkener Studenten beobachtet, die heftigst über universelle, kosmologische Fragen diskutierten. Schließlich stieß einer niederschmetternd das Wort „Merde" aus (ich verwende hier das französische Wort, wie es Lacan bringt, in Wirklichkeit war es natürlich Russisch). Dieses vernichtende „Merde" veranlasste jedoch einen Zweiten zu einem fragenden „Merde"? worauf jedoch ein Dritter Augen und Hände zum Himmel erhob und ein flehentlich bittendes „Merde" ausrief. Fast schon ernüchternd stammelte zuletzt ein Vierter nur noch ein „Merde", „Merde", „Merde" ... vor sich hin. Kurz: Der durch den Alkohol nur noch zur Fäkalsprache fähige und bis zur „ultra-reduzierten Phrase" des „Merde" gehende Austausch der Studenten untereinander, hatte dennoch eine gewisse und vielleicht sogar gesteigerte Signifikanz. Verfluchen, Fragen und Flehen führten zum irdisch gebundenen Stammeln über die Universalien und die Kosmologie – und dies noch dazu in einer gewissen Übereinstimmung.

Selbstverständlich können wir nichtalkoholisiert bessere Aussagen und „ultrareduzierte Phrasen" machen. Denn einfach künstlich, bewusst gedacht, rationalisiert darf diese Phrase nicht sein. Aber wie

---

[29] Lacan, Seminaire12, Staferla-free.fr, Mitschrift S. 332

dann? Eine diesbezüglich zutreffende Geschichte erzählt Freud selbst: Eine seiner Patientinnen erzählte von einem Traum, zu dem sie nur noch das Wort KANAL erinnerte, und wozu der betreffenden Patientin dann noch der Spruch einfiel: Vom Erhabenen zum Lächerlichen ist nur ein Schritt (franz.= pas), nämlich der KANAL von Calais (franz.= pas de Calais). Der KANAL-Schritt war also der vom Erhabenen (Frankreich) zum Lächerlichen (England). Doch der pas in der Erzählung der Dame war ein faux-pas, weil Freud in der Übertragung der Dame auf deren Assoziation als Kritik an seiner analytischen Methode deutete: Seine, Freuds, Methode der Analyse, sei wohl eigentlich lächerlich und gar nichts Erhabenes, interpretierte er.

Denn warum erzählt sie ihm sonst diese Geschichte? Nur aus dem Wort KANAL, konnte Freud diese Deutung ziehen. Je kürzer ein Traum oder eine Assoziation ist, desto bedeutender ist sie auch, weil desto mehr darum herum verdrängt wird. Nur mit dem Wort KANAL verriet die Dame, dass sie Freud eigentlich für eine KA-NAiLle (gleiche Großbuchstaben) hielt, wie sie es vielleicht bei ihren Eltern erlebt hatte, oder was sie fürchtete, dass man es ihr selbst nachsagte, oder was sie über das Verhältnis von Frankreich zu England verinnerlicht hatte, und was sie damit auf Freud übertrug. KANAL leuchtet auf wie eine Schicksalsrune, wie ein Mantra, ein bildhaftes *Formel-Wort*, in dem sich die unbewussten Assoziationen verdichten. Eine *Signifikanten*-Kombination in seiner Ur-Form, die „ultra-reduzierte Phrase" in Reinkultur.

Aus dieser Geschichte wird auch ersichtlich, dass diese Phrase sich zwischen dem Subjekt und seinem *Anderen* abspielt, ja deren Beziehung formuliert und formatiert. Der oder das *Andere* ist bei Lacan Ort des Unbewussten, Hort des Sprachwesens, der symbolischen Ordnung, der *Signifikanten*-Zusammenhänge. Früher war Gott dieser Andere, und es mangelte ihm nicht an „ultra-reduzierten Phrasen": „fiat lux" soll er am Anfang gesagt haben, und daran haben sich alle orientieren können. Aber vielleicht war dies alles nur ein Mythos. Diese(r)(s) *Andere* ist psychisch und physisch zugleich, Er/Es gehört keiner der herkömmlichen Wissenschaften und schon gar nicht irgendwelchen Glaubensrichtungen an, sondern nur dieser unbewusst-mathematischen Vorgehensweise, die man auch eine *Konjekturalwissenschaft* nennt.[30] Damit sind vorerst einmal weiterhin alle wissenschaftlichen Bereiche berücksichtigt, aber es ist immer noch nicht irgendeine besondere Zutreffendheit geklärt. Eine solche kann überhaupt erst Geltung haben in einem für jeden nachvollziehbaren Vorgehen, sodass dieser selbst wissenschaftlich mitarbeiten und an dem Wissenschaftsprozess teilnehmen kann. Denn „der Geist in der Teilnehmerperspektive" – sagt der Philosoph H. Hastedt ist als *Subjekt* der Erkenntnis methodisch vorrangig gegenüber Geist und Körper als Erkenntnis-*Objekt*en in der Beobachterperspektive".[31] Wenn es immer nur einzelne privilegierte Personen sind, die Wissenschaft machen können, kommt mit Sicherheit keine bevorzugte Zutreffendheit heraus. So ist also jeder zur Teilnahme an diesem Vorhaben eingeladen.

Nur so ist die Sache einfach und klar. Es muss so eine „ultra-reduzierte Phrase" sein, die selbst noch nicht das schon vorgegriffene Ergebnis darstellt wie beim „fiat lux", wo man einen Gott annehmen musste, dem man weiterhin noch ein Sprachorgan unterstellen, und dann auch noch Kenntnisse in Syntax und Grammatik zuschreiben musste. Und zudem noch ein Medium, das dies alles übersetzte. Und warum „lux"? An anderer Stelle soll er vermittelt haben, dass es der „logos" war: „in initio fiat verbum". Es müsste also etwas geben, wo die „ultra-reduzierte Phrase" so sehr reduziert ist, dass sie eigentlich oder fast nichts mehr sagt, aber gerade dadurch wirkt. Sie müsste also noch Phrase sein, aber keine gezielte Bedeutung oder zu einsilbig festgelegten Sinn mehr haben. Dazu haben sich die Linguisten z. B schon etwas Zutreffendes einfallen lassen, z. B. den berühmten Satz: „Colorless green ideas sleep furiously" (Farblose grüne Ideen schlafen fürchterlich), der genau so wie der Satz „Der Gnafel gircht, dass Inkeln schnofel

---

[30] Konjektur heißt Vermutung, die Konjektural-Wissenschaften vermehren und verdichten ihre Vermutung bis ein Höchstmaß an Gewissheit erreicht ist.
[31] Hastedt,H., Das Leib-Seele Problem, Suhrkamp (1989) S. 291

sind" zu allen möglichen linguistischen Zwecken (syntaktisch-grammatisch perfekt, aber sinnlos) formalisiert wurde.

Denn der Satz mit den „grünen Ideen" z. B. ist überhaupt nicht sinnlos, wie die Sprachwissenschaftler behaupten. Gerade in heutiger Zeit, wo es vor „grünen Ideen" nur so wimmelt, können wir uns gut vorstellen, dass diese Ideen trotzdem farblos (ineffektiv) sind und zudem auch, dass sie nur unter der Oberfläche ganz fürchterlich dahindösen. Auch der andere Satz erweckt sofort zutreffende Assoziationen: Es geht um irgend so etwas Mittelalterliches aus der Zwerg- und Gnomwelt, man will wohl durch die Silben gna, gir, ink, schno eine Lautmalerei erzeugen, eine Grunz- und Schniefstimmung. Kurz: Es handelt sich ganz und gar nicht um „ultra-reduzierte Phrasen", die Sinn- und Bedeutungszuschreibungen nicht oder kaum noch zulassen würden. Die wirkliche, brauchbare „ultra-reduzierte Phrase" müsste eine sein, deren Sinn ohne Bedeutungshilfen auskommt, oder die eine so große Menge von Bedeutungen enthält, dass sie einen extrem vielschichtigen und somit keinen wirklichen, direkten Sinn bewirkt.

Eine „ultrareduzierte Phrase", deren Sinn ohne Bedeutungshilfe auskommt, wäre z. B. ein Symbol, das man sofort voll verstehen würde wie das „Merde", das zwar jeder aus einem anderen Grund ausruft, das aber doch alle als das gleiche Negativum und Malum ansehen und verstehen. So etwas entsteht durch einen Zufall und kann dann sogar zu einem Identitätswort werden. Ich habe bereits ausgeführt und werde an späterer Stelle noch darauf zurückkommen, was Identitätsworte sind und dass sie die ersten menschlichen Worte waren. Wir stehen heute jedoch an einer anderen Stelle, wo wir eher ein Zurück zu weniger Worten nötig hätten. Dies müsste uns aber ausführlich erklärt werden (wozu wir wieder Worte brauchen). Wir brauchen also genau die „ultrareduzierten Phrasen", die mit Bedeutungen überladen sind, so dass man sich keine mehr so einfach herausgreifen kann, die aber dann – durch psycho-physische Verarbeitung z. B. – plötzlich doch einen Identitäts-Sinn freigeben. Eine solche ist z. B. der hier unten im Kreis geschriebene Buchstabenkranz bzw. *Formel-Wort*.

Schreibt man dieses CER-AM-OR-SA oder MOR – SAC -ERA - etc. im Kreis, ist für jemanden, der die lateinische Sprache kennt,

sehr schnell zu sehen, dass von verschiedenen Buchstaben aus gelesen ganz verschiedene Bedeutungen heraus kommen. Schließlich weiß man ja nicht, von welchem Buchstaben aus man zu lesen beginnen soll. Folgt man dem Pfeil, könnte ein Lateiner natürlich ORSA C ERAM herauslesen: Ich war hundertfaches Beginnen, oder MORS ACER, der Tod (ist) bitter, oder AMOR SACER, die Liebe (ist) heilig und andere mehr herauslesen.

Auch wenn einige dieser Bedeutungen recht unsinnig sind, sind es doch Bedeutungen, die gerade deswegen, weil sie so viele sind, keinen einheitlichen Sinn aufkommen lassen. Von welchem Buchstaben soll man das Ganze denn lesen? Welcher Bedeutung soll man mehr Gewicht beimessen? Je mehr Bedeutungen da sind, desto weniger Sinn ergeben sie. Ziehen wir doch einen Sinn heraus, dass es sich z. B. um ein Emblem handelt oder um einen Eigennamen, so haben die ganzen Bedeutungen, die ja für den Lateiner doch sichtbar darin stecken, wiederum keine Bedeutung für diesen Sinn. CERAMORSA.CERA. . . ist eine hintereinander mehrfach gesprochene „ultra-reduzierte Phrase", die ganz besonders effektiv zwischen dem Subjekt und dem *Anderen* vermitteln und wirken kann. Man muss und kann sie nur meditieren.

Das Subjekt, das langsam gedanklich diese Phrase als *Formel-Wort* in sich wiederholt, wird unweigerlich auf den oder das *Andere(n)* stoßen. Gerade weil dem Subjekt alle anderen Wege versperrt sind, muss und kann es nur auf das Gegenteilige, Widersprüchliche und doch eben total Unbewusste treffen. So und nur so wird es Teilnehmer des wissenschaftlichen Prozesses, um den es hier geht. Ich habe diesen Zugang zum Unbewussten, physisch-psychisch Unbewussten, von der Psychoanalyse und der Mathematik hergeleitet, aber ich könnte es von jeder anderen Wissenschaft her ebenso tun. Was die Mathematik angeht, ist jetzt wieder leicht zu sehen, dass jeder Einzelne, insofern er als Subjekt die eine

Eins darstellt, über die Null, die die Formulierung des M-E-N-S-C-I-S-N-O (ein anderes Formel-Wort) ja repräsentiert, zu der anderen Eins kommt, die der, das *Andere* ist. Damit überbrückt der Mensch letztlich die Null, vielleicht nicht gleich von Anfang an perfekt, aber mit der Zeit der Meditation doch immer mehr. Ich führe diese Bemerkungen, die den Kern der *APK* betreffen, im Weiteren noch mehrfach und vertieft aus. Der Strahlenkranz der Buchstaben zeigt auch deutlich etwas vom *Strahlt / Spricht*, von Rede und Sichtung.

Von den Naturwissenschaften her, deren Objekte leicht auf Formen, Muster, Gestalten (also *Strahlt* und Sichtung) zurückzuführen sind, ist auch leicht zu sehen, dass ihre Propagandisten nicht wahrnehmen, dass in ihrer Wissenschaft versteckt etwas *Spricht*. Sie haben zwar den „Urknall" gefunden, aber nicht so gehört, dass sie ihn perfekt hätten weiterentwickeln können. So haben sie nicht erfasst, dass der „Urknall" umso deutlicher für jeden wahrnehmbar wird, je mehr er sich vom absoluten Stillschweigen abhebt. Die Physiker decken diese Stille, noch bevor sie sich mit ihrem Getöse von Paralleluniversen, Inflations- und Stringtheorie ausbreitet, wieder zu, und können daher nicht erkennen, was ein Meditierender erfährt, der z. B. das *Formel-Wort* E-N-S-C-I-S-N-O-M mental reverberiert. Er wird selbst den „Ton" hören, das „universale Gemurmel", den redundanten „Laut".[32] Natürlich ist insbesondere Gott früher gerade im Stillschweigen der Wüste und in Isolation den Menschen erschienen und hörbar geworden, aber er war nur mythisch erfasst. Lacan fasst dieses Stillschweigen anders: Je länger es sich ausdehnt, meint er, windet es sich in und zu topologischen Formen um, die schließlich etwas laut werden lassen. Es muss nicht gerade ein Knall sein oder eine göttliche Stimme. Eine nunmehr auf den einzelnen bezogene und für seine Perspektive wichtige „ultra-reduzierte Phrase" oder auch ein Rätsel genügt.[33]

---

[32] J. Lacan bezieht sich mit dem „universalen Gemurmel" auf das Unbewusste, das eben ultrareduziert in uns spricht. In der Informatik ist bekannt, dass die Resonanz zwar das ist, was man hören will, die hintergründige Information aber im redundanten Geräusch mit wahrzunehmen ist.

[33] Im Rätsel findet sich der Sinn in seiner zugespitztesten Form!

Nur so etwas *Spricht* wirklich, weil es in jedem einzelnen sein eigenes, ureigenes Sprechen induziert und hervorruft.

Es gibt auch eine enge Verwandtschaft zwischen dem *Formel-Wort* und dem, was wir einen Eigennamen nennen. Die meisten Menschen glauben, dass ein Eigenname keine besondere Bedeutung habe. Er stammt eben aus historischen Zeiten, und wer Müller heißt, hat natürlich meist nichts mehr mit diesem Beruf zu tun. Aber wie ist es mit Klünstertarr, Gransborgluer, Britzschnasgeid und tausend anderen? Man spürt sofort, dass da zwei, drei oder noch mehr Bedeutungen in diesen Namen anklingen, auch wenn man ihren tieferliegenden Bedeutungen nicht weiter nachgeht. Der bekannte Anthropologe Claude Levy-Strauss war der Ansicht, dass der Eigenname etwas ist, was ursprünglich vom Paten seinem Patenkind gegeben wurde und bei entsprechend engen und bestimmenden Verwandtschaftsverhältnissen identitätsstiftende Bedeutung hatte. Aber diese Bedeutung greift trotz aller Berechtigung zu kurz. Sie bezieht sich nur auf soziale Bande, auf eine schon durch wieder andere Namen (von denen auch einige Eigennamen sein könnten) bezeichnete Handlung. Lacan hat daher zu Recht gesagt, dass der Eigenname eine frei schwebende Funktion hat.[34] Er ist eben durch viele in ihm verwobene Bedeutungen gekennzeichnet, aber auch nur dann, wenn diese Bedeutungen nicht gleich einen zu definitiven Sinn ergeben. Diese frei schwebende Funktion haben jedoch die *Formel-Worte* in perfektem Ausmaß.

Sicher hatte der Eigenname früher eine viel stärker Emotionen und Assoziationen hervorrufende Wirkung. Und auch heute noch ist er etwas, was selbst nach einer gründlichen Recherche seiner in ihm verknoteten Bestandteile einen Rest an Rätselhaftigkeit zurücklässt. So haftet den Eigennamen eine stärkere Beziehung zum Unbewussten an, als es die üblichen Worte und Bezeichnungen, Tier- und Pflanzennamen, Namen für Gebräuche etc. tun. Aber gerade das macht die *Formel-Worte* ihnen so ähnlich und gleichermaßen noch viel ausgeprägter wirksam. Die *Formel-Worte* sind Kunstworte, so wie die ganze Psychoanalyse eine Kunstform hat. Aber

---

[34] Lacan, J., Seminaire XII, Vortrag vom 6. 1. 65

wie das Vorgehen in der Psychoanalyse wirken die *Formel-Worte* auch dadurch, dass sie wissenschaftlich und nach psycholinguistischen Strukturelementen aufgebaut sind. Umgekehrt wie beim Eigennamen, sind die in den *Formel-Worten* enthaltenen Bedeutungen exakt bekannt und auch das Ineinandergreifen, die Verknotung der Bedeutungen ist einsichtig und offen beschreibbar.

Doch wie bei den Eigennamen ist ihre Wirkung daran geknüpft, dass diese Verknotung im Unbewussten etwas bewegt, wobei die Bewegung im Unbewussten durch die *Formel-Worte* viel ausgeprägter ausfällt. Würde man z. B. einen Eigennamen wie den oben genannten Klünstertarr als Spruch, als Mantra, meditieren (langsam, monoton in den Gedanken wiederholen), würde man anfänglich vielleicht ganz tief in eine Entspannung geraten. Denn indem dieser Name zwar einiges anklingen lässt, aber die Gedanken sonst nicht weiter auf einen eindeutigen Sinn hin beschäftigt, kann er das Bewusste einschränken und das Unbewusste etwas öffnen, wodurch sich zu Beginn einer derartigen Meditation eine gute Relaxation einstellen kann. Beim tieferen Eindringen in das Unbewusste würde jedoch eine Unsicherheit, evtl. sogar Angst, wach werden. Was soll dieser Klünstertarr, wer ist er, war er vielleicht ein düsterer Mensch? Warum gerade dieser Name?

Beim Üben mit den *Formel-Worten* dagegen ist klar, dass sie aus mehreren, bekannten, normalen Worten und deren Bedeutungen erstellt sind, die sich eben überlappen, aber sonst nichts tun, als sich gegenseitig wieder auszulöschen. Es wird an dieser Stelle möglicherweise auch eine Unruhe auftreten, weil deren freischwebende Eigennamenfunktion extrem ist, aber die Gedanken können sich sofort an dem intellektuellen Hintergrund, also dem wissenschaftlichen, dem Unbewussten der Psychoanalyse analogen Aufbau, beruhigen. Man kann sich notfalls selbst belesen, kann den Aufbau selbst begreifen und sich so wieder in die Verfassung bringen, mit dem Üben der *Formel-Worte* weiter zu machen. Die Praxis der Verfahrens schreitet parallel mit dem intellektuellen Verständnis vorwärts, beides ist ineinandergreifend, beides ist wichtig für die Methode.

Wie schon betont, ermöglicht die *APK* jedem Einzelnen, auch an der zutreffendsten Wissenschaft teilzunehmen, denn nur so kann die Wissenschaft überhaupt zutreffendst sein. In den weiteren Kapiteln finden sich ergänzende Darstellungen sowohl zu E. N. S. C. N. O. M., zur Praxis des Verfahrens und zu den beiden Grundkräften oder Prinzipien des *Strahlt* und *Spricht*. „Der Wissende weiß, dass er glauben muss," schreibt F. Dürrenmatt in einem seiner Werke. Aber sowohl der Wissende als auch der Glaubende müssen auch Erfahrung haben können, praktisch-logische Erfahrung. Dies ist die einzige Möglichkeit in der heutigen politischen, gesellschaftlichen und vom Rechtsautoritarismus gefährdeten Zeit speziell mittels des Einzelnen eine positive und wahre Zukunft zu gewinnen.

3. Vom Autoerotismus zum weiblichen Genießen

Freud war davon ausgegangen, dass es im frühesten Lebensabschnitt eine autoerotische Phase gibt. Er sprach auch von der unmittelbaren Organlust. Das Kleinkind würde also noch etwas davon empfinden, was seine Organe auf dieser Ebene in einer Form eigeninniger (propriozeptiver), lustvoller Erfahrung tun. Natürlich hat das Kind anfänglich noch kein Gedächtnis dafür, kann also die Lusterfahrungen nicht längere Zeit in sich halten und später erinnern. Im Gegenteil: Erst die wiederholte Erfahrung des Stillens an der Brust der Mutter ermöglicht ihm, an seinen Lippen eine sogenannte erogene Zone auszubilden, die in einer Art von Selbstständigkeit – Freud nennt es einen Partial- also Teiltrieb – das Gedächtnis, aber auch die Fixierung, für diese Erfahrung schafft. Im Zusammenhang mit anderen erogenen Zonen und ihren Partialtrieben entwickelt sich schließlich ein komplexes menschliches Wesen mit einem Ich, mit Ideal- oder Über-Ich-Bildungen und dem *Es*, in dem diese Triebe noch relativ ungebunden verbleiben. In der Art, wie sich dann einige Partialtriebe unter dem Primat geschlechtlicher Strebungen – sozusagen sexualobjektiv – zusammenfinden, bildet sich so eine sexuelle Identität heraus. Soweit Freuds Auffassungen.

Bezüglich dieses Konzepts des primären Autoerotismus lohnt es sich, eine gewisse weitere Ausarbeitung in die Richtung vorzunehmen, wie sie Lacan konzipiert hat. Denn die Freud´schen Eros-Lebens und Todestriebe können wir nicht isoliert fassen. Auch oder schon gar nicht in ihrer primärprozesshaften Form, wie Freud dies nennt. Die oben von mir schon mehrmals zitierten Schau- und Sprechtriebe dagegen lassen sich sehr wohl in ihrer primärprozesshaften Form fassen. Nach Lacan durchläuft das Menschenkind in seiner seelischen Entwicklung ein autoerotisches Stadium, eine Phase, die Lacan die des „zerstückelten Körpers" nannte (corps morcelée). Es ist die früheste Phase, in der das Kleinkind völlig unkontrollierte Bewegungen, unzusammen-hängende Empfindungsschichtungen und Beziehungserfahrungen durchlebt. Die Schau- und Sprechtriebe durchkreisen den Körper chaotisch in dieser Form des „corps morcelée."

Das soll heißen, dass die Zerstückelung natürlich nicht real ist, sondern dass der Mensch sich anfänglich durch diese Triebdynamik wie zerstückelt erfährt: Mal ist mehr das eine Stück (z. B. ein Bereich der Haut), dann wieder ein anderes (z. B. eine lustvolle Entäußerung) im Vordergrund der Empfindungen, wie sie durch eine Kombination dieser beiden Grundtriebe hergestellt wird (vom vollen Bewusstsein dieser Empfindungen kann man hier wohl noch nicht sprechen, Freud nennt es das Vorbewusste). Diese Vorgänge lassen sich beim Kleinkind aber sehr gut beobachten. Wer kennt nicht die völlig unkoordinierten Bewegungen und wohl auch unzusammenhängenden Wahrneh-mungen in diesem frühen Alter. Hier von einem Autoerotismus zu reden, der eine vollständige und ganzheitliche Trieborganisation ist, ist sicher nicht richtig. Die Triebe schaffen in ihrer Kombination nur eine wie in sich zerstückelte Organisation.

Es gibt eben noch kein einheitliches, fertiges Ich, nur einen noch ganz unreifen Kern einer ersten Ich-Bildung, die noch keine Stabilität, Dauer, Festigkeit aufweisen kann. Dieses frühe „Lust-Ich", wie Freud es auch nannte, geht ja ständig durch die gerade genannten durcheinanderwirkenden Phänomene immer wieder verloren oder kommt auch noch gar nicht so richtig zustande. Das Kind erfährt sich – wie gesagt, mehr unbewusst – sozusagen wie zerstückelt und kann sich nur für Momente einheitlich wahrnehmen. So orientierungslos, wenn auch autoerotisch, könnte es gar nicht überleben, wenn es nicht in der Mutter eine Bezugsperson gäbe, die die weitere Ich-Entwicklung – erst einmal zumindest ansatzweise – ermöglicht. So ist beim Menschen schon von Anfang an ein bildhaftseelisches, ein „imaginäres Objekt", und gleichzeitig ein sprachliches, „symbolisches Objekt" vorhanden, da in der Art wie etwas gegeben wird, von welchen Blicken und Lauten und mit welchen Emotionen etwas zusätzlich begleitet wird, nicht nur erste „maßgebliche Bilder" (Lacan), Vorstellungen, sondern auch erste Symbole, Silben, gedächtnissteuernde und schließlich feste Worte gefestigt werden.

Die Zerstückelung des Körpers wird also durch ein ganz komplexes Geschehen überlagert, verändert und schließlich zu einem konstanteren Erfahrungskern, zu einem festeren Ich hin umgeformt. Dennoch bleibt ein Teil immer noch in dieser bruchstückhaften Weise bestehen. Nur handelt es sich jetzt nicht mehr um unkontrollierte Bewegungen oder unzusammenhängende Empfindungsschichten, sondern um erste *Signifikanten,* die die Kinderanalytikerin F. Dolto – fast besser verständlich als bei Lacan – als

„Körperbilder" bezeichnete. In diese *Signifikanten* oder Körperbilder ist das Ich miteingetaucht, und aus diesem Konglomerat hat Freud auch seine *Signifikanten*, nämlich das Es, das Über-Ich, das Idealich, Ichideal und das Ich konzipiert. Aber auch die „Körperbilder" sind zwar bereits mehr verbunden, jedoch immer noch etwas gestückelte „Körperbilder".

Doltos „Körperbilder" heißen das dynamische, das basale und das erotische „Körperbild" und bilden so ein Konglomerat, mehr aus der bildhaften Sicht heraus gesehen, worin man den zerstückelten Körper vielleicht noch besser erahnen kann, als wenn man hier von *Signifikanten* spricht. Man muss sich beispielsweise nur einige Momente entspannt hinsetzen und die Augen schließen, um zu spüren, wie sich das Bild, das wir vom Körper haben, verändert. Wir nehmen plötzlich nicht mehr so genau wahr wie unsere Beine zusammenstehen oder ob die Arme übereinanderliegen. Bei ausgedehnteren Meditationsübungen fangen auch unsere Empfindungen, Gefühle und Gedanken an, sich anders zu ordnen, räumliche oder zeitliche Einstellungen sich zu verschieben. Man nähert sich dann wieder den ursprünglichsten Zuständen des „zerstückelten Körpers", der, wie gesagt, kein real zerstückeltes Wesen ist, sondern nur ein in seiner Körperbildlichkeit oder *Signifikanten* Teilhaftigkeit (mal ist mehr ein, dann wieder ein anderes Teil im Vordergrund der autoerotischen Besetzung).

Der Blick der Mutter und der des Kindes greifen schon während des Stillvorganges ineinander und die Schaulust wird schon früh beim Menschen zu einem der wesentlichsten Partial-Triebe (Schautrieb).[35] Wenn nun auch noch der allgemeine

---

[35] Ich spreche hier von Partialtrieb, obwohl ich den Schautrieb zuerst als Grundtrieb bezeichnet habe. Das ist kein Widerspruch. Nicht umsonst habe ich anfänglich von Sichtung und vom *Strahlt* gesprochen. Dies ist die primäre Triebkraft. Die Brust wird vom Kind „gesichtet" und innerhalb dieser Sichtung nimmt das Orale dann einen eigenen Platz ein, während ein anderer Teil der Sichtung als Schaulust verbleibt. Diese Dynamik, die hier vor sich geht, hat mit dem in dieser Phase noch ganz versteckten *Spricht* zu tun, also mit der Tatsache, dass die Sichtungen von Anfang an

Entäußerungstrieb (z. B. die Motorik) zum Sprechtrieb (Lacan nennt ihn den Invokationstrieb) wird, entsteht eine Mehrfachheit dieser Partialkräfte, dieser begrenzten Eigenleben, die also immer noch einigermaßen gut sichtbar die zugrunde liegende Zerstückelung wiederspiegeln. Blick und Stimme als Objekte des Schau- und Sprechtriebs werden zunehmend zu den dominierenden Vorgängen in der seelischen Entwicklung. Sie können sich dann auch kombinieren, so wie schon der Oraltrieb, die Mundlust, sich mit der Schaulust der ineinandergreifenden Blicke kombinieren kann. Man müsste eigentlich vom Brust-Auge der Mutter und vom Mund-Blick des Kindes sprechen, die diese „Ma-Ma"-Beziehung durch Aufschaukelung weiter aufbauen, bis andere Aspekte das Ganze wieder etwas umformen. Denn Blick und Stimme, Schau- und Sprechvorgänge haben schon längst dort hineingewirkt und schließlich mehr von diesem begrenzten Eigenleben an sich gezogen.

Philosophen wie Derrida und Foucault haben diese Verhältnisse auch aus ihrer Sicht zu den Hauptkräften und -strebungen des Menschen gemacht. Foucault nennt die eine Kraft eine „Macht ohne Machthaber", er spricht auch manchmal einfach von „Kraftlinien" im Sinne einer Triebkraftgeometrie. Die andere nennt er den „Sex ohne Gesetz". Würde man hier auch die Geometrie als Metapher verwenden, müsste man sagen, es handelt sich um erotisch-topologische Figuren, die eine Eigendynamik haben, so dass man ihre Flächen und Ränder gar nicht mehr definieren kann. Auch hier ist die Brust ein gutes Beispiel: Sie besteht aus „Kraftlinien" (dem Oralen) und gleichzeitig ist sie eine angemessen erotisierte Liebe. Ich erwähne hier auch gerne das Bild des Übergangs von der vierseitigen zur fünfseitigen Pyramide. Die vierseitige Pyramide kann ganz einfach dadurch definiert werden, dass jede ihrer vier Ecken den gleichen Abstand zum Mittelpunkt dieses Pyramidenkörpers hat (natürlich, insofern die Seiten alle gleich sind).

---

begleitet und kombiniert sind mit einer noch stillen Rede. Die Brust wird dem Kind nicht einfach ins Gesicht geklatscht, sondern ist auch eine Gabe der Liebe, ein – so könnte man sagen – Es Schenkt.

Eine Definition dieser Art (weder von den Seiten noch von den Ecken her) ist bei der fünfseitigen Pyramide nicht mehr machbar. Definition und Körperform fangen hier an, umeinander zu tanzen, zu delirieren, sie werden – sehr metaphorisch gesprochen – zu „Sex ohne Gesetz" (haben also mit dem, was wir unter Sex verstehen, der ja immer an eine Regel gebunden ist – z. B. homo, hetero oder trans – nichts zu tun. Es ist ein Sprachsex, denn man muss viel und kompliziert denken und reden, um die fünfseitige Pyramide zu definieren.

Die eine Kraft sind also die „Kraftlinien", die ich vereinfacht ein Es *Strahlt* genannt habe, die andere ist die dynamische Sprechlust, ein Es *Spricht* – um es simplifiziert zu fassen. Ich beziehe mich hinsichtlich dieser frühen Sprechlust gerne auf die Widerhall-Effekte, wie sie von der Psychoanalytikerin Birksted-Breen beschrieben wurden. In dieser frühen Phase ist mehr und differenzierter Symbolisches nicht zu erwarten, aber der Widerhall mütterlicher Sprache erzeugt beim Kind erste Antwort-Laute. Im Unbewussten des Menschen übertönen, durchformen und erreichen diese Halleffekte Neugestaltungen des ursprünglich „zerstückelten Körperbildes", des „Urzustandes" der leibbezogenen Zerstückelungserfahrung im Kindesalter. Und so werden sie ja auch später in der psychoanalytischen Therapie genutzt. Es *Spricht* aus dem Patienten heraus, wenn er wirklich frei assoziierend spricht, und gleichzeitig gibt das *Strahlt* der „Kraftlinien" seine unbewussten Strukturen zu erkennen, je nachdem, wie z. B. aus den Träumen heraus, die der Patient ja auch in die Therapie miteinbringen muss, die Bilderrätsel klingen, der Rebus aussieht. Birkstedt-Breen meinte, wer diese Widerhall-Effekte nicht erlebt, wird später psychisch gestört bleiben oder nicht träumen können.

Hat man schließlich ein sehr starkes, gefestigtes Ich oder andere Formen des seelischen Halts, wird man natürlich nicht in Angst und Unsicherheit verfallen, wenn man sich, wie oben gerade angeführt, entspannt hinsetzt und auf das Körperbild achtet. Es würde von der Ausdehnung einer derartigen Meditationsübung abhängen, wie man mit der seelischen Rückkehr zu einem immer tieferen Zustand dieser früheren autoerotischen Körperbildlichkeit zurande

käme. Wahrscheinlich würde man einschlafen, denn im Schlaf ist
der Zustand des „zerstückelten Körpers" ja ebenfalls irgendwie im
Hintergrund gegeben, auch wenn darin natürlich ebenso Ängste
auftauchen können, die durch Verfolgungsträume und anderes so
umgeleitet werden, dass der notwendige Schlaf gewährleistet ist.
Wenn aber der seelische Halt nicht so gegeben ist, oder er nur
durch das Festhalten an Ideologien, Konfessionen, Süchten, über-
triebenem Sport und ähnlichen Lebensbewältigungsmaßnahmen
aufrechterhalten wird, benötigt man etwas, was die Ich-Entwicklung durch ein wissenschaftliches Konzept von diesem autoerotischen Ursprung her noch einmal durchzuarbeiten gestattet. Man
muss dann die Schritte nachholen, die man offensichtlich zu wenig
oder zu ungenau gemacht hat, um den gefestigten Zustand eines
reifen Ichs, einer Persönlichkeit, einer umfassenderen Einheitlich-
keit zu erreichen.

Die *APK* bietet sich hier mehr als die Psychoanalyse ein ideales
Instrument an, denn sie lässt den Betreffenden nicht nur assoziativ
frei, ja, möglichst sogar unkoordiniert denken, als sei er wieder wie
zerstückelt, wie erneut im „Urzustand" des „corps morcelée", sondern auch bildhaft erfahren. Ich sage „wie wieder", denn natürlich
wird kein echter „Urzustand" erreicht, der Betreffende kann sprechen, er hat bereits ein irgendwie funktionierendes Ich und kann in
der psychoanalytischen Sitzung nur auf einer sehr sprachbezoge-
nen Ebene die Schnittstellen aufsuchen, an denen eine gelungene
Festigkeit nicht erreicht wurde. In der *APK* gelingt jedoch zusätzlich die bildhafte Erfahrung des Unbewussten, wie sie zwar auch
in der Hypnose vorkommt. Dort befindet man sich jedoch noch
weitgehend im Unbewussten, nahe dem autoerotischen „Urzustand", den man dann im Wachzustand nicht mehr genügend erinnert und so mit Hilfe des Therapeuten in Sprache und Worte um-
formulieren muss.

Der Hypnotisierte hat also alles ‚gesehen', ‚geschaut', aufgewacht
ist ihm jedoch alles wieder völlig fremd, und so bleibt er abhängig
von Suggestionen des Therapeuten, der ihm die Hypnosebilder erklären muss. Dieses Problem besteht auch bei all den Methoden,
die mit der Bezeichnung Meditation beschrieben werden. Hier

macht man zwar manchmal gute Erfahrungen des „Urzustandes",
muss dann aber komplizierte Wege gehen, um von da heraus
Worte und Sätze zu finden, die mit dem eigenen ins Unbewusste
Verdrängten korrelieren und die unserer Zeit und Gesellschaft entsprechen. Man bleibt also abhängig vom entsprechenden meditativen System (Buddhismus, Mythos etc.).

Die Psychoanalyse dagegen ist bereits gesellschaftlich und kultur-
orientiert etabliert, aber ihre Worte und Begriffe sind scholastisch
abgenutzt und im Begriffskreis der Institute über-ich-idealisiert.
Lacan nannte sie daher „Geheimgesellschaften" à la Freimaurer.
Eine ostasiatische Meditation ist ebenfalls eingeengt, weil sie nur
für diesen Kulturkreis und die dortigen sozialen Verhältnisse zuständig ist. Ich habe daher mit der *APK* das Verfahren entwickelt,
das alle diese Sackgassen vermeidet. Ich habe aus der Lacanschen
Auffassung vom Unbewussten zwei wesentliche Elemente herausgehoben und diese in eine dem „Urzustand" ähnliche Form gebracht. Es sind dabei jedoch nicht die beim Kleinkind erwähnten
Elemente wie etwa die Bewegungsabläufe in dieser Verfahrens-
form enthalten. Das wäre etwas, das man beispielsweise bei körperbezogenen Yogamethoden beobachten kann. Asanas, Mudras,
Bandas sind komplexe Körperhaltungen und Körperspannungs-
verbindungen, die wie fremdkoordiniert wirken, es aber natürlich
nicht sind. Sie sind eingewoben in ein Yogasystem. In meinem
Verfahren jedoch werden einerseits die „Körperbilder" als mehr
Bildhaftes und die *Signifikanten* als mehr Worthaftes in etwas zusammengefasst und kombiniert, was Lacan – wie bereits erwähnt
– auch einen „linguistischen" (worthaft) „Kristall" (bildhaft)
nennt.

Dem somit neu gewonnenen Autoerotismus, der natürlich dann bei
der Anwendung der *APK* gar kein Autoerotismus im rein libidinösen Sinne mehr ist, sondern eher die Gesamtheit des Erotischen im
individuellen Körper-Subjekt versammelt, kann man die *Übertragungsliebe* gegenüberstellen. Sie stellt in der Psychoanalyse nicht
diesen eben auf den eigenen Körper kathartisch bezogenen Sub-
jektzustand dar, der sich zwischen etwas Imaginärem und Realem
abspielt (körperhaft), wie in der *APK*. Im Zustand der

Übertragungsliebe überträgt man Gefühle und Bedeutungen auf den Therapeuten, dem man Wissen und Fähigkeiten unterstellt. Sie spielt sich mehr im Symbolischen ab (worthaft), ja ist der beste Ausdruck für das Liebessymbol schlechthin. Aber man erfährt nicht die Liebe selbst, wie sie in der Katharsis, der starken Befreiungserfahrung der *APK*, auftritt. Es gibt natürlich auch Vermischungen. Die ekstatische und erotisch gefärbte Liebe der Mystikerinnen zu Gott, vermengt *Übertragungsliebe* und eben autoerotische Züge, also auch für heute kein brauchbarer Weg.

Um die zwei primärprozesshaften Vorgänge des *Strahlt / Spricht* überhaupt auszuhalten und in einer Ganzheit zu erfahren, kann und soll man sich also nicht allein auf die herkömmliche, klassische Psychoanalyse oder andere unwissenschaftliche Methoden stützen. Mit der *APK* kann der Autoerotismus als früheste Libidoentwicklungsstufe für die seelische Situation und Reifung genutzt werden. In so frühe Stadien gelangt man mit der herkömmlichen Psychoanalyse nicht, und in den genannten mystischen Verfahren bleibt man in ihnen stecken. Und so wird eben das Infantile, Unreife, Chaotische dieses frühen Stadiums in der *APK* in einer konstruktiven Weise aufgehoben, da das ‚Schlüsselelement' der *Formel-Worte* stets dafür sorgt, dass man im sicheren Übungszustand verbleibt, und von da auch die Identitäts- bzw. *Pass-Worte* als Deutungsform verwendet. In der Psychoanalyse sind es die Deutungen des Analytikers, die dies bewirken sollen, in der *APK* wird es etwas sein, was ich also mit den später zu erklärenden *Pass-Worten* eingeführt habe.

Damit kann ich erneut auf das psychoanalytische Vorgehen von F. Henningsen verweisen. Sie schreibt selbst, dass man manchmal, wenn Traumaanalysen zu langwierig und zu komplex sind, auf zusätzliche Therapieformen zurückgreifen kann (autogenes Training etwa oder Medikamente). Die Gefahr besteht jedoch immer, dass man zu stark manipulierend und suggestiv wird, was die freie Entfaltung der traumabezogenen Therapie stört oder gar pervertiert. Exakt dies ist bei der *APK* nicht der Fall. Sie ist von der *Signifikanten-K*ombination her, vom Psycho-Linguistischen her geradezu selbst konkretistisch, hier aber nur als Anstoß, als Anruf auf das Unbewusste wirksam und sonst völlig neutral. Henningsen schreibt auch, dass manchmal ein unspezifischer Anruf, Weckruf durch den Therapeuten notwendig sein kann, wenn der Patient nichts sagt, nicht weiter weiß oder zurückgezogen bleibt. Der Anstoß, Anruf durch die *Formel-Worte*, der konkretistisch bis zu den *Pass-Worten* durchläutet, kann hier eine ideale Hilfe sein und die analytische Arbeit verkürzen.

Topologie und Libido

Ich fasse noch einmal zusammen: Freud war davon ausgegangen, dass es im frühesten Lebensabschnitt eine autoerotische Phase gibt. Doch ist dieser Autoerotismus keine in sich geschlossene, stabile erste seelische Erfahrung. Dazu muss sich erst neben den urerotischen Strebungen ein Ich, Ich-Ideal und Über-Ich ausgebildet haben, die diese frühen Triebe zumindest annähernd beherrschen können. Geht man zurück in die Biologie, kann man am Anfang des Lebens, bei bestimmten Bakterienarten, schon eine ähnliche direkte Form wie es der Autoerotismus ist, erfassen, die man Parasexualität nennt. Hier tauschen Zellen direkt Teile ihrer DNA aus, rekombinieren diese in ihrem Genom, teilen sich dann und haben so wieder neues Leben geschaffen. Eigentlich ist dies also gar kein Sex, sondern fast so wie im Autoerotismus eine automatische Selbstregulation. Es gibt kein Männlich und kein Weiblich, aber irgendwo scheint eine kaum je sichtbare Lust sich im Verschmelzen oder als Lust der Organtätigkeit zu betätigen. Die in ihrem Intellekt weit über sich hinausgehenden Menschen haben allerdings eine andere Methode der Parasexualität erfunden. Sie haben das Para, das ja schon in der Parapsychologie eine gewisse Heimat gefunden hat, in die Esoterik sexueller Beziehungen übernommen. Wenn zwei Menschen im selben Moment daran denken, dass sie jetzt Sex haben, dann haben sie Parasex, behaupten diese Personen. Die Protagonisten können so weit voneinander entfernt sein wie die sogenannten „Geistheiler", die ja auch sagen, dass sie mit ganz woanders lebenden Patienten Kontakt aufnehmen können, um sie zu behandeln. Der Parasex ist – wie es im Fachjargon heißt – eine perfekte „projektive Identifizierung" (man identifiziert sich mit dem in den anderen projizierten eigenen Sex).

Natürlich wissen wir, dass ein uferloser Glaube hier absolut entscheidend ist. Aber noch entscheidender ist anscheinend der
Glaube des Menschen an Sex überhaupt. Das Wort „Sex" steht seit
Freud für das Begehren schlechthin. Schließlich entdeckte Freud
die sogenannte kindliche, „infantile Sexualität", die Lust von Fres-
sen und Gefressenwerden, die in so vielen Kindermärchen zu
Recht eine große Rolle spielt. Aber auch die Lust die Mutter gegen
den Vater auszuspielen und umgekehrt, Begehren also in die ge-
gengeschlechtliche Richtung und Aggressivität gegen die gleich-
geschlechtliche Richtung hinsichtlich der Eltern zu entwickeln.
Das Begehren sowie auch die Verbote durchziehen das ganze Leben. Was bleibt ist das bisschen Sex, das als kultiviert und normiert
gelten kann. Eine richtige Lösung ist das nicht, wie jeder weiß.
Diesbezüglich helfen auch nicht als deviant oder andersartig ein-
gestufte Sexualitäten. Sie unterliegen alle einem zum großen Teil
selbstauferlegten Gesetz und nicht dem wirklich freien sexuellen
Begehren, das ich – im Anklang an Metapsychologie und Metaphysik – als Metasex bezeichnen möchte.

Üblicherweise richtet sich jede Sexualität – die ja wie gesagt einem
Gesetz unterliegt – auf ein Objekt ihres Verlangens. Auch in der
gehobendsten Form der Heterosexualität ist für den Mann die Frau
noch ein Sexualobjekt. Eben darin liegt ja der gesetzesmäßige An-
teil, dass zumindest für die Zeit einer sexuellen Stimulation die
Frau ein erotisches Objekt wird. Diese Auffassung korreliert ganz
eng mit der Freud'schen Auffassung der erogenen Zonen, die die
Quelle der Triebe sind und die daher ein Objekt brauchen, um sich
zu befriedigen oder abzureagieren. Dabei muss man bedenken,
dass diese Verkettung von Trieb und Gesetz unbewusst ist. Deswegen ist sie ja auch so drängend, triftig, zielstrebig, sexuell. Nun
gibt es im Unbewussten außer diesem Kreislauf des Triebs, der
Quelle, des Objekts und des Ziels noch das über diese rein Zei-
chen-, Bild- und Strukturbezogenen Vorstellungen Hinausgehende, nämlich noch ein Bedeutungsbezogeneres, das man vielleicht nicht mehr Vorstellung, sondern Signifikanz nennt. *Signifikanten*, Bedeutungseinheiten, suchen sich hier einen Ausdruck,

und der alleroberste *Signifikant* ist der des groß zu schreibenden *Anderen*, A.

Ohne A ist jede Sexualität nur eine Scheinbeziehung, wie Lacan anmerkt. Denn sie lässt sich nicht klar sagen, definieren oder auch nur im Geringsten sprachlich vermitteln (ganz im Gegensatz zu all den Autoren, über deren Beschreibungen des Liebesaktes man nur anfallsartig lachen oder spotten kann, so komisch oder grotesk sind sie). Lacan nutzt das Wesen des *Anderen*, des A, um die Stringenz, die Knappheit und Konkretheit dieser unbewussten „Lautung", Sprachvertonung und Wurzelcodes des sexuellen Triebausdrucks zu vermitteln, von dem Lacan sagt: „Das Unbewusste spricht selbst, es ist „Laut", „Ton", und als solches redet es direkt, was man eben vom Sex bewusst nicht sagen kann. Das Unbewusste redet keine Hochsprache, sondern grummelt, „röchelt, schreit, gurrt ..; es kennt alle Kategorien des Vokalischen. Es ist ein sexueller Aspirationslaut."[36]

Es ist etwas nicht nur Bild- und Zeichenbezogenes, sondern eben auch *Signifikanten*- und Wortbezogenes. Nun kommt das Wort im Unbewussten nicht schon als druckfertiger Bedeutungsinhalt heraus. Im Traum z. B. spricht es nur in Rätselformen, im Rebus, bei dem nur Wortstücke mit Bildern gekoppelt sind, was Freud jedoch als die „via regia" zum Unbewussten nannte. Tatsächlich ist die Wortstück / Bildstück – Kombination ein idealer Zugang zum Unbewussten. Hier gibt es nicht die Probleme mit den erogenen Zonen. Diese Triebe, die man also Schau- und Sprechtrieb nennen kann, richten sich nicht auf ein isolierbares Objekt. In Groß A vermischen sie sich zu einem Bedeutungsknoten, der ein ideales Stück Wirklichkeit vermitteln würde, wäre das Vermischen irgendwie genial. Genial, wie sich Bild und Wort in einer künstlerisch gelungenen Kombination in einem Film darstellen könnten, würde dieser Film in dieser Weise konstant weitergehen.

Um es jetzt kurz zu sagen: Man müsste Sex in A und mit A haben. Das ist der Sinn des Metasexes, und so wäre es auch gar nichts

---

[36] Lacan, J., Séminaire Nr. XIV, Vortrag vom 19.4.67, Mitschrift S. 206

Neues. Denn die Mystiker, Heiligen, Gurus und Religionsgründer haben so etwas schon immer zustande gebracht. Ich erwähne hier immer gerne die Heilige Teresa von Ávila, die Lacan eine der „urwüchsigsten Bumserinnen" genannt hat, was wohl ein bisschen misogyn ist. Ein lockiger Engel durchbohrte mit einer Lanze ihren Körper und stieß diese immer vor und zurück, eine unverhohlen erotische Szene. Und man braucht sich nur die Statue von Bernini in Rom anzusehen, die diese Szene zeigt, um sicher zu sein, dass die Heilige diesen Metasex genießt. Aber es gab noch keinen Freud, der ihr dies gedeutet hätte: dass der Engel ein Liebeswunsch war und das Ganze eine Sado-Maso-Szene. Dennoch war die heilige Teresa von Ávila eine große Heilige, die viel gelitten, aber auch viel erkannt und gelehrt hat. Der Metasex, den ich vermitteln will, ist jedoch nicht so extrem leidenschaftlicher und selbstquälerischer Natur. Er beinhaltet das *Genießen* (Katharsis, Praxis) und auch die Erkenntnis (Analyse, Theorie) in moderner wissenschaftlicher Form, und so ist für ihn eigentlich das Wort Sex gar nicht mehr so zuständig. Ich habe es trotzdem hier eingeführt, weil es einfach die Intensität hat, die auch zum Meta der Erotik, der Liebe bzw. dieser im Vorkapitel evozierten AHAVA – Erfahrung gehört.

Denn gerade der Para-Sex zeigt doch, dass die Menschen aus der zu engen Fixierung an dem rein körperlichen Sex herauswollen. Doch ihn mystisch, magisch, spiritistisch zu verkleiden, hat auch wenig Sinn. Nur als Metaerotik, als intensive Liebe zu A, zur Transzendenz, zu jenem *Anderen* in uns selbst, ist diese ganze Gefühlsmetaphorik und -erfahrung zu verwirklichen. Dabei war der Metasex an der Mutterbrust nur der kleine Anfang. Der Metasex zwischen den Erwachsenen muss allerdings noch gefunden werden. Einer meiner Freunde versprach sich einmal. Als er sagen wollte, Mann ist irgendwo auch Frau und umgekehrt, sagte er: Frau ist Mau. Es blieb also beim alten Schema, so enthüllend sind die Freud´schen Versprecher. Mann ist Pfau, auch das würde stimmen. Ein anderes Beispiel für die misslungene Metaerotik ist die Oberstufe des autogenen Trainings. Man muss dort die sogenannte „Eigenfarbe" finden. Dazu versetzte man sich in eine Art Meditation, und wartete dann darauf, ob sich vor dem inneren Auge nicht irgendeine Farbe zeigen würde. Blieb diese dann auch einige Zeit weiter so bestehen, galt diese Farbe als „Eigenfarbe", als eine psychologische Eigen- und Besonderheit eben.

Wenn man diese Farbe innerlich wahrnimmt und sich in sie vertieft, bekommt sie einen immer stärker werdenden Glanz oder auch einfach nur eine zunehmende Intensität, ja Innigkeit. Schließlich fühlt man sich von der Farbe geradezu angezogen, als beinhaltete sie eine erotische Komponente. Es hat etwas mit der sogenannten Primäridentifikation zu tun, einer psychoanalytischen Spezialität, die ich noch später erklären werde. Dieses Verhalten ist ein in der Psychoanalyse bekannter Vorgang, der nahe am Wahrnehmungs- oder Schautrieb entlanggleitet und mit der diese Strebung begleitenden Schaulust zu tun hat. Farbe kann Lust machen, das erfährt man nicht nur beim Anblick eines türkisblauen Wassers oder eines Feldes voll blühenden Mohns. Trotzdem ist die Erfahrung in einer Meditation noch stärker, weil nicht durch eine Form abgelenkt. Der Wahrnehmungsvorgang samt seiner primär-triebbezogenen Form ist so komplex, dass wir meist nicht bemerken, was das Sehen oder besser das Blicken von der reinen Schau, dem puren Schaubegehren und seiner Lust unterscheidet.

Doch wird es in diesem Moment klar, dass bei der Schau, bei der Vision, beim Aufgehen in dieser „Eigenfarbe" unmöglich eine andere Farbe dazu gemischt werden könnte, um – wie im obigen Beispiel – etwa ein Violett zu ergeben. Man ist vom Rot oder Blau so gefangen, dass ein Übergang in ein ebenso intensives, inniges Violett nicht möglich ist. Die Kluft wird uns bewusst, so wie sie uns zwischen männlich und weiblich, Mann und Frau ebenso oft bewusst wird, wenn wir zu sehr nur mit einer Seite identifiziert sind und die herkömmlichen Brücken nicht mehr helfen. Auch der Sex ist dann keine ausreichende Brücke, obwohl doch das Wort „vermischen", das ich oben für die zwei Farben gewählt habe, so gut dazu passen würde. Natürlich kann man sich dabei wenigstens so weit „vermischen", dass es fast wie in der Malerei eine Kunst genannt werden kann. Schon seit ewigen Zeiten hat man von der „ars amandi" gesprochen, von der Liebeskunst oder gar der Liebeschule. Tantrische Yogis haben Sexualtechniken erfunden, die hier sehr weit führen sollen, und sogar J. Lacan hat behauptet, eine gute Sexualtechnik sei eine primitive Wissenschaft.

Aber eben: Sie ist nur primitiv, nicht ein bisschen elaboriert und ausgeformt, sodass man davon wirklich etwas Echtes und Wahres sagen könnte. Dies hat bei Lacan immer dazu geführt, einen seiner Standardsätze, nämlich das „Es gibt kein Geschlechtsverhältnis", unter die Leute zu bringen. Die Kluft bleibt also bestehen, unterschwellig oder generell, weil letztlich ein einheitliches, in sich geschlossenes, die Kluft überbrückendes nicht sagbar ist, und so erhebt sich umso mehr die Frage, wie man diese Kluft wirklich überwinden kann. Die Farbe betreffend könnte man sich noch vorstellen, dass ein Maler sie in einem Bild verwendet, in dem er durch die Formen und auch Schattierungen innerhalb der Farbe dieselbe so unterbringt, verarbeitet und gestaltet, dass der oben gerade erwähnte erotische Aspekt, der Farborgasmus, nicht so zum Ausdruck kommt, sondern sich im Bild verteilt. Der Ausdruck wird dann vielmehr vom gesamten Bild erzeugt. Hier können dann Ultramarinblau und Zinnoberrot, Zitronengelb und Chromoxidgrün ihr Spiel treiben, ohne dass die Kluft zwischen den einzelnen bewusst wird und die Überbrückung somit wenigstens künstlerisch gelungen ist..

Um die Kluft in einem Begriffspaar wirklich zu schließen, könnte man es vielleicht mit einer Tautologie versuchen: A ist A zum Beispiel, oder Krieg ist Krieg. Ja, genau hier spürt man, dass die Tautologie ein Ausweg sein könnte, denn in der Formel „Krieg ist Krieg" ist trotz des gleichen Wortes ganz deutlich etwas Unterschiedliches, also ein unterschiedliches Begriffspaar, heraus zu hören, und somit tautologisch die Kluft überbrückend. Krieg, der ganz normale, übliche, seit Jahrtausenden bekannte Krieg, ist etwas, das mit dem zweiten Wort „Krieg" eine viel dramatischere, brutalere, heftigere Aussage bekommt. "Krieg ist Krieg" heißt, dass durch diese Verdopplung des Begriffs der Schrecken und das Unabwendbare des Entsetzlichen zu hören ist. Es heißt, dass hier nicht mit Gewehren gespielt, sondern geschossen wird, und das eben wirklich Krieg ist. Gegensätzliches wird so mit einem einheitlichen Begriff oder Wort tautologisch perfekt überbrückt.

Man könnte es aber vielleicht durch Homologien oder Homographien erreichen, wenn diese durch ein kathartisches Erleben verstärkt werden. Um dies zu demonstrieren, verwende ich ja stets lateinische Kurzsätze, die im Kreis geschrieben von jedem (oder fast jedem) Buchstaben aus gelesen eine andere Bedeutung ergeben. Meditiert man solche *Formel-Worte*, kann man jede Kluft damit überwinden, da trotz, ja gerade wegen aller bis zu Widersprüchlichkeiten gesteigerten Gegensätze der einzelnen Bedeutungen eine Aussage herauskommt, die weit, meist gänzlich irrational (weil unter Einschluss des Unbewussten) die einzelnen Bedeutungen hinter sich lässt. Und je mehr das Unbewusste einbezogen wird, desto mehr kommt auch das Erotische zum Tragen, wie es im Traum ja auch der Fall ist. Hier beherrschen Strebungen, unbewusste Wünsche, aber auch Bedürfnisse das Feld, indem diese kathartisch als erfüllt dargestellt werden. In der Meditation können die Homo-Graphien dagegen nicht ganz erfüllt werden, d. h. hintergründig schon, indem eine über diese Graphie hinausgehende Graphie sich einstellen muss, und das ist gar nicht zu sagen, wie diese beschaffen sein soll. Die Beschaffenheit hängt von der jeweiligen Meditationsmethode ab, lediglich das Kathartische kann eine zeitweise Überbrückung darstellen..

Denn der bis zum Widerspruch gehende Gegensatz kann nur geknackt werden, wenn nicht zu viel Sprachliches den Vorgang beherrscht. Der sprachlich angelegte Verstand wird immer wieder Gründe finden, beide Seiten des Widerspruchs zu stärken. Dennoch ist er ebenso wichtig, schließlich geht es ja auch um Worte und Begriffe. Da die Psychoanalyse eine sehr linguistisch betonte Methode ist, gelingt es oft nicht die Widersprüche zu lösen, obwohl es ja gerade heißt, im Unbewussten gibt es keinen Widerspruch. Diese Widerspruchslosigkeit kommt jedoch durch die mehr graphisch, bildhaft betonten Bereiche des Unbewussten zustande, und diese werden in der *APK* mehr berücksichtigt. Daher kommt es hier neben den sowohl linguistisch gefärbten Aspekten nicht nur in den *Formel-Katharsis-Worten*, sondern auch – oft eben in direktem Zusammenhang mit der *Katharsis* – zu Kurzsätzen, die es ja vorgeformt schon im Unbewussten gibt, und die ich

– kommen sie mehr zu Bewusstsein – also *Pass-Worte* nenne, weil sie aus dem Unbewussten des Betreffenden herauskommend exakt für ihn und seine Identität zugeschnittene Bedeutung haben. Sie wird das freigeben, „was im Unbewussten danach drängt, sich erkennen zu geben".[37] Die Logik des Symptoms, für die die *Pass-Worte* stehen.

Hier kommt es also wirklich zu einer Überbrückung, denn sie ist ja gar nicht mehr benennbar, weil jeder Einzelne sie selbst erfahren, erkunden, erschaffen muss, um ausschließlich das im Unbewussten stark Drängende zu Gehör zu bringen. Nur das enthüllt die Wahrheit und das nötige Wissen. Solche Kenn- oder *Pass-Worte* verschaffen zudem auch noch eine intellektuelle, kommunizierbare, begrifflich fassbare Überbrückung. Doch mit den *Formel-* und *Pass-Worten* verhält es sich wie mit den linguistischen Pixels wie man sie heute oft als einscanbare Apps bald an jeder Wand herunterladen kann. Ein Schwarz-Weiß-Muster, eine Graphie, verwandelt sich durch das Einscannen in eine Zeitungsseite, so wie ein guter, ergreifender Roman eine dramatische Szene plastisch vor den Augen entstehen lässt. Ich kann es nicht besser fassen, trotz *Katharsis* und *Pass-Worten* kann ich die als so unüberwindlich geschilderte Kluft durch mein Geplapper nicht überwinden. Jeder muss die Übungen selbst durchführen, davon kann ihn niemand befreien. Denn wo sollte die Lust, das Erotische, das in diesen ganzen Vorgängen steckt, sonst herkommen?

Lust-Symbol und Topologie

Vielleicht geht es damit. Die Psychoanalyse spielt sich wohl auf einem Feld ab, das sich nicht so einfach objektivieren lässt. Die Kräfte, Prinzipien, Triebe, um die es bei ihr geht, haben von Anfang an etwas Subjektbezogenes an sich. Das heißt nicht, dass die Triebe nicht auch etwas Universales wären, etwas, das mit dem Kant'schen „Ding an sich" aufs Engste verbunden ist, etwas Objektartiges, Objektales. Aber sie sind eben nicht einfach nur materielle Objekte, Sachen, was nicht heißen muss, dass sie nicht

---

[37] Lacan, J., Seminar IX, Die Identifizierung, 7. Vortrag.

vielleicht sogar vor aller Physik da waren. Denn am Anfang war ja auch der Logos, steht zumindest in der Bibel, wobei vergessen wurde, dass es der Logos der Lust ist, um den es hier geht. Das war zumindest auch die Meinung von Sokrates, der bekanntlich zwar sagte, er wisse, dass er nichts wisse, aber das Einzige, was er weiß, sind die „Mathemata erotika", die erotischen Formeln.

Das ist jedenfalls auch die psychoanalytische Auffassung. Den Logos der Lust nenne ich das Lustsymbol, das Lacan auch den „symbolischen Phallus" nennt. Man könnte auch von der „genießenden Substanz" sprechen, wenn man der „ausgedehnten Substanz" des Aristoteles und der „denkenden Substanz" von Descartes eine dritte, nämlich die von S. Freud gefundene „genießende Substanz" gegenüberstellen will, die Freud wiederum auch Libido nannte. Diese Libido oder diese „genießende Substanz" verteilt sich im und am menschlichen Subjekt so ähnlich wie die Meridianlinien bei der Akupunktur oder die sogenannten geodätischen Linien auf der Erde.

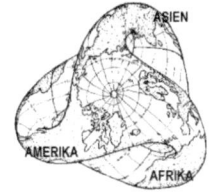

Statt des Menschen können wir also auch die Weltkugel nehmen, und zwar in einer durch eine Boysche Fläche in sich verdrehten Form (Abb. oben). Während wir die Welt als Kugel sehen, könnte ein Beobachter aus einem anderen Teil des Weltalls oder besser noch des ‚unsichtbaren Universums' oder gar des Multiversums sie so sehen, wie es die Abbildung zeigt.[38], das ganze Universum könnte in Wirklichkeit so ein, nämlich ein topologisch geformtes Aussehen haben.

Dass etwas „aussieht", hat ja mit den Lichtquanten, den Photonen, zu tun, ohne die man .nichts „sehen" könnte. Bekanntlich werden die Photonen im Weltraum durch sehr massereiche Gebilde (Galaxien, Dunkle Materie) in ihrem Strahlenweg abgelenkt, so dass

---

[38] In der M-Theorie wird davon ausgegangen, dass das Universum nicht aus einer einheitlichen und einmaligen Form besteht, sondern ein Teil wie ein Paralleluniversum von ihm abgetrennt und doch – evtl. durch sogenannte Gravitonen-Strings - auch zusammenhängend ist.

sie gekrümmt verlaufen. Sie könnten also ähnlich verlaufen, wie das Bild es für die Erdkugel zeigt. Die Linien sind dann genauso wie die der Libido zu verstehen. Man müsste die Boysche-Fläche sonst von verschiedenen Seiten her zeigen. Der im Bild ganz oben gezeigte Nordpol ist dann beispielsweise mit dem Südpol identisch, also der von der anderen Seite her sichtbare Südpol liegt genau auf dem Punkt des Nordpols. Diese Sache verführt Esoteriker gerne dazu, sich magische Orte auszudenken, an denen sich Kontinente überschneiden und somit besondere Kraftstellen bilden, wo sich eben die Libido-Linien überschneiden.

Denn ständig verschiebt und verbiegt sich diese „genießende Substanz", so dass Lacan sie auch eine sich in und um die Menschen verschiebende „Lamelle" genannt hat. Um das Ganze besser zu begreifen, muss man sich eine andere topologische Figur ansehen, nämlich ein Möbiusband, das ein um 180 Grad verdrehtes und sodann kreisförmig zusammengeklebtes Band zeigt, sodass es zwei Seiten, aber nur eine Fläche besitzt (Abb. unten). Für Lacan ist nämlich das Unbewusste des Menschen eine solche Figur, die sich auf der einen Seite im Anspruch (speziell im Liebesanspruch) und auf der anderen Seite im Begehren (speziell im sexuellen Begehren) ständig kreuzen, obwohl sie auf der gleichen Ebene liegen. Die auf ihrer Fläche kreisenden Strebungen überschneiden sich, sind eins und doch getrennt. Somit kann man sich ungefähr vorstellen, wie auch die Boysche Fläche wirklich aussieht, die dann nämlich eine solche dreifach ich sich geschachtelte Figur ist.

Meine Abhandlung hat jedoch nichts mit der Erdkugel zu tun. Mir geht es hier um die Linien der Libido, die sich im menschlichen Körper und auch zwischen den Menschen nach derartigen topologischen Gebilden verteilen. Obwohl es sich um künstlich technische Gebilde handelt, ist der Ausflug in die Topologie vorteilhaft, denn sonst stellt man sich unter der Lust die üblichen banalen Bilder sexueller Beziehungen vor. Der Philosoph J. Derrida sprach hinsichtlich dieser Linien von der „reinen Realität", der er als anderes, zweites Prinzip die „reine Lust" gegenüberstellte. Die „reine Realität" besteht

vielleicht mehr aus den aggressiven Linien, während die „reine Lust" eben die urerotischen Kraftlinien sind.

Denn man kann statt Linien auch Triebe sagen, ich möchte jedoch die letzte Natur dieser Phänomene offen lassen und mich nur auf Derridas Bezeichnungen beziehen. Also noch einmal kurz zur „reinen Lust". Was soll das sein? Nicht nur psychoanalytisch, auch ganz einfach und laienhaft ist die „reine Lust" sicher etwas Unerträgliches. Auf der anderen Seite jedoch auch etwas sehr Begehrtes. Lust und Unlust wollen auf ein erträgliches Minimalmaß reduziert werden, oder anders gesagt: Lust kann nur für eine bestimmte Zeitspanne und in einem eben lustvollen Maß genossen werden. Die „reine Lust", schreibt G. Wisser,[39] ist nur als eine uninteressierte, nicht subjektive Lust zu verstehen, sie ist zugleich des Begriffs (bei Kant) und des Genusses (bei Derrida) beraubt. . . Im Maße des Existierens gibt es niemals „reine Lust". „Das ganz Andere affiziert mich durch „reine Lust", erklärt Derrida jedoch weiter, und so kommt man immer mehr dahin zu begreifen, dass diese „reine Lust" des ganz Anderen nur durch Sprache ausgedrückt, nur durch Symbole vermittelt, nur durch übersteigerte Ekstase erfahren werden kann, wie sie in der *APK* durch die Formel-Worte gesichert als Katharsis zum Zug kommt.

„Es gibt sie . . und gibt sie nicht", konstatiert Wisser schließlich. Sie hat tatsächlich etwas mit dem Freud´schen Todestrieb zu tun. Denn dieser besteht ebenfalls darin, dass man nichts empfangen oder hinüberbringen kann vom/zum *Anderen*, man muss es immer wieder neu sagen und sagen. Die symbolische Ordnung, die Sprache, hat letztendlich mit dieser „reinen Lust" zu tun, auch wenn sie sie selbst nicht ist. Schließlich ist ja auch die „reine Realität" ein philosophisches Punktum, eine Ex-Position, eine Position außerhalb, eine im anderen Teil des Multiversums. Wir sind also wieder da, womit dieses ganze Kapitel angefangen hat, beim Autoerotismus und der Überbrückbarkeit oder Unüberbrückbarkeit der Widersprüche. Trotzdem ist es lustvoll, Derridas Ex-Positionen als die ultima ratio, als die zwei Extrem-Pole von etwas zu verstehen,

---

[39] Wisser, G., Freiheit zur Genese, LIT (2000)

das niemals zusammen auftreten, eine endgültige Verbindung eingehen oder irgendwie dauerhaft kombiniert sein kann. Was man jedoch tun kann, ist, sie durch ein Werkzeug, durch eine Kombinatorik, durch eine Topologie zu verbinden und so doch eine Erfahrung herzustellen. Ich habe die Ekstase erwähnt, die jedoch zu künstlich, zu hochgeschraubt und im manischen Bereich zu einseitig isoliert erscheint.

Die durch obige Beispiele anschaulich gemachte Topologie ist jedoch eine mathematisch berechenbare Form und Größe, sie enthält eine Dynamik, die man auch in eine Formulierung bringen kann, die nicht mehr ganz Sprache im herkömmlichen Sinne ist. Man muss diese Formulierung ganz einfach auf etwas Topologisches aufbringen, wie es eben etwa die Boysche Fläche ist. In der obenstehenden Abbildung ist dies nun gezeigt. Es sind Buchstaben auf die Wölbungen der gleichen Figur wie ganz oben bei der Abbildung mit der Weltkugel aufgetragen, wobei die dunklen Buchstaben von vorne zu sehen sind, die hellen befinden sich hinten oder im Inneren der Fläche. Was soll dies alles heißen?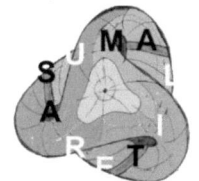

Die Buchstaben sind nicht willkürlich gewählt. Es handelt sich wieder um eine lateinische Formulierung eines *Formel-Wortes*, die von verschiedenen Buchstaben aus gelesen, eine jeweils andere Bedeutung ergibt. Sie lautet ALI-TE-RA-SUM. Darin steckt nämlich ALITER ASUM: Anders bin ich nicht zugegen, SUMMA LITTERA: Der höchste Buchstabe, LITTERA SUM A: Ich bin der Buchstabe A, ERA SUM ALIT: Ich bin eine Frau, die ernährt, A LITE RASUM: Vom Streit getilgt, TER ASUM ALI: Dreimal bin ich nicht Ali, ITER ASUM AL: Der Weg AL bin ich nicht, ITER A SUMMA L: der Weg zum höchsten L, ERAS SUM MALIT: Du warst, ich bin, er wäre lieber, ALI - TERRA SUM: Geflügelte Erde bin Ich, ITERAS UMAL   Du wiederholst umal, LI TERRA SUMMA   Li höchste Erde, MALIT ERASU: Er wäre lieber getilgt.

Obwohl voll von unterschiedlichstem, wenn auch oft fragwürdigstem Sinn, ist ALI-TE-RA-SUM oder ITER-A-SUMAL – egal, von wo aus man es schreiben oder lesen will – doch eine ideale Überbrückungsformulierung, ein *Formel-Wort*, also eine Formulierung, die drei oder mehr Vorstellungen in sich selbst enthält, ohne als solche einen Sinn zu haben, bzw. die gerade dadurch – also weil überdeterminiert – keinen (eindeutigen) Sinn hat. Von verschiedenen Buchstaben aus gelesen, ergibt sich also sehr wohl eine jeweils verschiedene Bedeutung, aber keine einheitliche, und exakt dies ist das Unbewußte.[40] *Das Unbewußte ist eine Schrift, die ich selbst geschrieben, aber verdrängt habe und nicht mehr lesen kann.* Ich habe – metaphorisch ausgedrückt – diese Schrift aus mehr bildhaften Zeichen topologisch geschrieben, diese Bild-Symbole aber mehr und mehr verdrängt (Freuds Nachträglichkeit[41]), und nun muss mir der Analytiker dabei helfen, sie wieder zu entziffern.

So lernt man seine eigene (erst evtl. mehr bildhaft und topologisch geschriebene) Schrift selber wieder (nunmehr mehr worthaft-topologisch) neu zu verfassen![42] Dass es sich um einen selber handelt und dass man seine Schrift selber lesen lernen muss, ist Aufgabe eines Jeden. Man muss nur die unterschiedlichsten Schnittstellen, die bildhaften mit den worthaften Überlappungen, finden, und genau die sind in dem gezeigten Beispiel hier fast hinter jedem Buchstaben zu sehen (Doppelbuchstaben sind auch einfach geschrieben oder einfache doppelt). Dabei spielt die Schreibweise nicht so eine Rolle, wie die Sprechweise, (dies gilt auch für die Psychoanalyse).

---

[40] Statt Buchstaben könnte man besser auch Bild - Wort - oder Wort - Klang -Schnittstellen sagen, weil man so der *Signifikanten*theorie Lacans, aber auch der Informatik und den Computerwissenschaften besser entspricht.

[41] Verdrängung kommt durch nachträgliches (nach-) Drängen zustande, indem uns die wirkliche Symbolbedeutung früher Bildsymbole mehr und mehr bewusst werdend dies unangenehm ist und verdrängt wird.

[42] Lacan, J., Seminar II, Walter (1980) S. 176 „Seine Geschichte neu schreiben, noch einmal schreiben"

In dem Verfahren, um das es hier nunmehr geht und das ich also *APK* genannt habe, werden die *Formel-Worte* nämlich gedanklich, also sprachklanglich, still wiederholt.

Die Schnittstellen zwischen den Buchstaben markieren jedoch gleichzeitig auch diejenigen der Boyschen Fläche und damit diejenigen, wo die Lust in Unlust umkippt und wieder in Lust zurückfällt. Solche Schnitt- oder Überschneidungsstellen entstehen bei topologischen Figuren ja durch das Ein- bzw. Aus- oder Durchstülpen, sodass das Gebilde zwar mehrere Seiten, aber nur eine Fläche hat. Dies macht ja das Wesentliche der Topologie aus, und diese Stülpungsdynamik hat Lacan speziell für die Darstellung des Unbewussten und der „erogenen Zonen" Freuds benutzt. Die Lust-

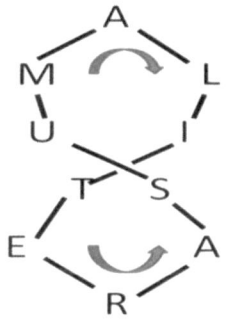

Stülpungs-und-Schnittlinien winden sich nicht nur im einzelnen Subjekt, sondern auch intersubjektiv, also zwischen den Subjekten. Damit wird auch klar, wie es im eigenen Inneren aussieht, wenn man derartige Formel-Worte rein gedanklich in sich wiederholt. Es sieht exakt nach der Struktur des Unbewussten aus, auf das es letztlich ankommt, und das von den gleichgeformten Formel-Worte provoziert wird, die Aussage herauszugeben, die – wie gerade gesagt – „danach drängt, sich erkennen zu geben".

Im Gegensatz zur klassischen Psychoanalyse sitzt man bei der *APK* nicht einem Therapeuten gegenüber, sondern eben dem Nichts und dem *Formel-Wort*, das langsam rein gedanklich so lange wiederholt wird, bis das nun gleichstrukturierte Unbewusste eine neue, eigene Bedeutung herausgibt. Diese wird gedanklich zwischen den wiederholten Buchstaben wie aus dem Nichts des Unbewussten auftauchend erfahren und ist wegen der Nähe, die dieses Auftauchen, diese Evozierung zum Bewussten, zum eigenen Ich hat, meist sofort verstehbar. Es ergeht einem so wie Freud es von den sogenannten Schlüsselträumen gesagt hat, dass sie nämlich wie „vom Blatt abgelesen" und verstanden werden können. Es ist die Lust, der Lust-Logos, der sich immer wieder Bahn bricht, gerade dann, wenn er durch derartige topologische Formen hindurchlaufen muss. Mit einer Zeichnung, der Graphie, (links), will ich nochmals den Brückenschlag zur mehr bildhaften Meditation machen. Man könnte auch nur diese Graphie anschauen und meditieren und bräuchte sich dann das *Formel-Wort* nicht gedanklich vorsagen. Ich weiß aber nicht, ob so etwas für die *APK* wirklich mehr bringt.

Ein Beispiel aus einem ganz anderen Bereich, nämlich dem der Kunst-Installation, will ich aber noch vermitteln. Es betrifft die Wort-Klang-Kompositionen des Künstlers F. Hecker. Er hängt mehrere Lautsprecher, aus denen verschiedenste Sprechlaute oder Geräusche und Klänge kommen, in einem Raum auf. Es hört sich an wie „Wort- und Satzfetzen im Vorwärts- und Rückwärtslauf, dazu Töne und Geräusche wie Kratzen, Piepen, Rasseln..."[43] Was der Künstler jedoch will ist, dass man eine Botschaft – und zwar eher eine aus dem eigenen Unbewussten (was der Künstler zwar hier nicht verrät, aber es ist naheliegend) – heraushört. Er will gerade unser gewohntes Hören und Hören-Verstehen durcheinanderbringen, so wie es die topologischen Linien auch tun. Viel besser ist natürlich die Botschaft aus dem eigenen Unbewussten durch die Übung mit den *Formel-Worten* herauszuhören, wobei ich nochmals betone, dass ich diese herauszuhörenden Gedanken *Pass-Worte* genannt habe, denn sie wirken ja wie Identitätsworte, Kennworte aus dem eigenen Unbewussten. Sie enthalten eine durch Topologie und linguistische Evokation bewirkte Botschaft von einem selbst, vom unbewussten Kern des eigenen Verdrängten.

Sex: die aggressive Form der Liebe

Mit diesen Bildern der Lust--Linien und –Topologien kann ich leicht zu einer weiteren Thematik überleiten. Schon Freuds Schülerin M. Klein hatte erkannt, dass der sogenannte Ödipuskomplex sich vor dem Hintergrund einer primären Aggressivität abspielt. Die erotisch-neurotische Linie schneidet sich also mit einer aggressiv-expressiven. Der Ödipuskomplex beinhaltet nicht nur den

---

[43] Vogel, E., Interview mit F. Hecker in der SZ vom 1. 9. 12, S. R20

Konflikt einer Liebe zum gegengeschlechtlichen und des Hasses zum gleichgeschlechtlichen Elternteil. Vielmehr drückt er schon früh aus, dass auch in den späteren Beziehungen, nachdem man sich vom Elternhaus gelöst hat, in die erotische Gefühlswelt sich aggressive Elemente einschleichen. Ein Kern auch des reifen Sexuellen bleibt mit dem Aggressiven verbunden.

Freud war noch davon ausgegangen, dass es neben den Eros-Lebenstrieben auch einen Destruktionstrieb, ja Aggressions- oder Todestrieb geben müsse. Aber ein aktiver, mit libidinöser Kraft besetzter Trieb kann das Geschehen zum Tod hin nicht sein. J. Lacan stellte schon in den Fünfzigerjahren des letzten Jahrhunderts fest, dass die Aggressivität aus den frühen Identifizierungsmodi stammt. Wir nehmen uns mit etwas identisch wahr, doch bei diesem *Signifikanten* Zug der Identifizierung bleibt ein Rest von diesem Etwas zurück, der sich dann als negativ, störend und somit zur Aggression führend erweist. Die Identifizierung ist ein blitzartiger, im *Strahlt* dominierender Vorgang, der nichts mit der Sexualität zu tun hat, jedoch den Charakter, die Art, den Typus von etwas Sexuellem aufweist.

Dieses Sexuelle ist beim Menschen nicht instinktiv gesteuert, sondern setzt sich aus verschiedenen Triebanteilen unter der Dominanz von etwas zusammen, was man als aktiv, mächtig und vom Geschlechtlichen her als eher männlich bezeichnet hat. Für den Psychoanalytiker gibt es somit nur eine Libido, nur ein Sexuell-Mächtiges, das aus verschiedenen Gründen vom Männlichen dominiert wird, was nicht heißt, dass es die Frauen nicht auch entwickeln können. Freud sprach diesbezüglich von der „phallischen Phase" in der Entwicklung des Kindes, die das männliche Kind sich leichter aneignet, das weibliche aber genauso übernehmen kann. Eben daraus setzt sich ja der Ödipuskomplex zusammen, wenn dann auch unterschiedlich für beide Geschlechter. Während der Knabe die Mutter auch erotisch begehrt, zielt die Erotik des Mädchens mehr auf ein Liebes-Geschenk vom Vater. Das Begehren hat „phallischen" Charakter, weshalb der Vater für den Knaben hier im Wege steht, und das Liebes-Geschenk könnte z. B. ein Kind sein, weshalb die Mutter mit Eifersucht besetzt wird.

Aus diesen Kräftespielen kommt der Mensch so einfach nicht heraus. Solange er die Beziehungen durch etwas Sexuelles lösen will, wird er auf das Männlich-Mächtige, das Aggressive, darin stoßen. Wir würden alle ausgestorben sein, wenn Sexuelles und Aggressives nicht eine derartige Verbindung eingingen. Aus der reinen, aggressionsfreien Erotik könnten Romantizismen, Schönheitskulte, künstlerische Verbrämungen und vieles mehr entstehen. Erst der Schuss Aggression darin, macht aus der Erotik Sex. Es war dies der Grund, warum die alten Griechen z. B. kein Wort für Sex hatten. Sie wollten alles im Schwärmen, im Ästhetischen, im Philosophieren des Eros einschließen. Eros war ein Gott, wenn auch einer, der bis zu den Menschen herunterreichte. Jegliches Treiben, das wir rüderweise Sex nennen, war darin eingeschlossen, aber man brauchte kein eigenes Wort dafür. Es verhält sich ähnlich wie mit dem AHAVA, über das ich im ersten Kapitel geschrieben habe. Diese pauschalen Begriffe sind konzeptionell wichtig und interessant, stellen aber für heute jedoch keine Lösung mehr dar.

Doch die Lösung, die wir heute haben, ist deswegen nicht besser. Denn wir moderne, „westlich-zivilisatorische" Menschen kennen kaum noch eine Liebe außerhalb des stark sublimierten Erotisch-Sexuellen. Die romantische Liebe hat jedenfalls auch einen Touch des Erotischen und der himmlischen Liebe wiederum fehlt heutzutage jede Sinnenhaftigkeit. Sie ist fast – so möchte man sagen – entrückt steril. Daher versuchen wir, die Liebe immer offener ins Erotisch-Sexuelle mit hereinzunehmen, wir versuchen „guten Sex" zu haben, „Kuschelsex" und andere Formen amouröser Kohabitationen. Aber dabei vergessen wir zu leicht, dass wir die Aggression ebenso mit hereingenommen haben. Irgendwo wird sie sich ausleben. Beim sogenannten heterosexuellen Mann beispielsweise dadurch, dass er ständig eine andere Frau braucht und noch zehn andere im Kopf hat, was pervers ist. Beim homosexuellen Mann lebt es sich aus, indem er gleich bei der eigenen Sexaggression bleibt, bei der lesbischen Frau, dass sie – wie Lacan sagt – verleugnet, dass der „Phallus" ein *Signifikant* ist, dass er also eine Insistenz beinhaltet, die beharrlich immer wieder ihre Bedeutung betont, weil sie ein *Strahlt/Spricht* ist, und die Frau dadurch zum

Ausgleich ihren Liebesanspruch erhöht. Und der Transsexuelle glaubt, dass er dem ganzen Dilemma entfliehen kann, wenn er die sexuellen und aggressiven Zeichen einfach wechselt und vertauscht.

Die ‚Metapher-Forscherin' T. Schachl reüssierte mit der Erkenntnis, dass die Transgender-Problematik in „der Betonung des ‚Sehens', also der ‚Sichtbarkeit' und der ‚Bilder' liegt". Sie spricht vom ‚Banner der Sichtbarkeit', für das ein ungeheuer hoher Preis gezahlt wird, um dieses perfekte Bild des um die zwei Ecken des generell Geschlechtlichen, nicht unbedingt Sexuellen, aber des möglichst ‚sexual' Normalen sich Drehenden darstellen zu können.[44] Der Transgender fühlt sich in seinem Erstgeschlecht nicht wahrgenommen, nicht bestätigt, und so versucht er um dieser Bestätigung und des Wahrgenommen-Seins willen, das Geschlecht zu wechseln, weil er gesehen hat und glaubt, dass es in dieser Form funktionieren wird, *normal* funktionieren wird. Die Betonung liegt auf der Vorstellung der Eingepasstheit, der Zuständigkeit, der Normierung. Man will Transgender sein, aber *normaler* Transgender.

Glücklicherweise gibt es ja noch die Liebe, die sich die Aggression zu Herzen nimmt und die Lacan das „L´amourire" nannte. Darin steckt wie bereits zitiert Liebe (amour), mourire (sterben) und rire (lachen). Dieses L´amourire ist eine Liebe zur Transzendenz, eine Liebe zum Nichts, das ja nicht Null ist, sondern eben nichts Bestimmtes. Dieses L´amourire hat eine durchaus erotische Komponente, aber es ist eine angemessene Erotik. Schon Freud sagte: Die Psychoanalyse ist Heilung durch Liebe, wobei er den Liebesdialog meinte, der durch die „freien Assoziationen" des Patienten und die „schwebende Aufmerksamkeit" des Analytikers hergestellt wird. Dieser Dialog ist so gesehen nämlich eher ein Liebesgeflüster, das jedoch nie so deutlich wird, dass man alles versteht. Gerade durch dieses Halbsagen und Nicht-ganz-verstehen, durch dieses Raunen und Gemurmel bleibt der Dialog ein L´amourire, das man auch

---

[44] Schachl, T., Transsexuell, eine sichtbare Bewegung ins Unsichtbare, Profil (1997)

einen symbolischen Eros oder einen Meta-Sex nennen könnte, ein Sex weit darüber hinaus. Dieses Meta ist, genauso wie die Transzendenz, kein entrücktes Jenseits, sondern befindet sich – wie M. Foucault richtig sagte – inmitten unserer Sätze, die jedoch so paraphrasisch sind, so andersherum gesagt sind, dass ihnen einfach der Kitzel des L´amourire innewohnt.

Weibliches Genießen

Mit Sicherheit stand das L´amourire auch hinter der Frage Freuds: „Was will das Weib"? Freud hatte sich natürlich auf die libidinöse Ebene des weiblichen Erlebens bezogen. Viele Autoren nach ihm haben dieses Rätsel des weiblichen Eros aufgegriffen. Aber eine Antwort hat es bis heute nicht gegeben. Lacan meint, auch die weiblichen Psychoanalytiker hätten hierauf keine Antwort gegeben. Die Analytikerin E. Seifert konstatierte einmal, die Frage mit einem „Dazugehören" beantworten zu können. Diese Antwort ist zweifellos nicht schlecht. Aber was heißt das auf der erotischen Ebene? Heißt es „dazugehören", wenn es um den vom Männlichen dominierten Sex geht, wie ich es gerade vorhin schon erörtert habe?

Der männliche Orgasmus ist einfach zu beschreiben. Er besteht in einer – fast könnte man sagen – apparathaften Form der Tätigkeit mehrerer Drüsen und deren Ausführungsgänge und der männlichen Seele, die in diesem Moment doch sehr stark mit dem Gehirn verbunden – um nicht zu sagen reflektorisch fixiert ist. Nebenhoden, Samenbläschen und Prostata und die Psyche müssen zusammenarbeiten um eine Ejakulation herzustellen, die durch ihre lustvolle Entladung den Mann von seinen gesamten Phantasien, seinen Gefühlen für die Partnerin und seinen eigenen Grundemotionen herunterholen. Was bleibt ist der Orgasmus, die Endlust wie Freud dies nannte. Die untere, eben sehr apparathafte Ekstase.

Natürlich können Frauen sich an diese Form des sexuellen Höhe- und Endpunktes anpassen. Schon in der von Freud so bezeichneten „phallischen Phase" – wie ich sie ja gerade weiter oben zitiert habe – lernen sie, sich eine gewisse Dominanz der Erregungsausbreitung, Potenzphantasie und von Kraftgefühlen anzueignen, wobei sie auf eine eigene, völlig originäre libidinöse Entwicklung weitgehend verzichten. Lacan meint, dass die Frauen die ihnen gemäße Erotik zu gering schätzen und daher eher in einem fast passiven, zu nennenden Sexualstreben verbleiben. Er zitierte gerne J. Reviere, eine Analytikerin, die in der weiblichen Erotik die „Maskerade" hervorgehoben hat, während bei den Männern eher eine „Parade", ein sich „Aufmandeln", wie man in Bayern sagt, vorherrschend ist. Aber die Maskerade ist natürlich nicht das ganz originär Weibliche, von dem ich also annehme, dass es dem L´amourire nahesteht.

Doch was ist mit dem weiblichen Orgasmus, von dem Feministinnen behaupten, dass ihm an Wildheit nichts fehlt und nur eine gute „Vagina-Brain-Connection" nötig sei?[45] Das klingt schon etwas kühn. Früher hat man hier wenigstens noch viel herumgerätselt, ob der mehr vaginale dem mehr klitoridalen Orgasmus entgegengesetzt ist oder sich gar eine ausgesprochen emotionale Zufriedenheit im Sexualakt als das weibliche Pendant zum männlichen Entladungsakt herausgestellt hat. Aber dann kam das Buch der Catherine Millet über ihr Sexualleben in Swinger-Clubs und einigen anderen erotischen Sonder-Situationen. Ein Skandal – wie man schrieb. War es Pornographie oder anspruchsvolle erotische Literatur über den weiblichen Eros, ereiferte man sich und sicherte so dem Buch den Erfolg. Einen heutigen Leser würde dies trotzdem alles langweilen. Catherine M. beschreibt zwar alle möglichen Körperöffnungen und ihre nicht alltäglichen Verwendungen, aber es fehlen ihr zweifellos die deftigen Insider-Vokabeln heutiger Exhibitionistinnen. Niemals wäre ihr in den Sinn gekommen, von „vaginaler Selbstbestimmung der Frau" zu reden, wie dies heute schon deutsch-türkische Mädchen tun, die gerade erst dem Verschleierungs- und Kopftuchzwang entwachsen sind. Und schon gar nicht erreichte sie die Höhe ausdrucksvoller perianaler und anderer Geschlechtswörter, wie es die Autorin der „Feuchtgebiete" aus dem Jahr 2008 vermochte.

---

[45] Wolf, Naomi, Vagina, eine Geschichte der Weiblichkeit, Rowohlt Verlag (2012)

Ich glaube, dass die Wahrheit viel einfacher ist: Der weibliche Orgasmus endet nicht. Es gibt keine feste Markierung, an der er abgeschlossen wäre wie beim Mann. Er verflacht etwas, geht aber weiter, je nach den Ereignissen des Liebeslebens, und kann sich nur zu gut auch auf eine eventuell folgende Schwangerschaft, Geburt und Stillperiode ausweiten. Der Frauenarzt M. Odent behauptet in seinem Buch „Die Natur des Orgasmus" sogar, dass das Ausstoßen des Kindes bei der Geburt der männlichen Ejakulation gleich eine derartige Fortsetzung des Orgasmus bei der Frau ist, für den er auch noch viele andere wellenartige Bewegungen im weiblichen Organismus anführt. Auch H. Deutsch, eine der ersten Psychoanalytikerinnen, betonte die weibliche Lust im Zusammenhang mit Schwangerschaft und Kind. Den Säugling zu knuddeln und an sich zu drücken, ist nun tatsächlich – auch dies war bereits Freuds Entdeckung – ein Ersatz für den Phallus. Der sogenannte „Penisneid" bei Freud bezog sich eher mehr auf eine typische männliche Dynamik, die mit der Kontrolle der männlichen Triebe zusammenhängt, als mit deren Ausleben. Und der entsprechende männliche Neid ist selbstverständlich kein „Gebärneid", wie viele geäußert haben, denn dieser Vorgang ist selten so lustig. Es ist ein Neid auf die weibliche Geschlossenheit, das libidinöse Bei-sich-sein der Frau.

Der weibliche Orgasmus endet also nicht, weil die Frau libidinös sehr stark bei sich bleibt und in sich ruht. So hat er natürlich auch keinen so ganz definitiv sichtbaren Anfang. Die Frauen verdrängen aber dabei schon sehr früh ihre weibliche Potenz, sie spalten sie auf in eine erotisch-emotional-körperliche Vielschichtigkeit, aus der heraus sie jedoch ein „Genießen" entwickeln können, das man zu Recht das „weibliche Genießen" als solches nennen könnte. Die Psychoanalytikerin R. Golan hat diese weibliche Identität, die eher ein „Genießen" als ein Orgasmus ist, besonders gut herausgearbeitet. Dieses „Genießen" ist eine andere Form der Lust, eine Lust, die über das simple phallische Genießen insofern hinausgeht, als sie auch Schmerz und Leid einschließt, dafür aber auch Universalität, Höhe, Grenzenlosigkeit, Erkenntnis / Erleuchtung, Wissen,

Freiheit und Glückseligkeit beinhaltet.[46] Die „jouissance féminine", wie Golan auch den weiblichen Orgasmus nennt, ist das tief-
sinnigere Genießen! Man muss also Sex mit der Seele der Frau
haben, nicht (oder nicht nur) mit ihrem Körper, so ist wohl diese
Aussage über das Weibliche zu verstehen.

Aber eben dieses Genießen schätzen die Frauen meist nicht. Sie
kennen es in seiner Tiefe oft gar nicht, und wenn sie es kennen,
dann geben sie das Wissen davon nicht her. Schon der Philosoph
G. F. W. Hegel hatte darüber genauere Vorstellungen entwickelt,
die er in einer Dialektik der Liebe beschreiben wollte. Es ist ihm
aber dazu nicht Rechtes eingefallen, und so schrieb er eine Dialektik der Geschichte. Er behauptete, der forsche, stolze und herrsch-
süchtige Mann, den Hegel den Herrenmenschen nannte, habe sich
in seinen Intentionen zu weit in die Möglichkeit verstrickt, die
Sprache als Instrument seiner Herrschaft zu verwenden. Dabei
habe er den Zugang und das Wissen zum ursprünglichen Genießen, das dem primären Leben innewohnt und an einen gewissen
Autoerotismus aller Lebewesen erinnert, weitgehend verloren. Er
suchte dieses Wissen daher in der Etablierung des Arbeiters, des
Knechtes, der ihm das Genießen in Form der zu erschaffenden Gü-
ter ermöglichen sollte.

Die Frau stellte der Herrenmensch zwar auf die gleiche Höhe neben sich, aber er wusste auch nicht so richtig mit ihr umzugehen.
Doch dann kam Freud, der die Dialektik der Liebe nachzuholen
versuchte, indem statt des Knechts die Frau in die Position dessen
kam, der dem Herrenmenschen das Wissen ums Genießen ermöglichen sollte. Aber während der Knecht laut Hegel sein Genießen,
über das er noch gut Bescheid wusste, verschob und nur auf den
Tod des Herrn wartete, um dann das eigentliche Leben nachzuholen, machte die Frau es anders: Sie war ja genauso noch im Wissen
über das ursprüngliche Genießen bewandert, aber sie rückte – wie
oben gesagt – nicht so ganz damit heraus. Während der Herr weiterhin der Macher, der Zwangsneurotiker, die dominante Figur im

---

[46] Golan, R. Loving Psychoanalysis, Karnak (2006)

Gesellschaftswesen zu bleiben versuchte, versteckte sich die Frau in der mehr hysteriformen Neurose, in der sie selbst sich manchmal nicht mehr sicher war, ob sie etwas verdrängte oder anderes verhinderte, ihr Wissen für sich und die ihre Lieben zu nutzen.

Die Hegelsche Geschichte wurde schließlich von Marx vereinnahmt, der den Knecht einfach zum Herren machen wollte, dabei aber über das Ziel hinausschoss. Es setzte sich dann ein gemäßigter Sozialismus durch, der einen gewissen Abschluss für diese Dialektik der Geschichte zustande brachte. Und bezüglich der Dialektik der Liebe versuchten Feministinnen, einen Abschluss zu finden, aber es musste erst Lacan kommen, der diese Strebungen in die passable Richtung führte, die die Frauen nicht zu den besseren Frauen führte, sondern die weiblichen Analytikerinnen zu den besseren als den männlichen Analytikerinnen machte. Ich erwähne Julia Kristeva, Margarete Mischerlich, Colette Soler, Maud Mannoni, Christa Rode-Dachser. Um nicht in der Theorie zu sehr stecken zu bleiben, will ich noch einen Fall aus meiner psychoanalytischen Praxis erzählen.

Eine Patientin kam zu mir, weil sie „Orgasmusstörungen" hatte. Um es genauer zu sagen: Sie sagte, sie habe wohl noch nie einen Orgasmus gehabt. Wir kamen der Sache insofern schnell auf die Spur, als sie mir folgende Geschichte erzählte. Die Mutter war sehr dominant, der Vater zwar gütig und liebevoll, aber mehr im Hintergrund verbleibend. Ein Bruder der Patientin war früh tödlich verunglückt und die Mutter daher sehr auf die Patientin fixiert. Als diese endlich ihren ersten festen Freund hatte, klagte sie der Mutter bei Gelegenheit schon einmal, dass sie glaube, sie habe keinen Orgasmus. Nun meinte die Mutter, das Problem schnell lösen zu können. Sie ging eine Beziehung zu dem Bruder des Freundes meiner Patientin ein und schwärmte eines Tages randvoll davon, welch tolle Orgasmen sie jetzt habe, davon hätte sie früher nicht einmal träumen können. Freilich hatte dies bei meiner Patientin überhaupt keinen Effekt. Es konnte nicht lange ausbleiben, dass die Patientin nach insgesamt recht langer Zeit die Beziehung zu ihrem Freund beendete und eine neue einging.

Doch auch hier ereignete sich keine Klarheit über den Orgasmus. In der Therapie wurde ihr schnell klar, dass die Mutter sie fest an sich binden wollte und ihr am liebsten den Freud weggenommen hätte. Aber mit dem Bruder und der brühwarmen Schilderung ihrer Lusterfahrungen konnte sie auch so erreichen, dass die Tochter sich wieder mehr an sie anschloss, auch wenn sie dann wieder eine neue Freun/Feiddschaft einging. Wahrscheinlich hatte die Mutter gar keine so tollen Orgasmuserfahrungen gemacht, sondern nur ein Mittel gebraucht, um ihre Tochter nicht zu weit zu verlieren. Schließlich kam meine Patientin selbst darauf, dass es bei den Frauen wohl die unterschiedlichsten Erfahrungen darüber gibt, was denn nun wohl ein weiblicher Orgasmus ist. Und dass es egal ist, welche man (nein: besser sie) macht.

Die Lösung, die die Mutter suchte, war eine groteske, hysterisch-paranoide Form der Beziehungsgestaltung. Die Patientin sagte am Ende zu mir: „Hauptsächlich geht es doch um ein Wohlbefinden, ein freudvolles Miteinander, Aufregung, Zärtlichkeit und schließlich kann auch noch die Erfüllung eines Kinderwunsches dabei sei. Dies sei nämlich jetzt der Fall", sagte sie. Sie bekäme ein Kind von ihrem neuen Freund und sie würden demnächst heiraten." Ich beglückwünschte sie dazu und sie kam später zu mir, um mir ihren kleinen Sohn zu zeigen. Von Orgasmen haben wir nicht mehr geredet. Für sie, ihren Sohn und ihre Mutter waren offensichtlich weder die feministischen Übertreibungen nötig noch das Machogerede von A. Schwarzenegger, der behauptete: „Eine sexuelle befriedigte Frau macht keinen Ärger". Seine Frau hat ihm wohl noch nicht das Wissen über das originäre weibliche Genießen verraten.

4. Bild und Sprache

In diesem Artikel geht es wieder um die zwei ganz zentralen Prinzipien, die in der Psychoanalyse als Triebkräfte bezeichnet werden. In einer Wissenschaft versucht man meistens, die verwendeten oder gefundenen Begriffe, Prinzipien oder Kräfte auf ein paar wesentliche und grundlegende – meist sogar nur zwei – zurückzuführen. Wie berichtet stellt der französische Psychoanalytiker J. Lacan hier Wahrnehmungs- und Entäußerungstrieb, Schau- und Sprechtrieb als diese zwei Grundkräfte heraus. Ich nenne sie in diesem Artikel wieder Sichtung und Rede, Bildhaftes und Worthaftes oder, wie bereits mehrfach beschrieben und noch kürzer ausgedrückt, ein *Strahlt* und *Spricht*. In der *APK*, diesem psychoanalytisch-meditativen Verfahren, sind Bild und Sprache, Bild- und Worthaftes, *Strahlt / Spricht* eng verbunden. Diese beiden Elemente sind sogar bis auf ihr Grundgerüst, auf ihre Elementarstruktur in dem Ausdruck des reduziert zusammengefasst, weil das Bildhafte wie ein universelles Strahlen und das Worthafte wie das Sprechen des Unbewussten zu verstehen ist. Gleichzeitig ist der dazwischen gestellte Schrägstrich eine geradezu mathematische Ausdrucksweise, engen Zusammenhang (als waagrechter Strich) und Trennung (als senkrechter Strich) kombiniert zu schreiben. Jede Zweiheit braucht ein drittes, sie kombinierendes Element. Als solches könnte man es dann den perfekten *Signifikanten* nennen, denn der *Signifikant* ist dem Linguisten F. de Saussure zufolge ein "Schema von Gegensätzen", was für den Psychoanalytiker bedeutet, dass es um das Bewusste und Unbewusste geht, die in einem 'Losungswort' einen Fortschritt in der Kommunikation, aber auch in der eigenen Identität, z. B. als Pass-Wort gefunden haben.

Von daher fängt man auch an, mit diesen beiden Prinzipien, Kräften, Trieben zu arbeiten und zu meditieren. Dennoch ist es von Vorteil, sie z. B. in dem, was auch die Kunsttherapie tut, nämlich sie einmal in künstlerisch bildhafter und was die Psychoanalyse tut, in analytisch worthafter Form ausgedrückt, anschaulich zusammenzuführen. Ich müsste dieses Buch nicht schreiben und es schon gar nicht mit vielen Bildern versehen. Aber nur die zwei Formeln (die später auch mit zwei Übungen kombiniert sein werden) zu zeigen, ist eben auch recht wenig. Der Kunsttherapeut lässt seinen Probanden selbst malen und die Bilder werden interpretiert, was ein anschauliches psychotherapeutisches Verfahren ist.

Andererseits will ich hier in diesem Artikel fast eher umgekehrt versuchen, allgemeine Kunst und psychoanalytisches Wort direkt zu kombinieren und dadurch von selbst eine Interpretation entstehen zu lassen. So entstehen Beispiele, wie man sie in den Übungen der *APK* oft selbst erfahren kann. Natürlich kann nichts die eigene Erfahrung ersetzen, aber Beispiele können dennoch nützlich sein.

Zu Anfang daher ein Bild, das ein Kind gemalt und dem es den 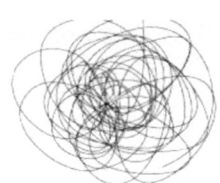 Titel „Vater und Mutter" gegeben hat. Natürlich ist das Kind kein Künstler, auch wenn Bild und Titel originell zusammenpassen. Deswegen stelle ich es auch vor. Es ist jedem sofort einsichtig, worum es hier geht. Bei diesem Kind zu Hause herrschen offensichtlich recht turbulente Zustände vor. Das ist knapp und präzise erfasst. Für mein *Strahlt/Spricht*-Konzept ist eine derartige knappe und präzise Zusammenfassung wichtig. Auf jeden Fall sind in diesem Beispiel Bild und Titel in sich und zudem aufeinander bezogen recht aussagekräftig. Nur eine zusätzliche und sehr ausführlich plastisch dargestellte Erklärung und eine weiterhin dramaturgisch gelungene Beschreibung könnten das Bild evtl. ersetzen, während der Titel wiederum nur schwer durch dieses Bild allein zu vermitteln wäre. Bild und Sprache (Titel) sind also hier extrem aufeinander angewiesen. Umgekehrt gibt es oft Bilder, wie etwa Munchs „Schrei", die diesen Titel gar nicht gebraucht hätten, so klar drückt das Bild alleine aus, was gemeint ist. Und dann gibt es auch Sätze, die durch kein Bild je ausgedrückt werden könnten, wie etwa Lacans Formulierung: „Wer das Brot der Wahrheit mit seinesgleichen bricht, teilt die Lüge aus". Wahrheit und Lüge, christliche Kultur des Brotbrechens und das chauvinistisch Parteiliche des „seinesgleichen" sind ideal verknüpft. Rein bildlich könnte man dies wohl kaum darstellen.

Allerdings sind detailliertere Erkenntnisse über das Dreieck Vater, Mutter und Kind durch das obige Kinderbild samt Titel auch wieder nicht zu haben. Hier wäre vielleicht E. Noldes Bild „Familie" aussagekräftiger. Die Zeichnung des Kindes ist eben zu einfach, infantil, ein bisschen gedankenlos, während Nolde uns hier in die

gleiche Thematik, vielleicht sogar gleiche Familiensituation samt psychologischem, psychoanalytischem Hintergrund einweiht. Damit wird bereits ein wenig klar, worum es hier im Sinne der Überschrift „Bild und Sprache" gehen soll. Nämlich nicht nur um eine wahllose Gegenüberstellung sprachlicher und bildlicher Ausdrücke, sondern gleichzeitig um eine Vertiefung im psychoanalytischen und kunsthistorischen Sinne, auch wenn der Begriff Kunst-Historie hier etwas kritisch, heikel und schwierig zu handhaben ist. Denn es soll ja hier nicht speziell um Historie gehen, eher um Kunst und ihre Psychologie. Doch der Begriff Kunsthistorie hat sich so eingebürgert und schon das nächste Bild verweist ausgerechnet auf tiefste und lange zurückliegende Geschichte. Es soll ein Bild aus längst vergangenen Zeiten zeigen, aus einer Zeit vielleicht, als der moderne Mensch aus Afrika nach Europa eingewandert ist, fast aus seiner Entstehungszeit also.

Und auch dies hat ja eben wieder wissenschaftlich psychologisches Interesse. Auch hier könnte wieder eine Familienkonstellation angezeigt sein, wie sie für die Psychoanalyse wichtig ist. Das Bild stammt von Felszeichnungen aus China und hat jetzt zwar nicht das gerade erwähnte extreme Alter, aber es ist dafür sehr typisch in seiner knappen und präzise stilisierten Art für Malereien, die 40 Jahrtausende zurückliegen. Die Menschen sind einfach dahingesetzt und dennoch in affektvoller Bewegung. Auch hier also vielleicht wieder eine Familie in ihrer gegenseitigen Dyna-mik, voll Freude oder Angst, voll Dramatik oder Tanz. Egal, wichtig ist der enge Zusammenhang zwischen Bild und Wort, wenn wir uns vorerst darauf einigen können, dass es im weitesten Sinne um „Familie" geht (Felszeichnung aus Hua´ an, Fujin, China, Vater, Mutter und zwei Kinder)? Oder sind es nur noch Strings?)

Denn „Familie", dieser Hort größten Glücks und Unglücks zugleich, voll von Bindungs-, aber auch Spannungsliebe, ist Hort von zu nahem und doch auch nur schwierig zu lebendem Eros. „Sex gibt es eigentlich nur zwischen Eltern und Kindern", meinte Lacan einmal. Das ist natürlich paradox und provokativ ausgedrückt. Was er meinte, ist eben, dass es am Anfang beim Kind Bindungs- und Spannungsliebe gibt, Eros in seinen verwickeltsten und eben auch negativen Formen, sodass sie also nicht zu unterscheiden sind, und die ich daher dem Chaoswissenschaftler F. Cramer folgend mit dem Namen „Chaosliebe" bezeichnen möchte. Dieser doppelte Bezug, nämlich Bindungs- und Spannungsliebe, Liebesversprechen und Verrat, Eros und Thanatos, findet tatsächlich vorwiegend im Kindesalter statt, und wenn Lacan dies Sex nennt, so meint er eben dieses anfängliche erotische Chaos, das es in dieser Ausprägung speziell im Kleinkindesalter gibt.

Aus all den gezeigten Bildern könnte dies herauszulesen sein. Wir kämen somit einer Sprache/Bild-Wissenschaft zunehmend näher. Diese Wissenschaft liegt ja der *APK* zugrunde. Auf deren Webseite habe ich diese Wissenschaft ENS – CIS – NOM genannt, weil ich eben keinen neuen akademischen, universitären oder sonst üblichen Namen dafür verwenden will. Ich will ja Worte und Bilder alleine sich einen wissenschaftlichen Wert geben lassen. Das Ding soll von alleine laufen. Es soll nicht Kunsttherapie heißen, nicht Bildwissenschaft oder Linguistik und auch nicht Psychoanalyse im herkömmlichen Sinne.

Natürlich nenne ich das Verfahren, insofern es um praktische Übungen geht, *APK*. Aber das ist nur ein Hilfs-Untertitel. Der eigentliche Titel besteht in den bekannten lateinischen Formulierungen, die mehrere Bedeutungen in sich enthalten, sodass eben gerade keine wirklich gilt, und exakt dies findet sich in der hier angelegten Bild/Wort, *Strahlt*/*Spricht*-Wissenschaft auch. Denn während ich die *Formel-Worte* üben lasse, damit aus dem Unbewussten letztendlich eine Antwort, ein *Pass-Wort* herauskommt, gehe ich hier jetzt umgekehrt vor: Hier ist das *Pass-Wort* „Familie" schon da, aber was „Familie" wirklich ist, wird erst beim

Betrachten der Bilder und dem Lesen des dazugehörigen Titels (Textes) letztendlich ebenso klar.

Der Ausgangspunkt war also, dass Bild- und Worthaftes eng verbunden sind, und wenn diese Verbindung gut gelungen, ideal ist, sich von selbst aussagt. Das soll generell so sein. Ich kann mich auf viele Wissenschaften stützen.[47] Hauptsächlich berufe ich mich auf J. Lacans Umformulierung der Freud'schen Psychoanalyse mit der Setzung zweier Grundtriebe, -kräfte: vereinfacht Bildtrieb und Worttrieb. Ich muss das hier nicht wiederholen. Diese zwei Grundprinzipien, zu- und gegeneinandergestellt, fangen von selbst an, ihre Wissenschaft zu etablieren. Hinter sie selbst geht nichts zurück. Mit ihnen habe ich mit dem anfänglichen Ausdruck „Rede und Sichtung" begonnen. Bildhaftes/Worthaftes, Bildwort, Wortbild.

Bleiben wir bei „Familie". Hier links unten ein weiteres Bild von T. Heydecker, das das gerade Gesagte wieder von einer anderen Seite her exakt bestätigt: die Familie als Hort einer engen Beziehungsgruppe, die Nähe und Distanz, Vertrautheit und Fremdheit deutlich widerspiegeln. Vielleicht kommt sogar auch das Glück ein klein wenig zum Zug, wenn sich auch das Unglück des isolierten, unverstandenen Kindes hier vielleicht ganz extrem zeigt. Und nochmals gleich anschließend ein Bild gleichen Titels von E.

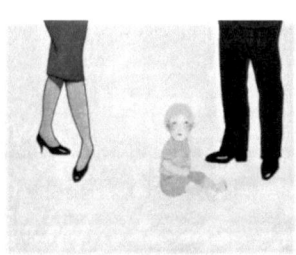 Kirchner mit einem Kommentar, der von der Kunsthalle Erfurt anlässlich einer Ausstellung Anfang 2010 dazu geschrieben wurde: „Das in den Jahren 1927–28 entstandene Gemälde "Die Familie" zeigt dies sehr deutlich. Es ist im Auftrag des Folkwang Museums in Essen entstanden, als Vorbereitung auf einen umfangreich geplanten Freskenzyklus, der jedoch nie ausgeführt wurde.

---

[47] Hummel, G. von, Der Andere des Wortes und das Andere der Sterne, BoD (2020)

"Das Bild zeigt eine kleine Familie in freier Natur: Vater, Mutter und ein kleines Kind. Der links stehende Vater wendet sich der sitzenden Mutter liebevoll zu, während diese den Säugling an ihrer Brust hält. Sind an den Bildrändern verschiedene Naturdetails gut zu erkennen, so verselbstständigen sich die Farbformen innerhalb der Figurengruppe zu organisch wirkenden Verschlingungen, welche die Figuren unlösbar miteinander verbinden und auf diese Weise symbolisch jenen intensiven menschlichen Zusammenhalt herstellen, den sich Kirchner vorstellte. Die Gesichter von Mann und Frau als geistige und emotionale Zentren der Gruppe werden durch verzweigte grüne Formen miteinander verbunden. Die abnehmende Farbsättigung der Rosa- und Grüntöne hin zum Säugling verweist auf ein Leben, das noch ganz am Anfang seiner Entwicklung steht. Gelbe Farbbänder wiederum verbinden den Kopf

des Babys mit der Schulter des Vaters und den Nabel mit dem Kopf der Mutter. So wird nicht nur die äußere Zusammengehörigkeit dieser Personen visualisiert, sondern auch ein innerer Lebensstrom, der die drei miteinander verbindet."

Ich finde, dass der Kommentator das Bild gut erfasst. Vielleicht hätte er noch erwähnen sollen, dass das Bild ein wenig an die „Heilige Familie" erinnert, und das wäre natürlich nicht in unserem Sinne, denn ich will ja speziell psychoanalytische Hintergründe mit erwähnen (auch wenn es hier eben nicht um herkömmliche Psychoanalyse geht). Es könnte sein, dass der Künstler hier wirklich von einem konfessionellen Gedanken geführt war, und dann hat das Bild Aussagekraft speziell in diesem konfessionellen Zusammenhang, von dem man als Psychoanalytiker sagen würde, er ist zu sehr geschönt, eben religiös verbrämt, ästhetisch konfessionell erhöht. Das mag in einem kirchlichen Zusammenhang wunderbar sein, aber ich wollte ja von Bildern ausgehen, die sich selbst artikulieren und „Familie" in ihrer ganzen Breite und Vielschichtigkeit, Schönheit und Gewalt, Nähe und Distanz etc. zeigen. Da aber der Kommentator sagt, dass das Bild eine Familie in der Natur zeigt und der Freskenzyklus im Folkwang-Museum nicht einer konfessionellen Richtung gewidmet war, lasse ich das Bild so stehen. Es zeigt „Familie".

Denn es ist wirklich großartig zu sehen, wie das gelbe Farbband und das Grün der Gesichter „organisch wirkende Verschlingungen" bilden, die doch genau das betonen, was von Anfang an hier zur Rede stand: die Ver- und Durchschlingung von Bild und Wort, von *Strahlt/Spricht*. Durch die Farbbänder sind die Personen der Familie harmonisch verwoben, aber auch gefesselt, organisch verwachsen, aber auch verwickelt. Das hat das Kind in Bild Nr. 1 auch gefühlt, getan oder auch nur gekritzelt. Nolde hat es bereits reichhaltiger ausgestaltet, und zwar ebenfalls ohne die Dynamik der Familie in eine einseitige Richtung zu lenken, auch wenn er gegenüber Kirchner spannungsgeladener, wilder, dramatischer wirkt. Und die chinesischen Felsmaler hatten wiederum ihre eigene Gestaltungsidee. Doch summa summarum ist dies alles nicht wichtig. Wichtig ist, dass uns „Familie" klarer, dichter geworden und näher gekommen ist.

Doch ohne jedes Bild und ohne jedes Wort könnten wir mit den Übungen der *APK* auch dahin kommen. Fast immer streift man in derartigen psychologischen Übungen das Thema „Familie". Aber selbst wenn das nicht so ist, auch „Familie" war ja nur ein fürs Erste genommener Name, eine Chiffre, die durchaus ungelöst bleiben kann. Die *APK* ist nicht für dieses spezielle Thema gemacht, sondern für die Selbstenthüllung, -erkenntnis, Subjektklärung, für die Wissenschaft v o m Subjekt selbst. Kein Name, kein Begriff steht hier schon von vornherein dem Subjekt im Weg. Wenn „Es" Familie nicht braucht, dann eben nicht, dann war dies jetzt eben nur eine Einleitung. *Es, das Subjekt, ist sich Seins selbst.*

Trotzdem nochmals und abschließend: „Familie" von T. Heydecker. Denn so wichtig und wesentlich es ist, das Wesen, den *Signifikanten*, das „Ding" „Familie" sich selbst durch *APK* zu erarbeiten, es könnte ja doch noch eine vorbereitende Hilfe in Form eines

Sprache/Bild-Elementes geben, das ich noch nicht gezeigt habe. „Familie" ist ja nach psychoanalytischer Auffassung ein Komplex. Es ist nicht ein biologisches Geschehen, gar ein Familieninstinkt wie bei manchen Tierarten, die sich oft in extremer, ja manchmal sogar übermenschlicher Weise um die Aufzucht ihres Nachwuchses bemühen. Beim Menschen ist Familie sehr stark durch die Kultur beeinflusst und wird gerade auch durch diese hintergangen. E. Durkheim hat den Begriff der „konjugalen Familie" geprägt, bei dem der Schwerpunkt zum Verständnis von „Familie" also auf der Ehe der Eltern liegt. Aber all das trifft es nicht ganz. Auch der herkömmliche und klassische psychoanalytische Ansatz eines Komplexes, der einfach von zwei oder drei elementaren Strebungen zusammengesetzt ist wie etwa dem Oralen (Oraltrieb mit besonderer Betonung der Beziehung zur Mutter), Invokativen (Sprechtrieb, Worttrieb, *Spricht*) und Skopophilen (Schautrieb, Bildtrieb, *Strahlt*) ist zwar wissenschaftlich konkreter, aber trifft er auch so gut wie die obigen Bilder?

Das obige Bild mit Figuren von T. Heydecker und der Bezeichnung „Der rote Faden" zeigt vielleicht noch authentischer, was „Familie" ist: eine Fama (Gerücht), ein Buchstabenknoten, verbunden und verstrickt, wobei der rote Faden hier auch vielleicht die Mutter ersetzt, die sonst nicht zu sehen ist. Man weiß es nicht, aber man kommt der Sache doch immer näher, weil Faden und Buchstaben das *Strahlt* des Bildes mit dem *Spricht* der darin gezeigten Thematik noch kompakter verschränken.

Und so muss man zuletzt wohl nur noch ein bisschen *APK* anwenden, um es ganz und vollends klar zu machen, was „Familie" denn nun für jeden einzelnen selbst darstellt. Klarer und auch wissenschaftlich präziser und gesicherter als es in den Hellingerschen Familienaufstellungen geschieht, die nur eine kurz andauernde und mehr emotional intuitive und

unwissenschaftliche Erfahrung vermitteln, was es mit der (natürlich speziell eigenen) „Familie" auf sich hat.

Verlassen wir also „Familie". Es gibt ja noch genug anderes. Nur
womit fängt man an, ohne auch hier schon wieder etwas Eigenwil-
liges zu voreilig zu suggerieren? Bild und Sprache sollen von sich
aus die Wissenschaft, um die es geht, hervorbringen. Was den
Schwerpunkt Sprache angeht, so kann man sich hier gut auf die
klassische Psychoanalyse verlassen: Vorwiegend das Subjekt soll
sprechen, egal was, je spontaner und assoziativer, umso besser. Es
handelt sich also um eine Subjekt-Sprache, die zugrunde liegt. Das
ist keine subjektive Sprache, denn das Subjekt hält sich ja an die
allgemein gültigen und funktionierenden Sprachvorgänge. Aber
Es spricht sich aus. Manchmal ist es fast so, als ob es „unter sich"
spräche. Es, das Subjekt. Und so muss es natürlich auch auf der
Seite des Bildhaften etwas Entsprechendes geben.

„Das menschliche Subjekt, das Subjekt des Begehrens, welches
das Wesen des Menschen ausmacht" sagt Lacan, „unterliegt im
Gegensatz zum Tier, nicht ganz dem bildhaften Befangensein. Es
zeichnet sich aus. Wie das? In dem Maße, wie es die Funktion des
Schirms herauslöst und mit ihr spielt. Tatsächlich vermag der
Mensch mit der Maske [dem Schirm oder Filter] zu spielen, ist er
doch etwas, über dem jenseits der Blick ist [Licht-Blick]. Der
Schirm ist hier Ort der Vermittlung." Und diese Vermittlung erreicht natürlich die Ausmaße des Symbolischen, der Sprache und
des Sprechens. Daraus, speziell aus dieser Schirmfunktion, will ich
das entwickeln, was ich letztendlich das *Subjekt-Bild* nenne, das –
wie erwähnt – zwar jeder für sich selbst finden muss, ich jedoch
über ein generelles Subjekt-Bild (also eines, das für viele Subjekte
gelten kann) und somit fast in der Form eines Wappens, eines Gü-
tesiegels, eines Logos oder heraldischen Zeichens als hilfreiche
Stütze anbieten kann (also eine ideale Verbindung von Wort- und
Bildhaftem). Ich füge hier Lacans bildtheoretisches Schema ein,
das ich im letzten Kapitel allerdings nochmals zeigen und aus-
führlicher beschreiben werde.

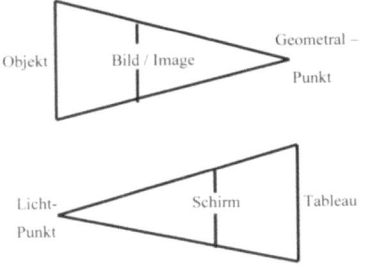

Abb. 1 Objektives und

subjektives Schema

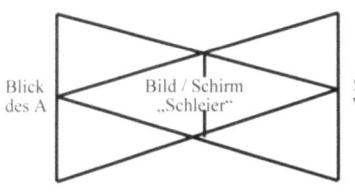

Abb. 2 Ganzheitliches
reales Schema

Links oben das Dreieck der Auffassung der klassischen Perspektive, in der sich alles zu Sehende von einem Fluchtpunkt / Geometralpunkt aus verstehen lässt. Darunter das umgekehrte Dreieck des subjektiven Sehens. Ein schillernder phantasmatischer Licht-Subjekt-Punkt steht dem subjektbezogenen Tableau gegenüber.

Abb. 2

Beide Dreiecke übereinandergelagert ergeben, dass der Lichtpunkt zu diesem strahlenden Blick der Andersheit wird, während sich im Geometralpunkt das menschliche Subjekt befindet, so wie wir es uns denken und vorstellen. Das letztlich Wirkende, Wirkliche spielt sich in der Mitte ab, am Bild-Schirm, „Bild-Schleier" des Realen, hinter dem wir den Anderen wissen

Darin zeigt Lacan die Verflechtung der klassischen Perspektive, wie wir sie auch auf jedem Foto sehen können. Demgegenüber steht die rein subjektive Blickgeschichte, in der man nicht nur licht-subjektbezogen sieht, sondern sich davon auch angeblickt fühlt. Erst die Überlagerung beider Anschauungen (Abb. 2) liefert die reale Rede/Sichtung, Wort-/Bildhaftes, *Strahlt*/*Spricht* Verkoppelung, die sich in der Mitte des realen Bildschirms abspielt.

Ich nehme hier ein Gütesiegel von Veganern als weiteres Beispiel,  das ganz geschickt dieses Worthafte und Bildhafte miteinander verbindet, indem es das „V" als Teil des Bildes und Stängel und Blätter wiederum als Teil des Namens verwendet. Vielleicht könnte man es – jetzt jedoch als ein Logo für vegetarisch, veganisch, vegetativ etc. – noch stärker stilisieren und nur „Veg" schreiben und das „e" und „g" ebenfalls noch zu Pflanzenteilen verformen. Viele hätten zu „Veg" dann die gleichen Assoziationen gehabt und somit wäre es in einem gewissen Bereich ein Subjekt-Bild für wohl sehr viele Menschen gewesen. Doch wie das nächste Bild zeigt, ist dies gar nicht mehr so sicher. Ich will ja hier nicht für „Veg" mit Blume werben, sondern für Bild und Sprache, für Kunst und (psychoanalytische) Wissenschaft.

Denn wer Kunst und Wissenschaft vereint, sagte schon Goethe, der hat auch Religion. Nun gut, um Religion geht es mir auch nicht, da dieser Begriff schon zu sehr mit dem Konfessionellen, also speziellen Bekenntnissen, verbunden ist, wie Christen und Moslems, die sich ja eher die Köpfe einschlagen. Sagen wir halt eben, wer Kunst und Wissenschaft vereint, findet auch etwas Übergeordnetes. Und deshalb lässt sich in dem als nächsten angekündigten Bild gar nicht mehr so sicher sagen, was bei den einzelnen Betrachtern nunmehr passiert. Denn das „V" ist indessen nicht mehr so einfach und direkt als „V" zu erkennen. Hätte man das erste Bild nicht gesehen, würde man also unvorbereitet an n, sieht man vielleicht zuerst einmal mehr die Pflanze, ihre Blätter und Blüten im Vordergrund. Man liest vielleicht nur ein „eg". Der Blick würde überhaupt zwischen den bildhaften und worthaften Teilen eine Zeit lang hin- und herschwanken. Und genau dies führt ja – wie in den Ausführungen zur Bildtheorie zu lesen war – zum Subjekt-Bild. Denn das Subjekt-Bild muss genauso wie die unbewussten Sätze „ultrareduziert" sein, kompakt, konkretistisch. Es muss gerade durch seine Reduziertheit etwas sagen.

Dies ist scheinbar noch besser in der nebenstehenden Abbildung gelungen. Man weiß sofort, was es heißt: im Notfall hier hinausgehen! Allein dadurch, dass das linke Bein einen das Logo herangehe Schatten nach innen, hinten wirft, ist ganz klar, dass der Weg hier nach außen ins Helle gehen muss. Und zudem schnell! Den-

noch greift für die Betrachtung hier diese „semantische Kunst" zu kurz. Komplexere Aussagen sind durch eine derartige Reduzierung nicht möglich.

Damit bin ich fast schon da angekommen, wohin ich gehen wollte: dass das visuelle Feld, das Schauen, das *Strahlt* beim Menschen gespalten ist, verwirrend, unklar. Bzw. zeigt sich hier am besten der in der Psychoanalyse so oft verwendete Begriff der Subjekt-Spaltung in idealer bild- und worthafter Form. Einem Tier würde das nicht passieren, dass es zwischen zwei Darstellungen hin- und herschwankt. Es besitzt im imaginären Bereich gewisse Fixierungen, die ihm klar machen, was es sieht: Feind, Fressobjekt, Paarungspartner etc. Ein paar visuelle Entsprechungen klären sofort die Lage. Der Mensch ist jedoch einer komplexeren Bildbedeutung ausgeliefert. Reine zweidimensionale Bilder nimmt ein Tier oft gar nicht wahr, der Mensch dagegen muss in sich kämpfen, ob er dem Bild einen Titel, eine Bedeutung zuweist oder sich vom reinen Bild vollkommen faszinieren lässt.

Vase oder zwei Gesichter?Junges Mädchen oder alte Frau?

Der Maler zielt natürlich auf Letzteres, auch wenn er dem Bild noch zusätzlich einen Titel gibt. Daher zeigen die Bilder oben das bekannte Phänomen der Blick-Spaltung. Man muss sich für ein Wort, für einen Begriff, für eine Bedeutung entscheiden, um das zu sehen, was man sehen will. Man muss einen Punkt im Bild aufsuchen, an dem das Schau-Begehren seine Lust findet.

Doch gerade dadurch kommt der Mensch nur zur wirklichen Schau der Dinge, wenn es dem Maler gelingt, Bild und Sprache in einer derart eng vernetzten Form auszudrücken. Dies gelingt den Malern nicht oft, aber ich zeige nochmals ein Bild von Kirchner hier als Beispiel, in dem es doch gelungen ist. Auch ohne Titel errät man, worum es hier geht, nämlich um eine unglaublich gut gelungene Verknotung, Ineinanderverwindung und Verwobensein eines Paares. Zudem vermittelt das Bild den Charakter der Freud´schen

Urszene, bei der es sich bekanntlich um die meist verdrängte Erinnerung des Kindes an eine derartige Ineinanderverwindung der Eltern handelt, aus der es ausgeschlossen ist. Diese Szene beinhaltet für das Kind eine gemischt aggressiv-libidinöse Erfahrung, auch etwas Unheimliches und Gefährliches, was in dem isolierten oberen Auge, in der aus dem Tannenwald kommenden dunklen Hand und einigen anderen Aspekten deutlich wird. Dennoch ist es genau das, was der Maler im Titel nennt: ein Liebespaar.

Vielleicht hätte er es auch so nennen können, wie J. Lacan es mit seinem bereits zitierten Satz tut: „Es gibt kein Geschlechtsverhältnis." Es gibt nichts, mit dem man die Vereinigung der Geschlechter in ihrer Gänze ausdrücken könnte, nicht mit der besten Sprache, nicht mit dem besten Bild. Wohl gibt es „Geschlechtliches", Libidinöses, Erotisches, Sexuelles, aber eben keine wirkliche Geschlechtsbeziehung., obwohl die meisten Menschen daran verzweifelt festhalten. Der Maler konnte diese Beziehung wenigstens durch eine Form-Farben-Durchschlingung darstellen, aber mehr auch nicht. Damit bin ich meinem Ziel wieder näher gekommen, denn es gibt so gesehen natürlich auch keine wirkliche Verbindung von Bild und Sprache, von *Strahlt* und *Spricht*.

D. h. es gibt sie nur, wenn jeder sie für sich selbst herstellt. Er muss selbst die „ultrareduzierte" Form dafür finden, die kompakteste, konkretistischste Struktur. Dies gelingt eben am besten mithilfe der *APK*. Diese kompakte Struktur für sich selbst herzustellen, heißt, Wissenschaft und Kunst verbinden, heißt also wirklich Religion haben. Alle anderen Religionen sind nur äußerlich.

Kirchners Bild ist tatsächlich ein Subjekt-Bild, vielleicht nur für ihn, vielleicht für mehrere, etliche. Denn wie gerade erwähnt: Jeder muss sein Subjekt – Bild selbst finden, und er muss es auch in seinem Leben umsetzen können. Der Maler tut es viel intensiver als jeder andere, und deswegen fällt ja manchmal auch von seinen

Subjekt-Bildern ein wenig für die anderen Sterblichen ab. Aber auch er muss seinen Namen darin finden, seine Silbe, Syllabe. Seine Religion ohne Gott, sein Erotisches, seine Ineinanderverwindung, sein *Strahlt / Spricht*. Wenn er das nicht findet, bleibt er auf der Strecke.

Ähnlichkeit und Assoziation

In diesem Sinne kann ich ein paar Bemerkungen zu der gerade hier oben gegebenen Überschrift machen. In Schopenhauers Buch „Die Welt als Wille und Vorstellung" zeigt der Philosoph, dass Kants „Ding an sich" nichts anderes ist als der menschliche Wille. Zurecht bemerkt er, dass das ‚Ding an sich' kein Ding mehr ist, kein Objekt, keine Sache, nichts Festes und damit allgemein Standhaftes und Gültiges. Vielmehr hat es damit zu tun, dass Kant sein eigenes subjektbezogenes philosophisches Sprechen nicht anders erfassen konnte. Er musste es Ding nennen, um ihm eben einen objektbezogenen Charakter zu geben, aber er musste auch von einem ‚an sich' sprechen, was eine Art von Hilflosigkeit bedeutet, von Transzendenz, von dem Bemühen, sich selbst aus dem Spiel zu lassen. 'Die Freiheit an sich', das 'Gute an sich', man will sich mit solchen Bemerkungen von Vorurteilen und Missverständnissen freihalten, aber es kommt nicht wirklich Konkretes dabei heraus. Zurecht hat also Schopenhauer erklärt, dass das ‚Ding an sich' etwas Subjektbezogenes ist, nämlich der subjektbezogene Wille.

S. Freud hat dieser Feststellung allerdings eine weitere Nuance bzw. Uminterpretation hinzugefügt. Er sagt, dass es sich dabei nicht um den Willen handelt, sondern um das Wollen. Der Wille ist etwas zu Bewusstes, zu sehr mit dem eigenen Ego Verbundenes. Dagegen ist das Wollen mehr etwas Unbewusstes, ein Etwas, ein ES, das in uns will. Freud nennt es daher auch einen Trieb, eine psychophysische Strebung, die wir mit unserem Ich nicht so leicht kontrollieren können. Obwohl Freud also vom Trieb spricht, erinnert das Ganze auch sehr an den Spruch in der Bibel, wonach der Geist weht, wohin er will, und die Sache also damit wieder verschoben wäre in den Bereich eines ‚Ding-an-sich Willens', nämlich eines göttlichen Wollens. Damit ist das Ganze aber wirklich nur verschoben und für die heutige wissenschaftliche Zeit nicht besser geklärt. Mit diesem göttlichen Geist kann man natürlich alles erklären, aber noch weniger beweisen, als es Kant schon getan hat. Das gleiche Problem gibt es mit dem von Schopenhauer verwendeten Wort Vorstellung.

Auch diese ist etwas viel zu Bewusstes. Wenn wir uns an das Freud'sche Unbewusste halten wollen, müssen wir auch hier erkennen, dass die eigentliche Vorstellung, um die es hier neben dem Willen – bzw. ja jetzt besser dem Wollen – gehen soll, nicht eine Vorstellung durch Imagination, durch Einbildungs- oder Vorstellungskraft ist. Es handelt sich vielmehr um eine primäre Wahrnehmung, um eine Erscheinung, um etwas, das sich zeigt, vorn hinstellt, ausstrahlt. Ich schlage daher für das Weitere ein anderes Vorgehen vor.

Ich stütze mich wieder auf Lacan. Bei ihm beginnt das Leben, vor allem das mit einer entsprechenden Psyche ausgestattete menschliche Sein, mit zwei Grundfunktionen: der 'Ähnlichkeit', die er auch eine erste dialektische Kategorie nennt (Seminar II, Walter, 1980, S. 180), und der 'freien Assoziation' wie sie in der Psychoanalyse als etwas ebenso Grundlegendes verwendet wird. Bleiben wir zuerst einmal bei der Ähnlichkeit. Sie ist an die Wahrnehmungsfunktion gebunden, d. h. vereinfacht: Die ursprünglichste, primäre Wahrnehmung ist nichts anderes als ein Spiel, ein Vergleichsprobieren mit Ähnlichkeiten. Wir sind also wieder bei den Erscheinungen, bei dem Etwas, das sich zeigt, ausstrahlt und nicht absichtlich und bewusst vorgestellt wird. Psychologisch und angewandt auf den Menschen heißt dies, dass die erste Identität des Menschen eine mit einem Objekt (Lacan spricht auch von einem wesentlichen Zug eines Objekts, z. B. der Mutter) ist, mit dem man sich eben irgendwie identisch fühlt oder weiß oder glaubt. Hat man sich dann in die symbolische Welt der Sprache mehr und mehr hineingefunden – was beim Menschen ja von Anfang an der Fall ist – , taucht beim freien Assoziieren nunmehr sofort dieser wesentliche Zug des Objekts wieder auf, ja, er strukturiert wahrscheinlich und wesentlich all seine Äußerungen. Der Psychoanalytiker kann sie dann deuten, am Ende steht dann vielleicht das ‚Ding an sich' nunmehr als das - wie viele Analytiker sagen - 'konstante Objekt' oder - wie man verbessern könnte – als 'ideales Objekt' da.

Doch wir sind damit weiterhin nicht am Ziel. So einfach ist es nicht. Ein 'ideales Objekt' gibt es in der Psychoanalyse eigentlich nicht. Kehren wir also nochmals zur Ähnlichkeit und zur primären Wahrnehmung zurück. Wenn die ersten Identifikationsmodi aus Ähnlichkeitsbeziehungen in der Wahrnehmung stammen, befinden wir uns tatsächlich in dem gleichen Teufelskreis, in dem Kant und Schopenhauer und z. T. auch noch Freud sich befunden haben. Wir taumeln von einer Identität in die nächste. Mal sind wir Mann, mal Steuerzahler, mal Kreis, mal taumelndes Etwas usw. Um das alles in einen einigermaßen geordneten Zusammenhang zu bringen, bedarf es tatsächlich ebenso der 'Assoziation', die – ob frei geäußert oder nicht – zu einer Konstanz, zu einem das Symbolische, die Sprechordnung nutzenden Halt gelangen muss. Die Ähnlichkeit, selbst wenn sie „ultrareduziert" und kompakt ist, wie ich es schon beim Subjekt-Bild gesagt habe, kann diesen Halt nicht im allerletzten Sinn erfüllen. Es muss von der Ultrareduziertheit der Sätze etwas dazukommen. Erst dann kann dieser Halt ein perfektes Subjekt sein, ein Allgemeinwesen, ein Staat oder etwas in dieser Art. Nur wo kann man von einem 'idealen Objekt' sprechen. Um dahin zu gelangen, müssen wir die Ähnlichkeit und die Assoziation also in einem neuen und weiterführenden Verfahren bündeln. Denn selbst die klassische Psychoanalyse reicht hier nicht aus.

5. Gehirn, Meditation und automatische Psychoanalyse

Eric Kandel und die Neuroästhetik

Eric Kandel ist sicher einer unserer größten Wissenschaftler. Er ist Nobelpreisträger, Mediziner, Biologe, Hirn- und Gedächtnisforscher. In seinem neuesten Buch „Das Zeitalter der Erkenntnis: Die Erforschung des Unbewussten in Kunst, Geist und Gehirn von der Wiener Moderne bis heute" versucht er nicht nur, einen umfassenden Einblick in seine Arbeit zu geben, sondern noch darüber hinaus eine Überschau und neue Theoretisierung des Freud´schen Unbewussten zu vermitteln. Immer wieder kommt er auf Freud zurück, der den Grundstein zu diesen Wissenschaften gelegt und auch Zusammenhänge mit der Kunst diskutiert hat. Doch man hat von Anfang an das Gefühl, dass Kandel die Freud´sche Psychoanalyse, aber auch die Psychoanalyse im Allgemeinen nicht verstanden hat.

Im Jahr 1911 weilte S. Freud in Südtirol am Ritten, um seine silberne Hochzeit zu begehen und über den Ursprung der Religion nachzudenken. Bekanntlich war das Ergebnis der Gedanke, dass die Religion aus dem Mord am Vater und der diesbezüglichen posthumen Schuldgefühle entstanden ist, indem man dann diesen toten Vater zu einem Gott erhob. Natürlich genügte es auch, wenn man den Vater so richtig missachtet hatte und nach seinem Tod in Angst- und Schuldgedanken verfiel. Doch gab es für die Entstehung der Religion auch andere Motive. Schließlich sind die ersten Religionen ja aus einem allgemeinen Animismus entstanden. Man hielt alles für belebt, manches war furchterregend, manches positiv inspirierend. Eine derartige Auffassung würde sich – psychologisch gesehen – mehr auf die Mutter beziehen, die – so würde man es psychoanalytisch erklären – für das Kleinkind noch ein unkontrolliertes Über-Ich darstellt. Noch hat der vater (den ich hier jetzt absichtlich klein schreibe) in diese allumfassende belebte Mutterwelt nicht so hineingewirkt, dass er ein verlässliches Stabilitätsmoment in diesen Animismus und in dieses unkontrollierte Über-Ich eingebracht hätte.

Erst ein durch das Leben erfahrener und durch erste Sprachelemente sich etwas differenzierter ausdrückender Vater konnte ein kontrollierteres Über-Ich bewirken.[48] Dieses war also, wie man heute ja noch an psychisch Kranken oft sehen kann, zwar kontrollierter, aber auch sehr streng und rigide, und so ähnlich verhielten sich ja auch die ersten Götter. Sie waren zwar fixe Größen, aber oft hart und willkürlich. Ob man also Mord und Schuldkomplexe gegenüber der Vaterfigur oder wechselnde Zustände, mal hypomanisch, mal grausam vernichtend in Bezug auf die Mutterfigur (Ishtar, Kali, Kybele, Rachegöttinnen etc.) annimmt, ist eigentlich egal. Die Mutter- und Vaterfiguren nehmen durch die Vergöttlichung zwar ein Stabilitätsmoment an, das aber dann nur schlecht und recht dem gesellschaftlichen Leben einen zeitweiligen Inhalt gibt.

So ist es auch noch heute. Unsere Götter sind jedoch nicht mehr kulturbildende Götter und Heilige, die kontrolliert, aber tot oder unkontrolliert lebendig sind, sondern Wissenschaftler, die uns weiterbringen, aber auch zurückwerfen können. Denn so wie Gott keine Garantie dafür war, dass das Leben friedlich verlief, so machen auch Wissenschaftler Fehler. Aber so wie es früher schwierig war, sich gegen Gott und seine heiligen Vertreter zur Wehr zu setzen, ist es eben heute mit den Wissenschaftlern. E. Kandel kritisiert Freud insbesondere dahingehend, dass dieser von der weiblichen Sexualität nichts gewusst hätte. Kandel beschäftigt sich vorwiegend mit den Künstlern Klimt, Schiele und Kokoschka, die die weibliche Erotik offen, ja geradezu provozierend gezeigt haben, während er Freud zitiert, für den das weibliche Sexuelle ein „dunkler Kontinent" geblieben ist. Diese Bilder, die oft masturbierende weibliche Akte zeigen, würden laut Kandel doch demonstrieren,

---

[48] Dieses Über-Ich kann selbstverständlich auch durch die Mutter und andere Bezugspersonen vermittelt sein, aber dann übernehmen diese Personen eben Vaterfunktion. Hier wird am deutlichsten, was mit der Kombination von *Signifikanten*, mit der symbolischen Ordnung, gemeint ist. Sie besteht nicht in einer totalen Vertauschungsmöglichkeit. Der „unscharfe Begriff" (auch eine Bezeichnung für *Signifikant*), der *Signifikant* Vater also, steht einfach etwas mehr dem *Spricht* nahe, der *Signifikant* Mutter dem *Strahlt*. Das lässt sich nicht einfach auch völlig umgekehrt auch so sagen.

dass die Frauen den Männern in der Erotik nicht nachstehen und oft die gleichen Phantasien haben. Doch Freuds Auffassung war folgende: Es gibt nur eine Libido, nur eine Art der erotischen Lust, die Freud als aktiv und männlich charakterisierte. In der sogenannten „phallischen Phase", so um das 4., 5. Lebensjahr herum, würden Mädchen wie Knaben zwar die gleichen Gefühle und Einstellungen für das Sexuelle erfahren. Aber dabei bleibt es nicht und zudem kann dies ja auch bedeuten, dass eine Seite dieser sexuellen Dualität völlig verdrängt oder abgespalten wird.

Erst später, in der „genitalen Phase" der Pubertät, würden sich dann Unterschiede für Jungen und Mädchen entwickeln. Der Begriff „phallisch" verweist auf die rätselhafte Tumeszenz dieses männlichen Organs, das Mächtigkeit, Potenz und eine Art Powerspiel vermittelt. So war es Freuds Auffassung, dass sich bei den Frauen eigentlich etwas Vergleichbares und doch auch ganz Eigenes, Weibliches und damit Anderes finden lassen müsse. Es müsse versteckt hinter dem mehr aktiven und männlichen, „phallischen" Sexuellen etwas typisch Weibliches geben, das inzwischen viele Psychoanalytiker mehr und mehr herausgearbeitet haben. Die Freud´schen Vorgaben eigneten sich nämlich nicht perfekt für eine Übertragung ins Weibliche.

Insbesondere Lacan hat daher gerade aus den Frühformen der libidinösen Entwicklung eine Lustform spezifisch als „weibliches Genießen" (jouissance féminine) herausgestellt, weil für die zu titulierende Form weiblicher Erotik die Wörter „sexuell" und „phallisch" gar nicht mehr passend sind. Es verhält sich vielmehr jedoch so, dass die Frauen dieses ihnen eigene Genießen – wie bereits zitiert – nicht schätzen, nicht richtig werten und entwickeln, dass es also irgendwie abgespalten bleibt, und die Frauen sich eben an das mehr männlich zu bestimmende Sexuelle anlehnen, z. B. eben in der „phallischen" Phase. Es gibt also einen Unterschied der Geschlechter, der allerdings gar nicht so einfach sichtbar gemacht werden kann, denn das „weibliche Genießen" wird nicht nur von den Frauen geringgeschätzt, es wird von der männlichen Seite her natürlich noch mehr verkannt, als es die Frauen selbst schon tun.

Genau hier liegt auch das Verkennen von E. Kandel in seinem neuen Buch.

Zur Verdeutlichung des Themas über die psychische Seite der Erotik und des Sexuellen bei Mann und Frau möchte ich Lacan anführen: In seinem XX. Seminar, in dem es hauptsächlich um die Liebe und den Sex ging, zeichnete Lacan folgendes Schema (unten) an die Tafel. Zum einfacheren Verständnis betrachten wir nur die unteren Kästchen mit den großen Pfeilen. Das männliche Subjekt ist gespalten ($), denn es besteht auch noch aus der Identität mit Phi, dem griechischen Buchstaben Φ, dem phallischen *Signifikanten*,

Lacans Schema der Beziehungen - oder besser noch wie vom Kognitionswissenschaftler D. Hofstadter genannt: des „Beziehnisses" von Mann und Frau (des weiblichen und männlichen Signifikanten).

dem Symbol der Begehrenskraft, der als männlich konstituierten Mächtigkeit. Seine Strebungen richten sich auf das in der Frau gefundene Begehrensobjekt **a**, das Lacan mit kleinem a schreibt, weil es zwar **a**nderes ist, aber doch auf der eigenen und gleichen libidinösen Ebene liegt, während groß **A**, der/das wirklich und total *Andere,* der Ort der symbolischen Ordnung ist, Ort der Sprache, Ort der *Signifikanten* und hier somit auch Ort der „sexuellen Wahrheit".

Wo das Der des Mannes noch verständlich ist, weil hier – im libidinösen Bereich – jeder Mann doch irgendwie gleich „Der Mann" ist, ist das Die der Frau nicht so universalierend (um sie als Die generell zu definieren) zu gebrauchen und daher Dίe geschrieben. Die Frau ist vielschichtiger. Ihre Strebung richtet sich zwar auf die scheinbare Mächtigkeit des Mannes in Φ, schließt sich aber auch in ihr selbst zum Kreis, ausgedrückt mit dem S (A). Als Subjekt ist sie nicht so gespalten wie der Mann, sie hängt auch am **A**, diesem wichtigen *Anderen* der Bedeutungsgebung, jedoch nur in gebrochener, deswegen schräggestrichener, Form. Eben, sie glaubt, dies durch die Anlehnung an Φ ausgleichen zu können, so wie der Mann glaubt, seine autoerotische Selbstliebe im Gebrauch von **a** befriedigen zu können. Der Mann findet die „sexuelle Wahrheit" nur durch die Frau, doch die Frau sagt sie ihm nicht, da sie ihr ureigenstes, ihr spezifisch originäres Genießen nicht mehr so genau weiß oder es für sich behalten möchte. Im oberen Kästchen der Abbildung sind die gleichen Verhältnisse in Form der Quantorenlogik (All- und Existenzquantor) ausgedrückt.

Kandel schwelgt also in der weiblichen Erotik, die in seiner Darstellung aber nichts anderes als ein männliches Sexuelles ist. Doch er hat Freud nicht nur diesbezüglich falsch interpretiert. Gerade auch auf dem Gebiet des Gedächtnisses, auf dem er doch so erfolgreich gearbeitet hat, macht er einen entscheidenden Fehler. Kandel hat bei der Aplysia-Schnecke biologische Formen des Gedächtnisses entdeckt und sogar nachgewiesen, wie kurzfristige und langlebige Gedächtnisformen sich biologisch unterscheiden. Auch unterscheidet er im Einklang mit anderen Neurowissenschaftlern und Kognitionsforschern das implizite, unbewusstere vom expliziten, besser zugänglichen und erinnerbarem Gedächtnis. Doch selbst wenn man diese Unterscheidung für das Freud'sche Konzept so beibehält, weiß Kandel nicht, dass das Gedächtnis bei Freud nichts mit Biologie zu tun hat. Bei Freud ist es so, dass das, was am besten im Gedächtnis gespeichert ist, am schlechtesten erinnert werden kann.

Es handelt sich bei Freud nicht um neurobiologische Vorgänge, sondern um seelische Abwehrmechanismen wie etwa Verdrängung und Spaltung, die Affekte und Bedeutungen ständig so sehr wegschieben und unterdrücken, dass sie möglichst nie mehr ins Bewusstsein treten können sollen, obwohl sie gerade durch den Verdrängungs- und Spaltungsmechanismus fest im Unbewussten gespeichert bleiben. Lacan hat diese Art des Gedächtnisses, das nichts erinnert, aber alles bestens speichert, mithilfe der Linguistik zu beschreiben versucht. Der Begriff des *Signifikanten* spielt hier eine große Rolle. Er ist so etwas wie ein „Bedeutungsmacher", realer „Bewahrheiter", wie ich es ja hinsichtlich der „sexuellen Wahrheit" in der Geschlechterbeziehung schon ausgedrückt habe. So könnte man die Fortpflanzung beim Menschen eine biologische Wahrheit nennen, wenn man bedenkt, dass ein Paar sich hier ja auch vorausschauend, planend betätigt. Die erotische, sexuelle Wahrheit ist aber vielleicht gar nicht wirklich zu sagen, so komplex scheint sie zu sein.

Und so haben wir auch einen Übergang zu einem weiteren Irrtum Kandels. Das Wort „Wahrheit" kommt in seinem Buch nämlich nicht vor. Kandel hält es mehr mit dem Wissen, und das ist gut so. Kreativität liegt nach Kandel darin, dass das menschliche Gehirn zu mehr und mehr Wissen über die Welt verleitet und so den Menschen mit einer Kreisbewegung von Biologie, Gehirn und Kunst krönt. Dabei verlaufen die meisten dieser Vorgänge – genau wie Freud es gesagt hätte – unbewusst. Doch was ist dann die Psychoanalyse? Hier wird doch das Unbewusste bewusst gemacht, und zwar dadurch, dass der Proband erzählen muss, was immer ihm gerade einfällt. Das Unbewusste ‚lügt nicht'", zitiert Kandel, aber wie sagt es dann die Wahrheit? Indem der Analytiker aus den freien Assoziationen mithilfe seiner „gleichschwebenden Aufmerksamkeit" Deutungen bastelt, *Signifikanten* enthüllt, kommt so die Wahrheit, wenigstens große Teile davon, über die menschlichen Beziehungen heraus. Nicht nur oder nur vordergründig kommt das Wissen heraus, sondern in erster Linie ist es die Wahrheit, die wichtig ist, weil sie es ist, die die Symptome erzeugt hat. Das Wissen muss der Wahrheit dienen und nicht umgekehrt. Bei Kandel dient das Wissen immer neuem Mehr-Wissen, was Lacan den typischen Universitäts-Diskurs nennt. Hier nimmt das Wissen eine Macht an und hat nichts mit Liebe zu tun, die enthüllend wirkt.

Auch die Kommentatorin E. von Thadden kritisiert im ZEIT-Magazin (Nr. 41, 2012) an Kandels neuem Buch, dass zwischen seinen hervorragenden Darstellungen neurowissenschaftlicher Zusammenhänge einerseits und der Psychoanalyse sowie der Kunst andererseits eine Kluft bleibt. „Wo ein spezifisches Ich sein müsste, findet sich bei Kandel nichts außer dem generellen Menschen an sich", schreibt von Thadden. Dieser Mensch ist bei Kandel zwischen dem „Bottom Up" von Neurotransmitter- und anderen biologischen Basalgehirn-Informationen und dem „Top Down" höherer neurologischer Vernetzungs-Konzepte eingespannt. Dabei dominiert das „Top Down". Nur so etwas wie die Neuroästhetik der Kunst vermag eine kleine Vermittlung herzustellen, denn bei Kandel ist auch der Künstler nur ein neurobiologischer Mensch. Die freien Einfälle des Patienten in der Psychoanalyse weisen jedoch ein ganz anderes „Bottom Up" auf, das mehr linguistischer und symbol-semantischer Art ist.

Der Analytiker muss zwar den in diesem freien Sprechen versteckten Anspruch auf das zurückführen, was Freud den Trieb nennt. Doch der Trieb ist bei Freud nicht eine vorwiegend biologische Größe, sondern eher eine real-imaginäre, mathematische. „Die Triebe sind mythische Wesen", schreibt Freud, „großartig in ihrer Unbestimmtheit". Diese Aussage erinnert an Gödels Unvollständigkeitstheorem und an die Unbestimmtheitssätze des Physikers Heisenberg oder des Semantikers G. Gamm. Letzterer ist der Ansicht, dass man ohnehin nichts mit Bestimmtheit sagen kann, egal, ob man es jetzt als Dichter oder als Wissenschaftler tut, ob man von Sex redet oder von sonst etwas.[49] Für jedes also noch so philosophische Sprechen gilt das Gleiche, was Heisenberg schon vor langer Zeit für die Physik formuliert hat: eine Unschärferelation, eine Unbestimmtheit. Sie ist jedoch der Bottom, von dem an es aufwärts gehen muss.

Die schreckliche Tatsache, dass wir mit einer derartigen Unbestimmtheit leben müssen, gleicht Freud eben dadurch aus, dass er die Subjekte aus ihrem Innersten heraus reden lässt und darauf achtet, ob man all das Geäußerte in irgendeine Ordnung bringen kann, eine Ordnung zum „Up" hin, ja zum „Top". Diese Ordnung bezieht er letztlich aus der Mathematik, indem er versuchte, die Triebe auf ein Minimum zu begrenzen, nämlich auf zwei (Eros-Lebens- und

---

[49] Gamm, G., Nicht nichts, Studien zu einer Semantik des Unbestimmten, Suhrkamp (2000) S. 227

Todestriebe, bzw. Lacans Schau- und Sprechtrieb), als die grundlegenden zwei Kräfte nominiert. Die Einheit hinter diesen Kräften bleibt unbestimmt, weil es in der Psychoanalyse dem menschlichen Subjekt selbst überlassen bleibt, dafür einen Namen, ein „Objekt", eine Antwort aus dem Unbewussten zu finden. Die Vorstellung eines einzigen allmächtigen Gottes konnte daher keine Gültigkeit mehr haben. Gott ist eine hinter oder auch über diesen Kräften stehende virtuelle Einheit und repräsentiert somit auch die Eins als solche: mathematisch-real. Um diese Einheit, Eins-heit, ringt auch Kandel durchaus verständlich und legitim. Aber die Neuroästhesie, die er dafür findet, ist eben keine wirkliche Lösung. Sie bleibt zwischen Neurowissenschaft und Kunst gespalten. Wie sollen sich Künstler und Neurowissenschaftler sozusagen am grünen Tisch einigen? Kandel müsste dem „spezifischen Subjekt" (so von Thadden) mehr Fähigkeiten einräumen, wie es die Psychoanalyse tut.

Ich vermute, dass Kandel hier auch ein persönliches Problem hat. Als er nach Amerika auswandern musste und dort Medizin studierte, hatte er beste Kontakte zu Psychoanalytikern. Kandel war fest entschlossen, ebenfalls Psychoanalytiker zu werden. Einer der bekanntesten Analytiker war Ernst Kris, mit dessen Tochter Anna Kandel eine Beziehung einging. Kandel lernte auch H. Hartmann und R. Loewenstein kennen, alle emigrierte und renommierte Analytiker. Dennoch kam es später zu einer Wende. Kandel wandte sich von der hochinteressanten Psychoanalyse ab und der biologischen Gehirnwissenschaft zu. Gleichzeitig brach er die Beziehung zu Anna Kris ab. Ich glaube, dass das Wagnis, sich selbst analysieren lassen zu müssen und dabei sein Innerstes preiszugeben, Kandel doch lieber in die sicheren konservativen Spuren der Naturwissenschaften zurückkehren ließ. Aber der Wert, die faszinierende Bedeutung und der Wahrheitsbezug der Psychoanalyse verfolgten ihn sein ganzes Leben weiter. Auch in seinem ersten Buch „Auf der Suche nach dem Gedächtnis" kommt er immer wieder auf die Psychoanalyse zu sprechen. Es ist typisch, dass er glaubt, sie zu kennen und davon zu wissen, sodass er in dem hier erwähnten zweiten Buch den Eindruck machen konnte, er würde Freuds

Wissenschaft abrunden und vollenden können. Dies merkt auch E. von Thadden in ihrer Rezension an. Dabei ist jedoch klar, dass Kandel die Psychoanalyse gar nicht verstanden hatte und sie ja auch gar nicht verstehen durfte, weil er das Tiefste in ihm selbst nicht erfahren wollte. Schade, er wäre sicher ein guter Analytiker geworden und hätte vielleicht eine neue Wissenschaft kreiert, wäre er bei Kris, Hartmann und Löwenstein, dem großen Triumvirat der frühen Psychoanalyse, geblieben.

Meditation und Gehirn

Etwas anders geht H. Hilbrecht in seinem Buch mit dem obigen Titel vor, indem auch er versucht, Meditation möglichst neurowissenschaftsnah zu beschreiben. Seine eigene Erfahrung ist zwar ganz stark von buddhistischer Meditationstechnik (Vipassana) her bestimmt und getragen, dennoch bemüht er sich auch um eine Abstützung an neuesten Forschungen der Neurowissenschaftler. Er beschreibt Kandel vergleichbar, wie durch wissenschaftliche Untersuchungen belegt ist, welche und wie verschiedene Gehirnareale durch Meditation beeinflusst werden. So stellt er beispielsweise den präfrontalen Cortex (Stirnhirnbereich) und hier insbesondere den orbitofrontalen Bereich (nahe der Augennervenkreuzung im Gehirn) als wesentlich zentral für die Konzentration in der Meditation heraus. Es ist auch beruhigend zu lesen, wenn er schreibt, dass belastende Erfahrungen in der Meditation wie Halluzinationen und Verwirrungen eben nur Folge vorübergehender und einseitiger Gehirnerregungen sind, die schon bald durch reifere Meditationserfolge beseitigt werden können.

Im Gesamt seiner Darstellungen erklärt er zwei Phänomene als wesentlich, wie sie auch im Zentrum meines Verfahrens der *APK* stehen: einerseits eine kathartische Erfahrung, die mit einem Durchströmen des Körpers und visuellen Mustern einhergeht, andererseits eine tiefe innere Stimme, die kurz gefasst und wie aus der Ferne des eigenen Inneren herkommt. Was das erstere angeht, spricht er von einer unglaublichen Klarheit und „Leere" des Bewusstseins, zu der er Buddhas Ausspruch „Leere ist Form und Form ist Leere" zitiert. Das heißt, es handelt sich wie bei dem

Strahlt zwar um ein „ultrasubjektives Ausstrahlen" (ein Begriff J. Lacans für dieses Phänomen), Ausdehnen, das aber keine feste Form annimmt und so sich in sich selbst formt.

Was das zweite angeht, das natürlich mit dem *Spricht* korreliert, so unterscheidet Hilbrecht erst einmal zwei verschiedene Formen des Denkens: das sprachliche Denken, über das wir meistens verfügen, weil wir alles, was wir denken und planen, uns selbst gegenüber in eine verbale Form fassen. Und sodann das intuitive, unbewusste Denken. Schon S. Freud hatte davon gesprochen, dass es im Unbewussten ein eben unbewusstes Denken geben müsse. Dies war nicht als ein rein bildliches Denken zu verstehen gewesen. Es ging bei Freud eher um ein verborgenes, entstelltes, dem Bewusstsein nicht so einfach direkt zugängliches „Denken", das eigentlich nur einen ganz knappen Gedanken enthielt. Es ging also mehr um ein verborgenes Motiv, um ein Symbol oder zumindest ein symbolisch und das heißt ja wieder irgendwie sprachartig verfasstes Zeichen (Lacan spricht hier dann eben vom verbalen *Signifikanten*). Ich habe in meinen Veröffentlichungen etliche Beispiele für das Auftauchen solcher knapper „innerer Sätze" (auch ein Begriff Lacans für das Unbewusste) in der *APK* gebracht.

Hilbrechts Buch hat Vor- und Nachteile. Die Vorteile der wissenschaftlichen Abstützung und der einfachen Erklärungen habe ich erwähnt. Nachteilig ist, dass er zur Erklärung der Praxis wissenschaftlich nicht belegte buddhistische Techniken anführt und auch in seiner gesamten Konzeption sehr stark dem asiatisch gefärbten Hintergrund und allgemein mehr mythischen Einteilungen (etwa der Meditationsstadien) verbunden bleibt. Er hat sozusagen auf der einen Seite den festen Boden der Gehirnwissenschaft benutzt aber auf der anderen rein mythisch-buddhistische Vorstellungen favorisiert. Was ihm fehlt, ist ganz einfach ein Stück verbindender und vermittelnder Psychoanalyse. Die auf einer Psychosemiotik oder Konjekturalwissenschaft aufbauende Psychoanalyse stützt sich weder auf die Naturwissenschaft, noch auf die Geisteswissenschaften und auch nicht auf die ja als mythisch oder magisch zu bezeichnende antike Wissenschaft (etwa die der alten Griechen oder die der Anthroposophie), die nichts mit moderner Wissenschaft zu tun hat.

Die Psychoanalyse beruht auf einem intersubjektiven Verfahren. Sie geht davon aus, dass es Kräfte, Triebe gibt, die zwischen den Subjekten wirken und durch eine offene, bis ins Irrationale hineingehende Kommunikation enthüllbar und ausdrückbar sind. Ganz wichtig waren hierbei Erkenntnisse der Linguistik (Semiotik, Semantik), wie sie z. B. von J. Lacan ausgearbeitet wurden. Natürlich kann man aus der klassischen, herkömmlichen Psychoanalyse keine Meditationsverfahren entwickeln. Wohl aber aus einer von ihr abgewandelten und in gewisser Weise sogar „andersherum" gestalteten Form. Denn derartige Formulierungen wie die des *Strahlt / Spricht* und der *Formel-Worte* eignen sich viel besser als Grundlage, als grundlegende Namen, *Signifikanten* für den Meditationsvorgang, als etwa Begriffe aus der Naturwissenschaft oder gar aus spirituell-spiritistischen Verfahren.

Gerade weil das Paar *Strahlt/Spricht* Bezeichnungen in der 3. Person Singular enthält, ohne dass ein dazugehöriges Subjekt feststeht, sind es eigene, in sich selbst gefasste Wesenheiten, die dem Triebbegriff der Psychoanalyse entsprechen. Doch das Wort Trieb ist leicht missverständlich. Freud selbst schwankte damit zwischen biologischen und literarischen Wesenheiten hin und her. Lacan stellte sie den *Signifikanten* nahe, sozusagen Ausdrucks- oder Bestimmungskräften, oder einfach direkt „Bedeutern", „Bestimmern". Auch der ausschließlich linguistische Bezug ist von der Sprachwissenschaft her nicht zu bekommen, und auch Semiotik und Semantik können nur weitere Annäherungen liefern. Dennoch sind die Triebe in der Psychoanalyse Prinzipien primärster Natur. Allerdings gibt es ein kleines Problem mit den Bezeichnungen Eros-Lebens-Trieb und Todestrieb als den zwei Grundkräften, -trieben, -prinzipien.

Besser ist es eben vom Erscheinen, Wahrnehmen, „Strahlen", von der Sichtung als solcher auszugehen und dieser das Sich-Entäußern, Verlauten, Rede, „Sprechen" gegenüber zu stellen. Der Todestrieb ist ein gewisser Widerspruch in sich selbst. Dennoch muss man ihn nicht gänzlich verleugnen. Im *Spricht* steckt ein bisschen von ihm, denn schon Hegel sagte, dass das „Wort der Mord der Sache" wäre. Im Sprechen „entdinglichen wir uns, wir bleiben dem sprachlichen Denken nahe und nicht dem von Hilbrecht erwähnten „intuitiven Denken". Nun ist das intuitive Denken an sich kein Garant für die Wahrheit oder gar für die Wissenschaftlichkeit. Dazu braucht es dann eine wissenschaftlich begründete Meditation d. d. sie muss selbst auf der Wahrheit als Ursache gründen. Dann spielt das Gehirn nur eine Nebenrolle.

Es ist gut zu wissen, dass sich bei der Meditation die orbitofrontale Region besonders anstrengen muss, aber dass man durch Halluzinationen und andere belastende Erfahrungen hindurch muss, ist nicht notwendig. Man muss auch nicht erst sechs oder sieben Stufen oder Phasen durchlaufen. Man kann sofort mit der einen entscheidenden Stufe oder Phase beginnen, nämlich der Konzentration auf das *Strahlt/Spricht* mit Hilfe von Formulierungen, die dem Unbewussten selbst entnommen sind (diese sogenannten Formel-Worte habe ich an vielen Stellen erklärt). Freilich muss man das Vorgehen bei der *APK* erst intellektuell verstanden haben. Doch dadurch hat man auch den Vorteil, im intellektuellen Zusammenhang zu allen Wissenschaften verbleiben zu können. Man muss sich nicht buddhistischen Orientierungspunkten an Händen und Füßen, wie sie Hilbrecht beispielsweise empfiehlt, emporarbeiten. Man bleibt immer im gleichen Vorgehen, das den Verstand und auch das sprachliche Denken nie völlig ausschaltet, auch wenn es zeitweise sehr stark reduziert wird.

Auch ein anderer bedeutender Neurowissenschaftler, D. J. Linden, bietet uns eine interessante These zu der Thematik dieses Kapitels. Geradezu im Gegensatz zu Kandel und Hilbrecht betont er, dass das menschliche Gehirn kein „intelligentes Design", keine perfekte oder großartige Maschinerie ist, sondern eine durch die Evolution geschaffene „Flickschusterei, eine Behelfslösung, ein Kuddelmuddel".[50] Dass das Ganze trotzdem funktioniert, liegt daran, dass es umgekehrt ist wie in der Religion und auch bei den

---

[50] Linden, D. J., Das Gehirn, ein Unfall der Natur, Rowohlt (2010) S. 282

Kreationisten, die ja in Amerika eine große Machtstellung haben und glauben, dass ein „intelligenter Designer" (daher der obige Ausdruck) das Gehirn geschaffen habe. Es sei vielmehr so, sagt Linden, dass das Gehirn sich seinen Gott selbst erschaffe, indem es trotz Kuddelmuddel doch einigermaßen funktioniere, also sich wohl einen Herrn im Kopf erzeuge. Ein derartiges Statement ist allerdings auch nicht ganz gelungen. Es ist zu ungenau, zu spekulativ, wenn auch interessant.

So schreibt der Philosoph A. Noë in seinem Buch „Du bist nicht dein Gehirn", dass wir uns heutzutage viel zu sehr von den Neurowissenschaften beeindruckt zeigen. Gewiss ist es gut, wenn man bei Psyche-, Geist- und Bewusstseinsfragen die Rolle des Gehirns mit erklären kann, aber wesentlich ist es nicht. Für A. Noë liegt das Bewusstsein und das Seelische in erster Linie nicht im Gehirn, sondern im Kontext, in dem das Lebewesen mit seiner Umwelt und anderen Lebewesen steht und dynamisch interagiert. Dieser Kontext ereignet sich also eher in einer Art von hypersphärischem Raum, zu dem das Gehirn wahrscheinlich eine intensivere und komplexere Beziehung hat als ein einfacher Stein oder sonst irgendetwas. Deswegen kann man also gelegentlich mal ruhig von Echo-Neuronen (als Pendant zu den erwähnten Spiegel-Neuronen) sprechen, wenn einem neurowissenschaftliche Bilder mehr liegen als andere. Aber der Begriff eines Echokontextes wäre vielleicht noch naheliegender. Er ist es, dem man Gott zuordnen könnte, so wie es auch der christliche Religionsphilosoph R. Spämann tat, als er sagte: „Gott ist ein unsterbliches Gerücht" (ein unsterblicher Kontext aller Wesen).[51]

Der Vorteil einer Geometrie des menschlichen Subjekts

Die Griechen, vor allem Thales und Pythagoras, waren wohl die

---

[51] Man könnte diesen Ausspruch negativ verstehen. Gemeint ist jedoch, dass noch ewig von Gott geredet werden wird und er gerade dadurch wesenhaft unsterblich ist. Er ist Sichtung in eine Unendlichkeit hinein und ebenso nicht stillstehende Rede. Dies gilt allerdings nicht für einen Gott der Konfessionen, egal ob christlicher, jüdischer, buddhistischer oder sonstiger etablierter, konfessioneller Art.

ersten, die zu erkennen glaubten und dies sogar nach Maßgabe einer antiken Wissenschaft auch belegen konnten, dass das Dreieck ein Mensch ist. In der durch die wunderbaren mathematisch-geometrischen Gesetze des Dreiecks bestimmten Form sahen sie den Menschen „energetisch" besser erfasst und definiert als in seinem üblichen und banalen äußeren körperlichen Aussehen. Doch schon lange vor ihnen hatten die Inder in verschiedenen Formen des Yoga ähnliche geometrische Gebilde wahrgenommen, die das Wesen des Menschen besser darstellen würden, als jede äußere Form. Ida, Pingala und Sushumna nannten sie die drei Kraftlinien, „energetischen" Meridiane, die den menschlichen Körper von unten nach oben und auch quer hindurch verschiedene „Chakras" durchziehen würden. Heutzutage finden wir in der Psychoanalyse J. Lacans wiederum die gleichen Strukturen vor, diesmal durch noch akribischere geometrische Gebilde, nämlich durch die Topologie ausgedrückt.

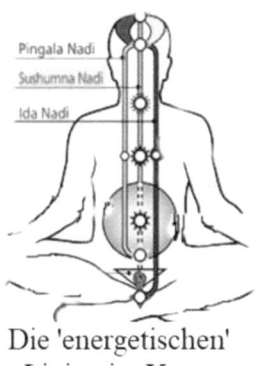

Die 'energetischen' Linien im Yoga

Lacan orientierte sich an der sich aus der klassischen Euklidischen Geometrie heraus kristallisierenden Nicht-Euklidischen oder Einsteinschen Topologie und Knotentheorie. Das erwähnte und auf Seite 69 dargestellte Möbiusband ist eines der am meisten verwendeten Beispiele für die von Lacan verwendete Strukturdynamik. Auf diesem Band gibt es stets eine Vor- und Rückseite, und doch ist es nur eine in sich geschlossene Fläche, aus der es existiert. Damit ist das energetische Muster von Bewussten (Vorderseite) und Unbewussten (Rückseite) der gleichen Seelenfläche ausgedrückt. Lacan bezieht dies auch manchmal auf den mehr bewussten „Anspruch" des menschlichen Subjekts (Vorderseite) und dessen unbewussten „Trieb" (Rückseite), beides klassische Begriffe aus der Psychoanalyse. Ich möchte dieses Konzept von den antiken Figuren bis heute noch weiterführen, indem ich es aus der rein topologischen Betrachtung heraus zu einer praktisch-pragmatischen Anwendbarkeit „energetisch"-psychologischer Art bringe. Denn dies, nämlich eine gewisse Praxis, war ja anfänglich das Ziel des Yoga gewesen, während die griechischen Denker schon mehr auf die Theorie abzielten.

Während im frühen Yoga tatsächlich eine extreme Art der körperbezogenen Praxis vorherrschte, waren die alten Griechen zwar noch so sehr mit ihrer Geometrie verbunden, dass sie sich selbst wirklich als Dreieck fühlen und denken konnten, hatten jedoch auch klare theoretische Vorstellungen davon. Es ging also bei ihnen nicht nur um reine Abstraktion, so wie es in der modernen Geometrie der Fall ist, aber auch nicht nur um quälende Yogapraxis. In der Psychoanalyse wiederum teilen sich Therapeut und Patient diese Aufgabe. Der Therapeut hat selbst eine klare Theorie anhand eigener Praxis erlernen müssen und lässt den Patienten wieder die praktische Arbeit tun, bis dieser ebenfalls klare Einsichten und Vorstellungen von der ganzen Liniendynamik bekommt. Dennoch hapert die Geschichte ein bisschen: Die Therapie dauert Hunderte von Stunden und eine gewisse Körperbezogenheit der „energetischen" Linien kommt in der herkömmlichen Psychoanalyse nicht zustande.

Deswegen stelle ich hier ein anderes Konzept samt seiner Praxis vor. Das nebenstehende Bild hier oben links soll in Form der mit Pfeilen versehenen Linien wieder etwas nach der Art eines Möbiusbandes darstellen. Es kommt hier gar nicht so sehr darauf an, geometrisch exakt zu sein, die Topologie soll nur angedeutet werden, die Pfeile sollen nur eine bestimmte Richtung der Dynamik präsentieren. Oben im Kopf gibt es eine ungefähre Position in der Nähe von Auge und Ohr, denn diese Stelle zeigt den mehr nach außen gerichteten sensomotorischen Strom an. Dieser kann – etwa bei einer Meditation, aber beispielsweise auch im Traum – nach innen zurückgezogen sein und so eine umgekehrte Richtung annehmen. Von derartigen Umkehreffekten im Traum und im Unbewussten habe ich schon mehrmals gesprochen. Auch im alltäglichen Sprachgebrauch verstehen wir unter einem sich in sich Zurückziehen einen derartigen Umkehr-

Vorgang der üblichen sensorischen und motorischen Regungen. Neuropsychologisch wird man beim Zurückziehen von einer Konzentration mehr auf die zentralen Anteile des Gehirns sprechen. Die Schleife dieses möbiusartigen Bandes geht jedoch auch durch den ganzen Körper. Es gibt auch – neben der eben gerade beschriebenen mehr horizontalen Richtung – eine mehr vertikale Richtung und auch Miteinbeziehungen anderer Positionen wie etwa solche von rechts und links.

Doch nun gehe ich noch einen Schritt weiter. Das hier gezeichnete Band ist nicht eine „energetische" Linie allein. Der Begriff „energetisch" ist ohnehin schon fragwürdig, aber da Freud in seiner Psychoanalyse von der Libido als einer psychophysischen Energie sprach, lasse ich das Ganze einmal so stehen. Wichtig ist hier, dass die Figur des Meditierenden hier auch als Säugling eingezeichnet ist, dessen Bezug zur Mutterbrust (links oben) ja auch „energetisch" ist. Ja, die Brust wird sogar zum ersten symbolischen Objekt. Die Möbiusschleife hat sich hier sozusagen vom Imaginären (Bildhaften) zum Symbolischen (Worthaften) umgedreht. Bild- und Worthaftes, Sichtung und Rede stellen Vor- und Rückseite der insgesamt einen Fläche dar. Wenn der Säugling zum meditierenden Mann geworden ist, hat er allerdings eine um vieles erweiterte Symbolik durchlaufen. Er hat die gesamte Sprache gelernt, viele Begriffe verinnerlicht, doch jetzt – wenn er meditiert – muss er auch diese meist wieder weglassen. Statt der hier eingezeichneten

Brust muss in der Meditation dann das Nichts (das ich oben schon so herausgestellt habe) erscheinen. Doch das Möbiusband, die Geometrie, Topologie bleibt erhalten. Sie wird den Übenden ins Nirwana ziehen, bzw. stellt es selbst schon dar.

Für die *APK* muss man sich dieses Band nur noch zusätzlich beschriftet vorstellen. Dabei korreliert die Beschriftung genau mit der topologischen Dynamik. Es handelt sich nämlich bei der Beschriftung wieder um das oder die *Formel-Worte*, also eine Formulierung, die in sich mehrere Bedeutungen vereint. Ich bilde hier nochmals kurz ein derartiges, auf ein Möbiusband geschriebenes

Formel-Wort ab. Egal, ob diese Worte nun sehr intelligent sind oder nicht, man sieht sofort, dass selbst in der Schreibweise allein etwas topologisch Dynamisches steckt, und deswegen konnte ich gerade sagen, dass die rein geometrisch-topologische Figur nicht so exakt sein muss. Das Wesen der Verschiebungen und Verdrehungen all dieser vom Yoga und den alten Griechen bis heute gezeigten Graphen (so nennt man diese Gebilde mathematisch), liegt nämlich nicht nur in ihrer bildhaften, sondern mindestens genauso – wenn nicht mehr – worthaften Form. Insbesondere die Psychoanalyse ist angetreten, das Wesen dieser topologischen Strukturen als entscheidend vom Wort, vom *Signifikanten*, her bestimmt anzusehen.

Ich habe deswegen die Vokabel „energetisch" immer in Anführungszeichen geschrieben, weil diese hier ständig gezeigten Linien – vom Dreieck angefangen bis zum Möbiusband – wohl mehr auch „Wortlinien" sind, *Signifikanten*, Bedeutungsknoten. Nicht ein magischer „energetischer" Fluss bewegt sich in uns auf Meridianen auf und abwärts, nach links und rechts und im Kopf hin und her, vielmehr *Spricht* Es auch in uns rauf und runter und vor allem auch im Kopf hin und her. Und natürlich *Spricht* Es nicht rein verbal, druckreif, linguistisch, sondern meist nur angedeutet, auf etwas anspielend, und eben somit wieder zurückkehrend zur rein topologischen Struktur. Nur so, genau so ist das Unbewusste konstruiert. Es *Spricht* auf topologischen Bahnen (dem *Strahlt*) – und nicht auf rein logischen. Es ist Rede und zeigt auch, wie umwunden, gezirkelt, ineinander geschachtelt die Sichtung verläuft.

Wozu dient nun die ganze Abhandlung also? Sie dient dazu, dass ich den Stuss, der in der Wissenschaft ständig geredet wird, nicht auch noch weiter fortsetzen muss, sondern es dem Leser/Betrachter überlassen darf, was man mit diesen Bildern/Worten selbst machen kann. Man kann damit nicht nur theoretisch, sondern eben auch praktisch, körperbezogen, Wissenschaft treiben, ohne irgendwelche gelehrten Köpfe dazu ziehen zu müssen. Man kann mit seinem eigenen Unbewussten arbeiten und muss nicht das anderer erst auf sich nehmen. Eine exaktere und gleichzeitig so praxisnahe und für den Einzelnen daher direkt erfahrbare und ausübbare Wissenschaft kann es derzeit nicht geben.

Automatische Psychoanalyse

Der Titel ist etwas provozierend und meint das genaue Gegenteil der gerade erwähnten Freiheit des Einzelnen, der Subjektbezogenheit des Individuums in wissenschaftlicher Teilnehmerperspektive. Aber er bezieht sich auch – durchaus gerechtfertigt – auf neuere Bemühungen von Computerwissenschaftlern und Psychoanalytikern in Wien, die ja schließlich auch die Hauptstadt der psychoanalytischen Bewegung ist.[52] Diese sehr unterschiedlichen Autoren haben ein Buch geschrieben, wie die Freud'sche II. Topik – das Theoriemodell der menschlichen Psyche in der Form des Zusammenwirkens von Ich, Es und Über-Ich – auf dem Computer funktioniert. Sie glauben, dass Psychoanalytiker mit einer derartigen computergestützten Animation die Freud'sche Theorie besser verstehen und dass Computerwissenschaftler auf diese Weise „Maschinen mit „human-like intelligence" produzieren können. Doch schon dem Laien wird dies wohl etwas übertrieben klingen.

In ersten Stellungnahmen zu diesem Buch schreibt der IT-Philosoph G. Doeben-Henisch, dass schon der Top-Down-Ansatz, den die Autoren aus Forschungen über „Künstliche Intelligenz" heraus favorisieren, problematisch ist. Gerade in der Psychoanalyse, wo Erkenntnisse aus den „freien Einfällen" der Patienten gezogen werden, und daher durcheinandergeworfene Sätze, ja sogar verwirrende Träume als Basis dieser Erkenntnis dienen, kann man nicht plötzlich von oben her dem Ganzen ein Konzept aufstülpen (wie schon weiter oben erwähnt). Es ist dennoch verständlich, dass die genannten Computerwissenschaftler sich die Psychoanalytiker als Partner ausgesucht haben. Deren Konzepte erscheinen nämlich besonders intelligent und spezifischer ausgearbeitet.

---

[52] Bruckner, D., Dietrich, D., Simulating the Mind: A technical neuropsychoanalytical Approach, Springer (2009). Im Internet lässt sich auch der Artikel der gleichen Autoren: Psychoanalytical Model for Automation and Robotics herunterladen.

Arbeiten aus diesem Computerbereich, dessen Domäne auch die KI, die künstliche Intelligenz, ist, gibt es schon seit Jahrzehnten. Das Buch von dem Informatiker O. Wiener beispielsweise fasste bereits jahrelange Forschungen zusammen. Dem Autor zufolge waren Menschen „Maschinen im Sinne der Turingmaschine, die man als Komponenten eines umfassenderen Systems aus solchen Maschinen (eines `Orakels´, das das Universum ist) aufzufassen hat."[53] Wir müssten nur sprachverarbeitende (Sprechen) und bildverstehende (Schauen) Algorithmen in den Computer eingeben, um das Wesen eines derartigen künstlich Intelligenten zu erfassen. Ein weiteres Werk stammt von G. Görz.[54] Einer der Schwerpunkte der Autoren dieses Werkes liegt auf dem Begriff der Kognition. Die Autoren definieren Kognition als Erkenntnis, aber auch als Intelligenz, die sich zwischen Wahrnehmen und Handeln abspielen. In der Psychoanalyse hat so etwas kaum Bedeutung. Die denkende Erkenntnis des menschlichen Subjekts tritt für den Psychoanalytiker hinter dem eines dem Unbewussten unterstellten Subjekts weitgehend zurück. Das Unbewusste ist der eigentliche Psychismus. Und dieser zeigt sich eben mehr in Träumen, Versprechern und „freien Assoziationen", als in fertigen Vorstellungen von Kognition.

Allerdings spielen auch hier wieder sprachverarbeitende und bildverstehende Konzepte eine große Rolle. Schließlich gipfelt das Buch in den Vorstellungen über neuronale Netze, über die es inzwischen Hunderte von Veröffentlichungen gibt. Das Gehirn ist vernetzt wie ein Computer, und davon gehen auch die eingangs genannten psychoanalytischen Automatisierer aus. Nur haben sie nun erkannt, dass es noch höher und komplexer angesiedelte Netzwerke gibt, so wie eben dieses der Freud´schen II. Topik. Denn hier werden wirklich Psyche, Geist und komplex-komplizierte Seele dargestellt, und so etwas geht natürlich über die banalen neuronalen Netze hinaus. Doch die Psychoanalyse liefert kein absolut fertiges Modell in dieser Hinsicht.

[53] Wiener, O., Probleme d. Künstlichen Intelligenz, Merve (1990) S.106
[54] Görz, G., Einführung in die künstliche Intelligenz, Addison.W. (1995)

Die subjektbezogenen Erfahrungen in der Psychoanalyse sind so vielfältig und vielschichtig, so dass man ihnen nicht so einfach ein KI-Modell überstülpen kann, auch wenn sich dieses auf Ich, Es und Über-Ich bezieht. Die freien Assoziationen des Patienten legen auf jeden Fall ein Bottom-Up Konzept viel näher. „Diese subjektbezogenen Daten können nicht unter ein Paradigma empirischer Messungen subsumiert werden," schreibt Doeben Henisch daher weiter, „das wesentlich für die empirischen Wissenschaften ist. . . . In den letzten Jahren haben wir mehr über die Wichtigkeit subjektbezogener Daten gelernt, insofern sie notwendige erkenntnistheoretische Hinweise für ein tieferes Verständnis empirischer Strukturen sind. Wir haben auch über die Notwendigkeit gelernt, zu versuchen, formale Modelle dieser subjektbezogenen Daten zu entwickeln." Doeben-Henisch weist auch darauf hin, dass dies besser ist als eine „magische" Umformung nicht-empirischer Daten in empirische Tatsachen, wie es die Wiener Psychoanalyse-Automatisierer tun.

Fassen wir noch einmal kurz zusammen. Künstliche Intelligenz besteht im Wesentlichen aus sprachverarbeitenden und bildverstehenden Elementen, die im Sinne einer Kognitionsfähigkeit oder eines Intelligenzmoduls vernetzt sind. Grundlage war jahrzehntelang die neuronale Vernetzung, wie sie unter den Milliarden von Nervenzellsträngen im Gehirn realisiert ist und daher auch in einem Computer simuliert werden kann. Doch das war den Computerwissenschaftlern eines Tages nicht mehr genug. Sie haben eingesehen, dass das Gehirn nicht die ganze menschliche Seele, Verstand, Gefühl, Erkenntnis und vielleicht sogar Vernunft darstellt. Dieses könnte vielmehr durch den bei Freud vorzufindenden „mental apparatus", durch Freuds Konzept der menschlichen Psyche in Form von Ich, Es und Über-Ich, viel besser formuliert sein. Also wurde dieses Konzept noch etwas vertieft und erweitert und sodann computerisiert.

Das funktionelle Modell des psychischen Apparats von Bruckner und Dietrich ist zu komplex, um es hier bildlich darzustellen. Es ist sicher von der Theorie her zutreffend und interessant. Doch wie schon Doeben Henisch argumentierte, ist die Freud'sche II. Topik nicht das Alleinseligmachende der Psychoanalyse. Inzwischen sind wieder hundert Jahre vergangen und verfeinerte Konzepte wurden entwickelt. Vor allem die Schriften J. Lacans haben andere Schwerpunkte herausgearbeitet, die so aussehen, als würden sie sich wegen ihrer psycholinguistischen Stringenz viel besser für die Computerwissenschaftler eignen. Aber in Wirklichkeit würden die KI-Leute sich an Lacan die Zähne ausbeißen. Denn so wie man Lyrik nicht computerisieren kann, so wenig geht dies auch mit der Lacanschen, sich in ständigen Anspielungen konterkarierenden Dialektik.

Zudem: Was fängt man in der Praxis mit diesem computerisierten funktionellen Modell an? Gemeint ist vor allem die psychoanalytische Praxis, die ja nicht nur für das erwähnte Vorgehen im Sinne eines Bottom-Up wichtig ist, sondern auch für die direkte Handhabe, für den therapeutischen Erfolg. Die *APK*, deren Konzept sich an Lacan anlehnt und sowohl dem Bottom-Up wie auch dem Top-Down etwas besser gerecht würde, wirkt durch ein „Aus-der-Mitte-Heraus". Damit ist nicht die berühmte Mitte Graf Dürckheims gemeint, Hara, das Mitte-Körperzentrum, das Dürckheim aus dem Yoga und dem Buddhismus übernommen hat. Es ist etwas gemeint, das der Psychoanalyse Lacans, die ja trotz der Praxis des Bottom-Up sehr weit oben, sehr im Top angelegt ist, entnommen und gleichzeitig dem autogenen Training oder ähnlichen Verfahren verwandt ist. Diese Letzteren sind von vornherein mehr in der Mitte situiert, wenn auch nicht in Hara, so doch in der Mitte des Psychismus.

Um dies besser zu erklären, kann ich direkt auf die KI und ihre sprachverarbeitenden und bildverstehenden Elemente zurückgreifen. Wie ich schon ausgeführt habe, lässt sich die primäre unbewusste Wahrnehmung psychoanalytisch als *Schautrieb*, Schaulust definieren. In der Psychoanalyse geht es schließlich nicht so sehr um Neurophysiologie, sondern um das unbewusste Begehren, um Strebungen in uns, die uns unbewusst geblieben sind. Sie sind verdrängt, abgespalten, *verschoben* oder anderswie *verdichtet*. Diese primären *Kraftlinien* eines Schautriebs könnte man das beginnende Element des Bildverstehens nennen. Exakt dies ist eine Sichtung.

Eine Sichtung heißt nicht, alles perfekt abfotografiert zu sehen, noch nur einen flüchtigen Überblick getan zu haben. Vielmehr wird das Wahrzunehmende durch eine bereits ganz leicht steuernde Brille gesehen, die aus den sprachverarbeitenden Prozessen stammt.

Das zur Sichtung dissymmetrische Pendant der Sprachverarbeitung geht exakt in dem auf, was Lacan die „défilés du signifiant" nannte, die Engführungen des *Signifikanten*, in denen ich das Konzentrat von Rede und Sichtung sehe. Die Rede als solche, die symbolische Ordnung, die auch unserer Sprache zugrunde liegt, übersetzt sich nicht einfach so direkt in verbales Sprechen. Die Entäußerung muss durch die „défilés du signifiant" hindurch, muss verdichtet werden. Während das Bildverstehen – gerade und insbesondere beispielsweise im Traum – durch ein *Verschieben* zustande kommt, betrifft die Sprachverarbeitung das *Verdichten*.

Freud hatte dieses Paar des *Strahlt/Spricht* in Form der „Triebe" beschrieben, wobei er den Eros-Lebenstrieben den Aggressions-Todes-Trieb gegenüberstellte. Schließlich haben aber viele Autoren gezeigt, dass für den Todestrieb das Wort Trieb nicht gleichermaßen stimmig ist wie für die aktiven Eros-Lebens-Triebe.[55] Todestrieb und Aggression sind mehr ein Prinzip als ein Trieb. Freud selbst hatte ja die Ich-Triebe, zu denen auch die Aggression als das reine „Darauf-Zugehen" gehört, zu Recht den Lebenstrieben zugerechnet, wohingegen die Aggressivität, die ungesteuerte Impulsivität, aus den ersten Identifizierungen stammt. Man identifiziert sich mit etwas und der Rest, der in diese Identifikation nicht eingeht, bleibt als etwas Störendes, Aggressivität Auslösendes, zurück. Deswegen ist der Sichtung (die eben auch mit der *Verschiebung* zu tun hat) die Rede (Invokationstrieb, der auch *Verdichtung* ist) gegenüber zu stellen. Und genau diese zwei Grundtriebe sind aber auch Basis des Bildverstehens und der Sprachverarbeitung.

Nun kann man also diese Kräfte, Triebe, Prinzipien durch Computersimulation in ihren komplexen Kombinationen innerhalb der

---

[55] Beispielsweise C. Schmidt - Hellerau in ihrem Buch: Lebenstrieb und Todestrieb, Libido und Lethe, Verl. Int. Psychoanal. (1995)

Freud´schen Topik oder anderer psychoanalytischer Konzepte darstellen. Doch für die Praxis müsste man einen Computer entwickeln, der auch die Bottom-Up-Seite repräsentiert. Es müsste also für den Benutzer (z. B. Patienten) eine Eingabemöglichkeit geben, die dann gescannt, übersetzt, geprüft und in einen Ausgabemodus transsubstanziiert dem Betreffenden wieder zur Verfügung gestellt wird. Dazu bedürfte es jedoch mit Sicherheit eines Umsetzungsmoduls des vollkommenen menschlichen Sprachverständnisses. Und davon ist die Computerwissenschaft und die modernste KI-Technik noch weit entfernt. Hier kommen wir noch mit konservativen Methoden wie der, die ich in der *APK* entwickelt habe, besser zurecht. Sie verbindet das *Strahlt/Spricht*, das Top-Down und Bottom-Up in einer kleinen Maschine psycho-linguistischer Natur.

Mit dieser Maschine kann jedoch jeder umgehen, selbst wenn er keinen Computer hat. Er muss diese Maschine nur mental üben. Der Vorteil: Nicht nur ein neuer Algorithmus der Maschine, sondern er selbst ist dann das Ergebnis. Wie dies in der Praxis funktioniert, habe ich in vielen Büchern und der Broschüre „Die körperlich kranke Seele" (auch englisch unter „The physically sick soul") dargestellt. Hier nur ein kurzer Abriss: Um das *Strahlt/Spricht* ideal zu kombinieren, habe ich die *Formel-Worte* aus der lateinischen Sprache gewählt. Sie sind so gewählt, dass fast von jedem Buchstaben aus gelesen eine andere Bedeutung sichtbar wird. Dies entspricht genau der Konstruktion des Unbewussten, von dem Lacan sagt, es sei die „Sprache des Anderen".

Um es vereinfacht zu sagen: Der Andere ist halb ES und halb Über-Ich. Die anderen Teile von ES und Über-Ich verbleiben mehr in der Nähe des Ichs, das hier ja selbst der Übende ist. Durch die mentale, gedankliche Wiederholung dieser formelhaften Formulierung (bei Berücksichtigung des *Strahlt/Spricht* in einer noch gesonderten Weise) wird das Unbewusste schließlich gezwungen, eine einheitliche, nicht mehr so aufgespaltene Formulierung herauszugeben. Es kommt also dazu, dass der *Andere*, das Unbewusste, direkt eine Antwort geben muss, wenn man die Übung mit den lateinischen *Formel-Worten* als eine Frage auffasst. Denn dies steckt ja unweigerlich in einem sprachlich geformten Ausdruck, auch wenn dieser nicht sofort verständlich ist.

6. Verlautung und *Pass-Wort*

Sprachentstehung und Psyche

Ich gehe hier nicht weit auf Theorien ein, wonach die menschliche Sprache entstanden ist, indem Gott dem Menschen die Sprache eingegeben oder der Mensch Tier- oder Naturlaute nachgeahmt hat. Modernere Versuche leiten die Sprache vom Gesten- und Zeigeverhalten ab. Insbesondere „ikonische Gesten" sollen der Anfang auch verbaler Kommunikation gewesen sein.[56] Doch sind derartige Theorien nicht sehr schlüssig, weil sie das in der Linguistik und Psychoanalyse etablierte Phänomen des *Signifikanten* nicht berücksichtigen und erklären können. Der Sprachwissenschaftler F. de Saussure hat, wie erwähnt, den *Signifikanten* ein „Schema von Gegensätzen" genannt, das für den Menschen nur schwer aushaltbar ist, so dass er zu einem "Lautbild" greifen muss, um sich auszudrücken, sich zu entäußern und zu entlasten. Hier sind wir also dem „Urlaut" oder einer ursprünglichen Verlautung (ich nenne den *Signifikanten* jetzt einmal so, nämlich etwas verbindlicher) schon sehr nahe. So kann z. B. ein „Lautbild"-Erlebnis für eine Gruppe von Menschen zur verbindlichen Verlautung, zum Identitätswort (Losungswort) werden. Bei der Überwältigung eines Raubtieres oder auch aus sonst irgendeinem Grund könnte ein „Lautbild", also gewisse Ruf- und Lautfolgen, die Rettung, den Sieg bezeichnet haben und so für die Gruppe zum Identitäts- und Schlüsselwort geworden sein.

Für Lacan ist ein derartiges erstes „Lautbild" gleichzusetzen mit dem *Herren-Signifikanten*. Das Alpha-Männchen hat gemerkt, dass es mit seinen Lauten, bzw. einer gewissen Lautfolge, „Lautbild", verbindlicher Verlautung seine Macht, seine Potenz, seine Identität reklamieren konnte. Es ging um nichts anderes als um den Moment, in dem Robinson Crusoe zu dem auf sein Eiland sich verirrt habenden Indianer sagte: „Ich Herr – du Freitag!" (das war allerdings schon eine erheblich weiter elaborierte Lautfolge aus späterer Zeit).

---

[56] Tomasello, M. Die Ursprünge der menschlichen Kommunikation, Suhrkamp (2009)

Auf jeden Fall sind die ersten Worte eher so entstanden, als dass man auf Gegenstände gezeigt und dazu eine Lautfolge angestimmt hätte. Auch hat nicht das Gestöhn im Liebesakt die ersten Worte produziert, was einige Sprachforscher behauptet haben. Die ersten Worte waren also Losungs- bzw. Identitätsworte,[57] die man auch mit den *Signifikanten* gleichsetzen kann. Kommen mehrere *Signifikanten* zusammen, ergibt sich durch eine Kettenbildung von *Signifikanten* schließlich eine vollkommene menschliche Sprache (die Tiersprache dagegen ist nur eine Signalsprache, sie kann nur Signifikate ausstoßen, die zwar von mehreren Tieren verstanden werden können, aber nicht ihren Clan, ihre psycho-soziale Organisation bilden, d. h., sie ist keine von jedem Handlungsbezug losgelöste Symbolsprache, ein wesentlicher Unterschied!).

Auch in der Psychoanalyse Lacans gibt es das Symbolische im „Sinne einer ‚Kette von *Signifikanten*‘ (‚chaine du signifiante‘), die in einer bestimmten Ordnung zueinander stehen, und die durch die Existenz eines ‚Herren-*Signifikanten*‘ begonnen und eine Zeit lang aufrechterhalten wird, der sie garantiert und mit seiner Autorität stützt: der Vatername (oder Name, Eigenname als solcher, vergleichbar wieder dem Identitäts- bzw. Clannamen). „Er ist also der ‚fundamentale *Signifikant*‘, der dem Subjekt Identität verleiht, und der es ihm ermöglicht, einen festen Platz in der symbolischen Ordnung (der Familie und der Gesellschaft) einzunehmen. . . . So ist das Subjekt letztlich selbst ein *Signifikant*: ‚Ein *Signifikant* ist, was ein Subjekt repräsentiert für einen anderen *Signifikanten*.‘"[58] Der ‚Herren-*Signifikant*‘ ist also nicht anderes als das oben genannte „Lautbild" in Form jenes Clanerlebnisses, in dem sich eben einer aus der Menschengruppe entäußert hat: „Sieg", „Bär", „Ohaoah"!

---

57. Im Gegensatz zu vielen Linguisten betont auch J. Lacan, dass das Sprechen nicht durch die lautliche Bezeichnung einzelner Dinge in Gang kam, sondern durch Losungsworte. Dies bestätigt auch der Sprachforscher H. Haarmann (Weltgeschichte der Sprachen, Becksche Reihe, S. 32), indem er die Identitätsfindung als die Ursache der Sprache auffasst. Ein Losungswort ist ein Identitätswort.

58 Lacan, J., *Seminar XI. Die vier Grundbegriffe der Psychoanalyse*, Walter, S. 208

Mit irgendeiner Verlautung, einem Statement dieser Art hat sich -
laut Lacan, der hier dem Philosophen Hegel folgt – der „Herr" gegenüber seinen Gefolgsleuten etabliert.

Der *Signifikant* ist nach Lacan also in Form der allgegenwärtigen
Symbolischen Ordnung zuerst vorhanden. *Signifikanten* sind das
erste, was dem Kind begegnet; jede Äußerung des Kindes ist immer
schon in einem weitesten Sinne „lautbildlich", sprachlich mitge-
formt. Auch das Unbewusste ist für Lacan strukturiert *wie* eine
Sprache und besteht aus *Signifikanten*. Die ‚*Signifikantenkette*' ist
auch im Sinne einer Ahnenkette zu verstehen: eine Linie, in die jedes Subjekt schon vor seiner Geburt und auch nach seinem Tod ein-
geschrieben ist. Das Gleiche gilt auch, wenn man das Ganze von
der Natur und Materie her betrachtet: Dann sind es eben erste „maßgebliche Bilder" (J. Lacan), „Erscheinungen mit Bedeutung" (W.
Seitter), die sich wie *Signifikanten* benehmen: hilfreich-erschre-
ckend, angstgeformt-aufbauend, erotisiert-ordnend (um hier wieder
ein paar „Schemen von Gegensätzen" zu benutzen).

Nun gibt es außer der klassischen Psychoanalyse eine einfache Methode, wie man in diese Zusammenhänge der *Signifikanten* eingrei-
fen kann, wenn sie nämlich durch irgendwelche Unfälle, Traumata
oder sonst etwas gestört sind. Man muss dann nämlich nur einen
besonderen, eigenen, künstlich hergestellten ‚Herren*Signifikanten*'
haben, mit dem man ins eigene Unbewusste interveniert. Ein solcher hat – wie ja schon angedeutet – früher im Namen eines besonders herausragenden Ahnen, eines Gottes oder Symbols bestanden
und kann heute dadurch ersetzt und verwendet werden, indem in
wissenschaftlicher Form genau jene Vorgänge der Sprachentstehung nachgebildet und meditiert werden können. Mantras im Yoga
stellen nichts anderes dar, nur sind sie mythisch-mystisch, nicht
wissenschaftlich. Ein Koan im Zen ist ebenfalls etwas Ähnliches,
nur kann es ausschließlich im historischen buddhistischen Kontext
verwendet werden. Sogar das Gebet könnte hier vergleichsweise erwähnt werden, wäre es nicht ebenso unwissenschaftlich und aus
historisch-mythischen Zusammenhängen erstellt.

Bekanntlich muss man beim Meditieren das bewusste Denken zurückfahren, bis eben jenes „Schema von Gegensätzen", jene „maßgeblichen Bilder" auftauchen, die scheinbar nicht gedacht werden können. Man benötigt dann einen Halt, um in der Meditation nicht von den Gegensätzen oder eben vom Fehlen eines ‚Vaternamens' hinweg gerissen zu werden. Oder sich in einen ideologischen Namen (wie beim Gebet und Mantra) zu verwickeln. Ich verwende im Sinne dieses künstlich hergestellten ‚Herren-*Signifikanten*' dafür sogenannte *Formel-Worte*, die einen wissenschaftlich begründeten, psycho-linguistischen Aufbau haben. Hat man diesen klar verstanden und kann ihm somit nicht durch blinden Glauben, sondern durch intellektuell erworbene Gewissheit vertrauen, kann sich eine ‚*Signifikantenkette*' herstellen, die vom Unbewussten wie von einem Gesprächspartner herkommend Einsicht, Klärung und Hilfe sein kann.

Eine solche ‚*Signifikantenkette*', Verlautungsfolge, ist oft nur ein Kurzsatz, den Lacan auch den ‚inneren Satz' eines jeden Menschen nennt. Eine Überflutung mit einer umfangreichen ‚*Signifikantenkette*' wäre ja auch hinderlich: Sie würde ja dem gerade erwähnten Weggerissen entsprechen oder der Rückkehr wieder in eine ideologisch oder sonst undifferenzierte Denkflut. Dass die ‚*Signifikantenkette*' nur aus einem kurzen Satz besteht, wird ja auch dadurch garantiert, dass beim Meditieren mit den *Formel-Worten* diese weiter genutzt werden sollen. Das gedankliche Wiederholen der *Formel-Worte* bricht die ‚*Signifikantenkette*' rechtzeitig wieder ab, lässt eben nur den kurzen ‚inneren Satz' zu. Wenn man mehr und mehr in dieser Art der Meditation fortschreitet, werden sich die Kurzsätze zu einem neuen Denken verbinden, das eben gerade diese neue Wissenschaft zum Inhalt hat.

Wenn wir nunmehr all das Gesagte über die Sprachentstehung, Psychoanalyse und Meditation in Bezug setzen zur Entstehung der Religionen, wird alles nochmals klarer. Auch ein Prophet wie Moses z. B. empfing kurze ‚*Signifikantenketten*' und ordnete diese zwar nicht seinem Unbewussten zu, sondern eben seinem Ahnen-Gott, einer also bereits bestehenden ‚*Signifikantenkette*', die nur durch die von mir schon beschriebenen zwei, drei wesentlichen Figuren bestimmt war: den israelischen Wetter- und Früh-Gott Jahwe, den Gott-Menschen Pharao und evtl. auch noch durch Jethro, den midianitischen Priester und Schwiegervater. Wie entscheidend in dieser Identitäts-Hinsicht auch die Beziehungen zu Frauen (zwei Müttern, Schwester etc.) waren, hat die Psychoanalytikerin D. Zeligs [59] optimal herausgearbeitet. Sie meint, Moses habe vor allem zu seiner Schwester Mirjam ein ödipales Mutter-Schwester- und damit inzestnahes Verhältnis gehabt. Sie, die große Schwester, war nicht nur Prophetin, sie kannte ihren Bruder vom ersten Tag an und begleitete ihn offensichtlich durch seinen Lebensweg. Eifersüchtig machte sie ihm Schwierigkeiten wegen seiner kushitischen Frau Zipporha und mischte sich in sein Leben ein. Man könnte so auch von dieser weiblichen Seite her eine *Signifikantenkette* erstellen, die die Abhängigkeit Mose von den weiblichen Begehrensobjekten zeigt. „Die Spalte im Felsen [aus der Moses Wasser zaubern konnte] könnte den femininen Aspekt von Moses selbst repräsentieren", schreibt Zeligs. Und dass das Antlitz Gottes nie geschaut werden konnte, deutet Zeligs als Folge von Moses Urszene, in der er den Vater beim Koitus mit der Mutter nur von rückwärts gesehen habe.[60]

Aber auch schon so wird klar, dass in der damaligen Zeit und unter den geistigen, psychischen, sozialen und kulturell-religiösen Bedingungen, unter denen Moses lebte, sich sehr schnell komplexere ‚*Signifikantenketten*' aus seinem Inneren bildeten, die jedoch einen Nachteil hatten: Sie wurden intellektuell zu wenig reflektiert und weiteten sich daher rasch zu einem großen mythischen Gewebe aus. Das war ja auch gut so und konnte damals eben nicht viel anders sein. Heute jedoch geht so etwas nicht mehr. Heute würde so jemand als nichts anderes als ein Sektenführer gelten, und während der Sektenführer Moses reüssieren konnte, wäre der heutige nur ein

---

[59] Zeligs, D. F., Moses, A Psychodynamic Study, Human Sciences Press (1986)

[60] Das ist eine klassische psychoanalytische Deutung, die den Nichtanalytiker mit Kopfschütteln zurücklassen wird. Wichtig ist eher, dass Moses diese Beobachtung verbotener Weise gemacht hat und der strafende Blick als blendend, unaushaltbar gelten musste.

durchschaubarer Epigone, ein mythischer Schwärmer und Esoteriker. Deswegen glaube ich, dass wir uns heute mit der Sprachentstehung, mit Linguistik, mit Psychoanalyse und wissenschaftlich begründeter Meditation beschäftigen müssen und dass einfache Religionsausübung nicht mehr ausreicht.

Herrn Niemands Stimme

Der Stimme des Herrn scheint also jedem bekannt zu sein, und auch wenn Lacan sagt, der absolute Herr sei der Tod, verstehen wir darunter doch meistens noch die Stimme von G, o und zweimal t. Das waren noch Zeiten, als man sie direkt gehört hat! Manchmal hörte man sie im Traum, manchmal irgendwo von oben her, oder so wie eben bei Moses aus dem brennenden Dornbusch. Eigenartig, woher man sie so genau erkennen konnte, denn man hatte den Herrn ja vorher nicht gesehen und auch nicht direkt gehört. Es waren mythische, mystische, magische Zeiten, in denen man nicht so genau nach der Herkunft und der wissenschaftlichen Genauigkeit fragte. Die innere Gewissheit, dass es die richtige Stimme war, war enorm, und das musste manchmal auch mit einem Martyrium bezahlt werden, denn die anderen hielten diese Gewissheit für dämonisch. Die Menschen hatten noch nicht so ein Ego wie wir, sie waren einfach das Objekt dramatisch erlebter und erzählter Mythen, die für den Hausgebrauch des täglichen Miteinanders zwar weitgehend ausreichend waren, aber nicht definitiv gültig, nicht bewiesenermaßen verifiziert. Was das menschliche Ich vom ebenso menschlichen Subjekt unterscheidet, darüber mussten sich diese Menschen früher nicht ganz im Klaren sein. Der Herr kommt eben gerade daher, dass das menschliche Ich noch klein und unbedeutend war, das Subjekt aber auch nicht so global und rational durchdrungen wie bei uns heute. So war eben damals ein Herr noch ein Herr.

Für die heutigen Neurowissenschaftler z. B. ist es freilich auch nicht ganz so einfach zu klären, was damals an diesen Stimmen nur akustische Halluzination, was lautgewordene Gedanken und was vielleicht etwas mehr war als nur das: gelungener Mythos etwa, der sich fast mit wissenschaftlichen Erkenntnissen messen kann. Nach einer Phase wilder Ahnenverehrungen und polytheistischer Götterstimmen haben die Menschen sich schließlich zu der Stimme eines einheitlichen und wahren Gottes bekannt, ein langer geistig-kultureller und psychologisch reifender Prozess. Doch in diesem Prozess ist genau das verloren gegangen: die Eigenbezogenheit, die direkte, körpernahe Offenbarung, die vollmundige, scheinbar authentische Stimme, die wirklich noch Stimme war, Klang, Sonorität.

Aber es ist eigentlich ganz egal, wie man sich dies alles jetzt genau erklären mag und wer dieser nunmehr einstimmige Gott ist oder nicht. Für meine Betrachtung hier ist nur wichtig, dass diese Stimme immer einen personalen Aspekt hatte. Niemals war sie niemands Stimme, immer war sie die von jemand ganz Bestimmtem, also eines wenigstens mit minimalen Persönlichkeitsmerkmalen ausgestatteten Wesens. Doch schon lange spricht also diese Stimme nicht mehr in den Köpfen der Menschen, die diese Offenbarungen erfahren haben. Sie spricht nur noch durch die Stimmen ihrer irdischen Stellvertreter. Und ob das Predigen der Pfarrer ausreicht, ist die Frage. Wo ist die Stimme des eigentlichen Herrn geblieben?

Dass man diese Stimme nicht mehr so hört, liegt daran, dass sich unser geistig-kulturelles und psychologisches Verständnis durch die sich seit mehr als fünfhundert Jahren entwickelnde Wissenschaft und die zunehmende Globalisierung völlig verändert hat. Manche Wissenschaften haben eine Existenz dieses vom Jenseits/Diesseits, von jetzt/früher und dort/da her sprechenden Wesens ganz negiert, andere haben sich weitgehend davon unberührt entwickelt und kümmern sich nicht um diese Herrenstimme oder was immer sie auch war und sein mag, leugnen sie aber auch nicht. Doch die seit hundert Jahren aufkeimende und sich weiter entwickelnde Psychoanalyse hat diese Stimme wieder in ihr altes Recht eingesetzt. Das Unbewusste, das in dieser Wissenschaft eine so wesentliche Rolle spielt, ist nämlich nicht nur ein Faktum, eine Tatsache, ein psychisches Objekt oder irgend ein Etwas, das sozusagen eine Ontologie hat, sondern es ist ein Etwas, das *Spricht*. Ich schreibe dies wieder groß, denn das Unbewusste *Spricht* nicht druckreif, rein verbal oder grammatikalisch-syntaktisch perfekt. Es *Spricht* nämlich meist nur in Symptomen, Versprechern, Träumen oder anderen Äußerungen sehr fraglich verbal-sprachlicher Art. Bei manchen kranken Personen *Spricht* es auch mit vielen und noch dazu oft – wie diese Kranken sagen – entstellten Stimmen. Dann verhält es sich also geradezu umgekehrt wie bei der Stimme des Herrn, die anscheinend immer eindeutig zugeordnet werden konnte, obwohl es auch hier Ausnahmen gab. Im Mittelalter zumindest war man sich nämlich oft nicht mehr so sicher, ob diese Stimme von Gott oder vom Teufel kam, wie etwa das Beispiel der Heiligen Teresa von Ávila belegt. Sie musste grauenvolle Qualen durchmachen, um sicher gehen zu können, was von Ihm kam oder von seinem Gegenspieler.

Wenn Menschen heute also Stimmen hören, dann hören sie meist viele und letztlich niemandes Stimmen. Ausnahme sind ausgeprägt Wahnkranke, die sich von der Stimme einer oft nahen Person verfolgt fühlen. Lange Zeit war es eine Sache der Theologie, die Richtigkeit oder Falschheit der Stimme des Herrn zu klären. Als das mit der Theologie nicht mehr so hundertprozentig klappte, rückte das Phänomen von Niemands Stimme in den Vordergrund. Und gerade mit diesem Problem von Niemands Stimme beschäftigt sich jetzt in konstruktiver Weise die Psychoanalyse. Das Unbewusste *Spricht* also, und zwar fast ständig, aber weder der Psychoanalytiker noch der Patient verstehen seine Sprache ausreichend. Der Psychoanalytiker muss Hunderte von Stunden seinem Patienten zuhören und all das, was dieser mit seiner Stimme von sich gibt, einer richtigen Deutung zuordnen. Er muss – um es ganz vereinfacht zu sagen – den Anspruch, den der Patient in seinem frei assoziierten Sprechen von sich gibt, auf den Trieb, auf die unbewussten Strebungen, das wahre und eigentliche innere Begehren, zurückführen, um diese Stimme des Unbewussten wirklich voll zum Sprechen und Hören zu bringen. Ist dies erfasst, haben sich also Stimme des Patienten und des Analytikers verbunden, kann man sagen, dass man Es nunmehr mit einheitlicher und klarer Stimme benennen kann. Es ist jetzt tatsächlich nicht mehr ganz nur die Stimme von niemand, die Stimme des unpersonalen Unbewussten, die sächliche Stimme, sondern eine, zu deren Herrn man sich machen kann, wenn eben alles richtig gedeutet und als Erkenntnis ins Subjekt integriert ist. Man ist wieder da angekommen, wo man einmal war, aber auf wissenschaftliche und nicht mehr nur mythische Weise. Als Herr Niemand kann nunmehr jeder mit der einer Personalität weitgehendst beraubten Stimme sein ganz authentisches und volles Wort selbst machen.

Diese Stimme des Herrn Niemand steht also zwischen der des Herrn als solchem und der Stimme von niemanden und nichts. Diese Stimme des Herrn Niemand scheint ein idealer Ausweg zu sein. Man ist definitiv schon irgendwie Herr und doch nicht festgelegt auf etwas ganz Bestimmtes. Der vollkommen psychoanalysierte Mensch befindet sich in einer derartigen freien und selbstbewussten Herrenposition. Nur leider ist niemand vollkommen psychoanalysiert. Schon Freud sprach von der unendlichen Analyse, also einer, die man gar nicht beenden kann, so sehr man es auch wollte. Wo die Stimme des Herrn zu stark autorisiert war, ist die des Herrn Niemand doch noch ein bisschen belastet mit der des Nichts. Aber dies kann ja – wie schon einmal betont – ein Vorteil sein. Denn Herrn Niemands Stimme könnte man fast ein „ideales Objekt" nennen. Warum „ideales Objekt"?

Ich habe die Stimme des Herrn, von der ich ausgegangen bin, psychologisch genauer untersucht. Wie Lacan in seinem 10. Seminar (L´Angoisse) sagt, wurde die Stimme des Herrn in der Religion beispielsweise – er bezieht sich hier speziell auf die jüdische – durch ein mehr dumpf-dröhnendes Lautinstrument wiedergegeben: den Shofar. In anderen Religionen gibt es etwas sehr Vergleichbares, z. B. das tibetische Dungchen-Horn. Und tatsächlich, wer derartige Musikinstrumente hört, fühlt sich an Urlaute erinnert, an die Stimme auf dem Sinai bei Blitz und Donner, an das Grollen vom Olymp herunter bei den Griechen. Den sonoren Laut, den Stimmklang, die *signifikante* Verlautung nennt Lacan daher auch ein psychisches Objekt, völlig analog zu dem, was Freud z. B. vom Oralen als dem Lippenobjekt, dem lustvoll zugespitzten Mund, dem plaisire de la bouche behauptet: Es ist wie abgetrennt vom Trieb, von der libidinösen Strebung, in dem diese sich in der Kindheit an das Objekt fixiert hat (beim Stillvorgang an die Brust der Mutter) und sich darin verwickelt hat, auch noch in späteren Lebensjahren. Aber es ist natürlich noch kein „ideales Objekt". Die Verlautung sagt etwas, sie ist ein *Spricht*, aber sie sagt nicht, was gemeint ist. Dennoch ist sie ein Getön der Macht des ‚Herren-*Signifikanten*'.

Die Stimme des Herrn, die im Shofar erklingt, und die der abstrakten Predigten konnten gut verinnerlicht durchaus ein psychisches Objekt sein, das einem Halt und Sicherheit geben konnte. Doch können diese Stimmen nicht auch angstmachend oder nur theoretisch abstrakt sein? Herrn Niemands Stimme ist psychoanalytisch wissenschaftlich gesichert, und damit ein „ideales Objekt" daraus wird, muss auch noch weiterhin gesichert sein, dass Niemand auch wirklich ein klares, reines *Strahlt* ist, das als dieser Herr *Spricht*. In der klassischen Psychoanalyse gibt es eigentlich kein „ideales Objekt". Aber in der *APK* kann es ein solches geben. Tatsächlich war der Blick des ursprünglichen Herrn, von dem ich ausgegangen bin, ja ein nicht auszuhaltendes strahlendes Antlitz. Ebenso wäre Niemands Blick eine Art von diffusem *Strahlt*. Indem ich nun das *Strahlt* mit dem *Spricht* und dem Formel-Wort verbinde, erhalte ich ein festes, kompaktes Instrument, mittels dessen das Unbewusste unter weitgehender Umgehung der Freud´schen psychischen Objekte (Orales, Anales) eine ganz klare und kompakte Ant-Wort herausgeben müssen wird.

Der tote *Signifikant*

Herrn Niemands Stimme wird so zum „idealen Objekt", von dem man auch sagen könnte, dass es tot ist (eben Niemand) und gleichzeitig *Signifikant* (Herrenstimme). Der „innere Satz", von dem ich bereits gesprochen habe, träumt in jedem Menschen vor sich hin, er nimmt *in der Signifikantenkette* den Platz eines Verdrängten, ja von etwas Totem ein. So ist der tote *Signifikant* etwas Bedeutendes, das man aber nicht fassen kann. Es hat Substanz, Körperlichkeit, existiert aber nicht. Die anderen *Signifikanten*, die es noch gibt, sind zwar auch nicht viel besser dran, aber sie scheinen doch wenigstens Leben zu haben. Sie sind doch wenigstens *Erscheinungen mit Bedeutung*, während der tote *Signifikant* einfach nur unbewusste Bedeutung ist, Wichtigkeit, Wesen – aber nicht begreifbar, fassbar. Dennoch hat er gerade dadurch die größte Wirkung. Und so passt alles wieder gut zu Herrn Niemands Stimme und zum „idealen

Objekt". Denn diese Stimme bezieht ihre Wirkung ja eben auch aus dem „Niemand", aus der Null. Das lässt sich am besten wieder am Formel-*Wort* erklären. Es ist tot und doch auch Niemands Stimme, denn es sagt nichts Persönliches, ja überhaupt nichts Greifbares. Es ist ein toter *Signifikant*, der aber durch Einüben bestimmte Dinge im Übenden zum Leben erwecken kann.

Dagegen ist Freiheit z. B. ein ausufernder *Signifikant*, sie reicht von der Libertinage bis zur Ungebundenheit, vom Losgelöstsein bis zum eigenen Willen, vom Ungezwungensein bis zur unbegrenzten Wahlmöglichkeit und noch Hunderten von anderen Bedeutungen mehr. Geld dagegen ist ein annihilierender *Signifikant*, er hat Bedeutung, große Bedeutung, macht aber alles, was mit ihm zu tun hat, irgendwie zu Minderem, ja oft sogar zu Nichts. Wenn man z. B. Geld für Liebe bezahlen muss, ist dies am deutlichsten zu sehen, auch wenn es vielleicht manchmal für die Liebe keinen anderen Ausweg gibt. Der *Signifikant* Liebe selbst ist daher wolkig, diffus, schäumend, rot und herzschmerzbezogen, und so braucht er oft mehr als die anderen noch zusätzlich diesen toten *Signifikanten*: ein „ideales Objekt", das nicht täuschen kann.

Man könnte es auch so sagen: Üblicherweise muss Liebe vortäuschen, dass sie vortäuscht. Es genügt nicht, eine Spur zu legen, die vortäuscht, hier sei der wahrhaft Liebende vorbeigegangen. Nein, er muss vortäuschen, vorzutäuschen, so dass die Geliebte glaubt, von der falschen Spur getäuscht zu sein, während der wahrhaft Liebende hier tatsächlich vorbeigegangen ist. Es muss eine zweifache Täuschung geben, eine Täuschung im Quadrat, um zwei Ecken herum, wie sonst sollte die wahre Liebe des Menschen zum Ausdruck kommen? „Auch das Tier legt Spuren und verwischt sie, es täuscht also, aber es kann nicht vortäuschen, dass es vortäuscht. Es legt keine falschen Spuren, um uns glauben zu machen, sie seien falsch. Es legt keine falschen falschen Spuren - was ein, ich würde nicht sagen: grundlegend menschliches, sondern gerade grundlegend *Signifikantes* Verhalten ist. Genau da ist die Grenze".[61] Genau

---

[61] Lacan, J., L´angoisse, Seminaire Nr. X, Sitzung vom 12.12.63, Übersetzung G. Schmitz, S. 70-71

hier beginnt das eigentliche Menschsein, das den toten *Signifikanten* und die Stimme von Niemand braucht.

Denn dazu brauchen wir keine Priester. Es genügt, dass wir wissen, dass Gott (oder die Transzendenz oder das Nichts) sich dieser doppelten Täuschung bedienen muss, damit die wahre Liebe entfacht ist, ob wir lieben oder geliebt werden. Leider würde dies so kein gläubiger Mensch und kein Theologe unterschreiben. Sie behaupten immer nur, die Liebe Gottes vermitteln zu können, so mittelbar-unmittelbar, so einfach so. Aber das funktioniert nicht. Der wahrhaft und wirklich Liebende legt also „eine Spur, von der man glauben soll, sie sei falsch, während er wirklich da vorbeigekommen ist". Ich muss dies nochmals mit dem *Formel-Wort* erklären. Da ja keine der in dieser Formulierung enthaltenen Bedeutungen die richtige ist, sieht es so aus, als sei die Spur dieser Formulierung falsch, vorgetäuscht. Aber in Wirklichkeit lässt sich genau damit das Innerste eines jeden Menschen freilegen, seine eigene Wahrheit, sein innigster Gott, sein Liebendes als solches.

Der Semiotiker (*Zeichen*-Wissenschaftler) R. Barthes meint daher sogar, dass „dem liebenden Subjekt keinerlei sicheres *Zeichen*system zur Verfügung steht" – weder um dem *Anderen* die Liebe zu beweisen, noch um zu enträtseln, ob es vom *Anderen* geliebt wird.[62] Auch er stellt also diese scheinbare Null des toten *Signifikanten* im *Zeichen*system fest, die zwar das Bezeichnen ermöglicht, nicht aber gleich so etwas Hochrangiges wie die Liebe selbst erschafft, wirkliche Liebe. Für ihn bleibt die Null eine Null und damit auch die Liebe unsagbar. Aber Barthes war eben kein Therapeut, kein Analytiker oder Arzt. Er wusste nicht, wie man Kranke behandelt und dass sie Liebe brauchen, freilich nicht die nur vorgetäuschte der Technokraten und nüchternen Akademiker. Es muss die aus dem eigenen Innersten sein ohne sie von außen zu lehren.

Um dahin zu kommen, kehre ich nochmals zum Anfang zurück, wo es heißt, dass ja schon in der Umwelt, in der Natur, ja im ganzen Universum *Signifikanten* gibt, wie ich es bereits mit dem Satz

---

[62] Barthes, R., Fragmente einer Sprache der *Liebe*, Suhrkamp (1988) S. 258

erwähnt habe, dass „vor jeder Erfahrung, vor aller individuellen Deduktion und noch bevor überhaupt kollektive Erfahrungen . . . sich niederschlagen, es etwas gibt, das bereits zählt, . . . ein *Zählendes* schon da ist". Und weiter: „Die ersten Symbole, die natürlichen Symbole, sind hervorgegangen aus einer bestimmten Anzahl *maßgeblicher Bilder* – aus dem Bild des menschlichen Körpers, aus dem Bild einer Reihe von deutlich sichtbaren Objekten wie der *Sonne*, dem *Mond* und *einiger anderer*. Und das ist das, was der menschlichen Sprache ihr Gewicht gibt, ihre Triebfeder und ihr emotionales Vibrieren."[63] All dies ist doch ein *Zeichensystem*, das sagbar gemacht werden kann.

Es gibt also *Bilder*, die bereits *Erscheinungen mit Bedeutung* sind – wie ich es oben schon erwähnt habe, die also nicht einer rein materiellen Ordnung (physikalisch, biologisch) unterworfen sind, sondern bereits einer der *Signifikanten*. Diese Bilder sagen also schon etwas, obwohl sie noch keinen Mund haben. Sie *zählen* bereits, obwohl sie nichts von Arithmetik wissen. *Kraftlinien* schreiben sich schon in die ersten Geschehnisse ein, in und mit denen eben der erste Mensch zum Menschen erwacht ist. Kann der Mensch diese *maßgeblichen Bilder*, diese Bedeutungserscheinungen seiner Umwelt, seines Körpers und seines Sternenhimmels in und für sich bewahren, kann er eine besondere Beziehung zu ihnen halten, eine primäre Liebesbeziehung, spreche ich von einer „der Liebe unterstellten Wissenschaft" (und auch von Ökopsychoanalyse, siehe dazu später genauere Ausführungen). Denn es geht um etwas ganz Subjektbezogenes, es geht um die natürlichen Lieblingsobjekte des Menschen, die ihm nicht eine ökonomische noch eine rein übernatürliche, sondern eben ökologische Ordnung aufdrängen und in der er sich einrichtet. Seine ursprüngliche *Signifikanten* – Ordnung.

Und eben aus dieser habe ich zwei entnommen und verbinde sie mit einer aus dieser Ordnung selbst stammenden Formulierung, den *Formel-Worten*, von denen ich nun bereits etliches geschildert habe. Nun muss ich zu den *Pass-Worten* kommen.

---

[63] Lacan, J., Seminar II, Walter (1980) S. 388 Der imaginäre *Signifikant* ist also vom symbolischen klar getrennt / verbunden.

Das „*Dahinter*" der *Pass-Worte,* wie Wahrheit auf Wissen antwortet

Es ist gleichgültig, wie ich fortfahre und wie ich immer wieder gedacht habe: Da ist doch etwas dahinter, das lebt oder ein Geheimnis ausplaudern will. Man muss es zu fassen kriegen. Wer waren die Menschen früher? Was sagen die Fußspuren von Laetoli vor dreieinhalb Millionen Jahren, der Schmuck der Neandertaler, die stilisierten Gestalten von Göbekli Tepe (vor 12 000 Jahren, Abb. links: stilisierte menschliche Figurensäule mit Panther)? Was drücken die Kindheitserfahrungen von Angstneurotikern aus, was die Träume, die immer wiederkehren? Immer gibt es ein „Was steckt dahinter?"

Sicher ist der Mensch glücklicher, der nicht so viel fragt. Aber er ist nur der glückliche Dumme. Hat man einmal mit dem Fragen angefangen, kann man nicht mehr aufhören. Deshalb verrate ich gleich zu Anfang, was ich inzwischen glaube, ja zu wissen denke und nach strengen Kriterien wissenschaftlich begründen kann. Es sind die *Kenn-*, die *Pass-Worte,* die hinter allem stecken, und vor allem geht es um die, die jeder in sich selbst finden muss, um die Schlüssel für die letztlichen Antworten zu haben, nach denen gesucht wird. Denn kein Frühmensch, kein Prophet, kein Philosoph oder Wissenschaftler hat jemals eine genaue Antwort gegeben, die so weit gereicht hätte, dass man nicht selbst nochmals nach dem „Dahinter" hätte nachfragen müssen.

Sicher ist auch das keine große Weisheit. Als Psychoanalytiker arbeite ich seit über dreißig Jahren mit dieser Methode, in der nicht der Therapeut alles weiß, sondern die Antworten aus dem Unbewussten des Patienten kommen müssen. Denn der Patient wehrt bestimmte Erinnerungen oder Einfälle ab. Er kann z. B. etwas verdrängen oder etwas ganz von sich abspalten. Verdrängung, Spaltung sind somit die häufigsten „Abwehrmechanismen" der ichbezogenen Seele. Wenn der Patient frei seine Assoziationen, seine Träume und Phantasien äußert, wenn er also eine Art von „Finnegans Wake" oder „Zettels Traum" liefert,

d. h. chaotisch lesbare Manuskripte oder kryptische Reden, die zu entziffern sind, werden diese Abwehrmechanismen zuerst einmal ein bisschen umgangen. Doch zwischen so krumm und assoziativ geäußerten Vokabeln lässt sich ein versteckter Sinn herauslesen. Kann man dem Patienten diesen Sinn deuten, muss und kann er seine Abwehr aufgeben. Dies ist das Vorgehen in der herkömmlichen Psychoanalyse, die jedoch, wie erwähnt – hochfrequent und akribisch durchgeführt – den Beteiligten enorme Zeiten und Kosten abverlangt.

All dies verkürzt und erleichtert die *APK*, wenn der Sinn in Form dieser *Kenn-* und *Pass-Worte* aus dem Unbewussten auftauchend schließlich aus deren Teilen entschlüsselt, wieder zusammengesetzt und so voll gebrauchsfertig geworden ist. Diese Begrifflichkeiten sind zwar in der klassischen Psychoanalyse nicht so Usus, aber die meisten Psychoanalytiker würden dem wohl zustimmen, wenn man ihnen sagen würde, was das genau heißt: Kenn- oder *Pass-Wort*: ein Begriff für eine tieferliegende und nunmehr ins Subjekt integrierbare Form einer Identität. Lacan hat nämlich exakt mit dem Begriff der „Passe" (französisch für „Durchgang") das Ziel des psychoanalytischen Lehrkandidaten bestimmt. Im Besitz dieses Schlüssels kann der Psychoanalytiker sich anderen und sich selbst gegenüber auf dem Freud'schen Feld verständlich machen. Er hat den Schlüssel zu sich und zu anderen auf der gleichen Ebene. Dazu später mehr.

Vorerst möchte ich noch bei dem eingangs erwähnten Bild des „Was-steckt-dahinter" bleiben, bei dem Blick in die Ferne, Weite vor unendlich langen Zeiten, wo – laut Goethes Faust – „der Schüler unverdrossen die ird'sche Brust im Morgenrot baden sollte". Nicht ganz zu Unrecht hat er vorher noch gefragt, ob er ein Gott sei, weil ihm so licht und klar ums Herz wurde. Denn sicher, auch so kann man sein *Pass-Wort* finden. Ich glaube nur, dass es – so schön es auch scheint – umständlich ist, und auch Faust kommt zu dieser Einsicht, als er merkt, dass alles nur ein Schauspiel ist. Durch Meditation in einer frühen Zeit und – wie es früher üblich war - an einem extrem einsamen Ort kann man, wiederholt man dieses Verfahren der Faust'schen Natur- oder Geisterbeschwörung nur über

Wochen und Monate, auch eine „Passe" haben, sie ist nur nicht wissenschaftlich abgesichert. Heute reizt die Wissenschaft. Nun ist es tatsächlich gar nicht so einfach, die Wissenschaftlichkeit klar und definitiv zu belegen, wenn man nicht von vornherein Karriere in ihr gemacht hat. Ich habe meine Arbeiten bisher noch in keiner Fachzeitschrift veröffentlicht, sondern meinen wissenschaftlichen Beweis in allgemeiner, konjekturalwissenschaftlicher[64] Weise erstellt. Die Menschen haben sich bis heute – im Sinne e i n e r Wissenschaft – auf keine Wahrheit einigen können.[65] Sie glauben, dass immer wieder neues Wissen eine Antwort auf die Frage nach der Wahrheit geben kann. Doch es muss umgekehrt sein: Am ehesten können wir eine Lösung von einer *Konjekturalwissenschaft* erwarten, in der die Wahrheit auf das Wissen antworten muss, weil die Wahrheit die eigentliche Ursache ist. Sie ist es, die dem *Subjekt* (und nicht dem *Objekt*) die Teilung Wissen/Wahrheit auferlegt hat.

All das klingt schwierig, aber es ist notwendig, es so zu sagen. Gerade nämlich ist ein neues Buch über den Streit der Philosophen mit den Neurowissenschaftlern herausgekommen.[66] Darin wird klar, dass die Kontrahenten sich mehr oder weniger überhaupt nicht mehr verständigen können. Sie werfen sich gegenseitig nur „Irreführung", „Begriffsverwirrung" und Ähnliches vor, von einem gemeinsamen Nenner im Sinne e i n e r Wissenschaft sind sie meilenweit

---

[64] Der Begriff Konjekturalwissenschaft geht auf Nikolaus von Kues zurück. Conjectura heißt Vermutung, man geht von den Konjekturen aus, präzisen Bahnen der Vermutung, die man in immer weitere Präzision treiben kann, bis man zu jener *linea maximalis et infinita*, der größten und unendlichen Linie kommt, die die Wesen in *Liebe* verbindet. (Werke, Meiner, 2002) Heutzutage wird der Begriff Konjekturalwissenschaft vor allem in der Mathematik verwendet. Auch hier geht man ja häufig von einer Vermutung aus und kreist diese immer weiter ein, bis diese oder ihr Gegenteil bewiesen ist.
[65] Siehe: Die Wahrheit in der Wissenschaft, Spectrum der Wissenschaft Nr. 7 (2001) S. 70, wo Vertreter dieser beiden Richtungen nicht die geringste Übereinstimmung erzielen konnten.
[66] Bennet, M., Dennet, D., et al. Neurowissenschaften und Philosophie. Gehirn, Geist und Sprache. Suhrkamp (2010)

entfernt. Die *Konjekturalwissenschaft* (Lacan bezeichnet nicht nur die Mathematik, auch die Psychoanalyse als eine derartige Wissenschaft) wäre eine Lösung. Doch auch dazu finden die Streithanseln keinen Weg. Wie Freud einmal treffend sagte: Alle haben sie eine kleine Macke. Die Philosophen und Künstler sind sublime Hysteriker, die Gläubigen und ihre Theologen ein wenig zwangsneurotisch und die Wissenschaftler ein bisschen Paranoiker (darin hat er sich auch selbst ein wenig eingeschlossen). Dass dies so ist, liegt daran, dass alle Versuche, in denen ein Mensch einem anderen etwas beibringen will, immer von den Eigenheiten, von der Subjektivität und dem Zeitgeist des Beibringers gefärbt sind. Auch die Stellungnahmen in meinem Buch über das *Kenn-, Pass-Wort* können jedoch nicht ohne verantwortungsvolle und wissenschaftliche Sprache auskommen, und um die Färbung beim Beibringen etwas zu vermeiden, halte ich mich eben an die *Konjekturalwissenschaft.*

Um hinter das „Dahinter" zu kommen, muss man nicht Psychoanalytiker werden. Doch alle universitären Zugänge sind durch ihre Diskursstruktur gehemmt, ein „Dahinter" im Sinne eines „Hinter-der-eigenen-Stirne" zu vermitteln. Wohl können sie alle hinter die von ihnen selbst gestellte Aufgabe kommen, aber nicht hinter diese Aufgabe und auch noch gleichzeitig hinter sich selbst. Der Ausdruck *APK* sagt bereits, dass es sich einerseits um Psychoanalytisches handelt, andererseits spielt auch eine Entspannung, Entladung, Befreiungserfahrung oder *Katharsis* eine große Rolle. Der Ausdruck Katharsis, der vom griechischen καθαιρο, befreien, herkommt, zeigt an, dass dieser Aspekt des Sich-Entladens, des „Durchrieseltwerdens" und der Befreiungserfahrung gleichermaßen wichtig ist. Nur durch diese Doppelstrategie kommt man ins echte „Dahinter".

Hier nunmehr das angekündigte Beispiel für ein *Pass-Wort*: Einer meiner Kandidaten, der die *APK* praktizierte, hörte einmal oder hatte wie aus der Tiefe oder wie von weither den Gedanken: „s´ist der Kennvogel". So etwas klingt fast wie ein Traum, aber der Übende war wach und hatte die Formulierung noch „wie im Ohr". Ich muss zugeben, so etwas gibt es manchmal auch beim Aufwachen, „Aufträumen". Hat man in dem Moment, wo man schon wach wird, etwas gehört oder gesagt, klingt das so, als wäre es gerade real passiert. Auch von Berührungen habe ich solches schon oft gehört: Man hat im Traum die Hand von jemandem gehalten und im Aufträumen spürt man noch den Druck der Finger des anderen eine zeitlang nach, manchmal vielleicht sogar Sekunden. Egal, hier in diesem Fall, war das „s´ist der Kennvogel" durch die Übung mit den *Formel-Worten* entstanden. Und dem Betreffenden war sofort klar, was gemeint war. Erstens war er ornithologisch interessiert, er musste und wollte jeden Vogel kennen. Zweites hieß sein Chef Vogel. Und drittens dachte er sofort auch an das im Volksmund übliche „der hat einen Vogel". Natürlich hatte er auch von mir über das *Kennwort* bzw. *Pass-Wort* gehört und gelesen.

„Ich muss nicht jeden Vogel kennen", sagte er, „aber es ist wohl so, dass man als Ornithologe nach irgendeinem sucht, dem interessantesten, dem ultraschönsten. Sodann dachte ich anfangs schon, die *APK* führt vielleicht dahin, dass man einen Vogel bekommt, aber letztlich ist dieses Wort, der „Kennvogel", für mich jetzt ein ideales Instrument zur Selbsterkenntnis. Es passt genau zu mir. Ich muss meinen Vogel kennen, meinen Chef, vielleicht geht dann manches besser, und all die anderen Leute auch, denen ich vielleicht einen Vogel unterstelle. Sicher muss und will ich auch noch weiter den Vogel suchen, der mich ornithologisch interessiert. Der wahre „Kennvogel" aber bin ich selbst. Ich muss mich selber noch viel besser kennen lernen. Mir gefällt das, was mein Unbewusstes mir da zum Denken gegeben hat. An seinem Vogel erkennt man den Menschen."

Auch wenn ich vorerst nichts endgültig Definitives über das Verfahren der *APK* geschrieben habe, versteht jeder, dass es etwas Besonderes ist, wenn man einen Gedanken hört, ja ihn laut selber denkt, also sich selbst beim Formulieren eines solchen Gedankens erwischt, der sich dann als irgendwie tiefsinnig erweist. Hätte einem so etwas jemand Fremder oder ein Freund oder Lehrer gesagt, wäre es bei weitem nicht so eindrucksvoll gewesen. Der Kandidat hätte das Reden über seine Problemzonen als gute Ratschläge auffassen können: „Kümmere dich mal um dich und deinen Chef" hätte ganz gut geklungen, aber nicht viel bewegt. Doch „s´ist der Kennvogel" war der beste Hinweis auf seine Probleme. Ja, auf so einen Ausdruck hätte gar niemand kommen können. Mir selbst fiel ein, dass die Taube, die bei Jesu Taufe vom Himmel gekommen sein soll, doch auch so ein „Kennvogel" war: er klärte die Identität auf, die zwischen Jesus und seinem geistigen Vater bestehen würde. Er war das „Pass – Wort" von oben nach unten. Es verhielt sich wie bei einer Folie à deux, einer „projektiven Wechselbeziehung" zwischen zwei gemeinsamen psychischen Extremverfassungen, wie sie bei Johannes dem Täufer und Jesus vorgelegen haben könnte.[67] Wir Tiefenpsychologen heute sagen natürlich: Dieser Gedanke, den der Kandidat hörte, war ein Pass-Wort von unten nach oben. Es stieg in ihm auf, weil es in ihm drängte, nach oben zu kommen. Und dies scheint mir heute wichtiger zu sein, weil es nicht nur in ihm aufstieg, sondern er es auch analytisch und intellektuell behandeln konnte. Bei dem Vorgang von oben nach unten (was ich schon als das Top-Down gekennzeichnet habe), kann man anschließend nicht mehr viel denken. Man muss gehorchen.

Dass es sich im Neuen Testament um eine Taube gehandelt hat, ist ebenfalls kein Zufall. Die Taube verbildlicht die Stimme am besten, die das „Kennwort" ausspricht, nicht nur, weil Tauben und Möwen sehr menschenähnliche Laute hervorbringen. Der Vogel war immer schon ein Symbol für den Geist, der frei in den Lüften schwebt. Er war Ka, der Seelenvogel der alten Ägypter. Entsprechend ist die Verkürzung des Gedankens bei meinem Kandidaten auf ein „s´ist der Kennvogel", was ja kein ganzer Satz ist, typisch von der linguistischen Seite des „Kenn- *Pass-Wortes*" her. Lacan sagt nämlich, dass es im Unbewussten immer einen „inneren Satz" gibt, der sich allerdings dort nicht „in kontinuierlicher Weise" einschreibt, sondern der oft bruchstückhaft, als Kurz-Satz, knappe Formulierung und immer wieder anders aus dem Insgesamt des Unbewussten auftaucht.[68] „Da man nun einmal die Funktionen des Ich als solchem sucht, sagen wir, dass eine seiner Beschäftigungen genau darin

---

[67] Siehe wieder bei Türcke, C., Jesu Traum, Psychoanalyse des Neuen Testaments, Zu Klampen (2009)
[68] Lacan, J., Die Psychosen, Seminar III, Quadriga (1997) S. 135

besteht, nicht von diesem Satz belästigt zu werden, der immer weiter zirkuliert und der nur beansprucht, wiederaufzutauchen in tausend mehr oder weniger getarnten und störenden Formen", schreibt Lacan.

Eben, wir weisen diese Belästigungen aus dem Unbewussten zurück, wir wollen von uns selbst, von unserer inneren Wahrheit nichts wissen. Allerdings muss man auch sagen, dass das Unbewusste uns die Dinge so hochbringt, dass wir sie gar nicht verstehen können, dass wir unter den so produzierten Symptomen leiden. Erst wenn man Vertrauen in ein Verfahren gefasst hat und damit weiterkommt und feststellt, dass man mit einer bestimmten Art dieser Sätze leben kann, ja sogar gut leben kann, weil sie einem das Wesentliche über einen selbst sagen, ist es auch therapeutisch gefestigt. Natürlich spricht das Unbewusste nicht mehr so bildhaft wie vor 2000 Jahren bei der Taufe am Jordan, als es noch ein scheinbar Oben-Bewusstes war. Vielleicht ist er auch gar nicht so genau gesagt worden, wir sind uns bei so alten Überlieferungen nicht so sicher. Heldenleben werden oft im Nachhinein positiver dargestellt. Man hat dem Ursprung der christlichen Religion oft leicht narzisstische Grundlagen unterstellt, so z. B. B. Grunberger in seinem Buch „Narzissmus, Christentum, Antisemitismus".[69] So eine submanisch gehobene Stimmung und Erfülltheit vom Religiösen gelingt uns heute nicht mehr so leicht bzw. wohl überhaupt nicht mehr, und so fallen auch die *Kenn-Wort-Sätze* nicht so euphorisch aus. Trotzdem war es ja auch so: je positiver und euphorischer sie ausfielen, umso mehr musste man dann auch für sie büßen.

Bleiben wir also dabei: Das oder die *Kenn-* bzw. *Pass-Worte*, die inneren Formulierungen etc. wären schon eine recht gute Sache, könnte man sie einfach so aus sich herausholen, indem man nur „die irdische Brust im Morgenrot badet", wie Goethe im Faust schreibt, oder einmal in den Jordan eintaucht und dabei gleichzeitig einen so guten Psychotherapeuten hat wie Johannes den Täufer zur Verfügung hat. Und doch möchte ich hier so etwas Ähnliches vermitteln.

---

[69] Grunberger, B., Narzissmus, Christentum, Antisemitismus, Klett Cotta (1997)

Ich gehe natürlich davon aus, dass auch die Religionen aus dem Unbewussten früherer Menschen so entstanden sind, nämlich indem sie – als belästigende und verdrängte Kurz-Sätze zu *Kenn-* oder *Pass-Wort-Sätzen*, ja zu Offenbarungs-Sätzen wurden. Aber mir geht es hier nicht um eine Neufassung des Theologischen oder Religiösen. Mir geht es darum, dass die psychoanalytische Enthüllung durch eine Art der Selbstanalyse mit Hilfe der *APK* zustande kommen kann, und sich dies dann mit einer *Katharsis* (Bad im Morgenrot) und gleichzeitiger Identitätserkennung, aufs Eigene bezogener Wahrheitsfindung (dass das Wissen auf die Wahrheit antworten muss) vollzieht.

Das Unbewusste denkt, kalkuliert und rechnet nicht, aber es weiß, sagt Freud. Etwas in uns weiß es schon ziemlich genau, und das hängt sogar mit der Wahrheit von uns selbst zusammen. Wenn das dann hochkommen kann, braucht man es nur noch mit ein bisschen weiterem Wissen anzureichern, um das Ziel erreicht zu haben. Aber wie kommt das *Kenn-* bzw. *Pass-Wort* wirklich und wissenschaftlich begründet dazu, eine solch entscheidende Funktion im Leben jedes Individuums haben zu können? Ein paar Dinge habe ich schon angeführt. Das erste war, dass ich von der Lacanschen „Passe" ausgegangen bin, dem „Durchgang" der psychoanalytischen Ausbildungskandidaten, der knapp zusammenfasst, wie jemand durch seine Analyse hindurchgekommen ist. Man musste das alles zwei Unbeteiligten erzählen: Welche Abwehr hat man aufgeben müssen, welche Einsichten hat man dadurch gewonnen? Diese Schlüssel-Sätze die die „Passe" des Ausbildungskandidaten ausmachen, hat er ja schon vorher unbewusst in sich getragen.

Das Zweite, das begründen soll, wie das *Pass-Wort* funktioniert, besteht darin, dass es neben diesem rein analytischen Vorgehen noch die kathartische Erfahrung gibt, die das *Kenn-* oder *Pass – Wort* eigentlich erst richtig zu dem macht, was es bedeutet: ein hypomanischer Durchgang, ein Durchrauschen. Ein sich mit der Welt und sich total im Einklang fühlen. Ein Höhepunkt, der eben gerade dadurch, dass er so kathartisch daherkommt, das *Pass-Wort* stützt und bekräftigt. So etwas alleine genügt ja, um die Gültigkeit des *Pass-Wortes* zu bestätigen, weil ein Glücksmoment auch ein

Beweismoment ist. Dies ist natürlich nicht immer der Fall. Manchmal entsteht *Katharsis* alleine, dann wieder taucht unabhängig davon wie aus dem Nichts das *Pass-Wort* auf. Ich werde noch zeigen, dass auch die Außen-Innen-Verschichtung (d. h., es erscheint wie außen und innen gleichermaßen vernehmbar) des *Pass-Wortes* eine wichtige Begründung für seine Wissenschaftlichkeit ist.

Der Konnex, das Konnektiv, der dynamische Beziehungs-Kontext.

Vom Kontext der Lebewesen mit ihrer Umwelt und mit anderen Lebewesen habe ich schon hinsichtlich der Thesen des Philosophen A. Noë geschrieben. Dieses Kontext-Ereignis erinnert ebenfalls an die *Pass-Worte*, die sich ja auch in einer Art von hypersphärischem Raum ereignen und nicht vorwiegend im Gehirn. Das heißt, das Gehirn spielt hier sicher eine Rolle, aber das Wesentliche ist die Begegnung der zwei grundlegenden *Signifikanten*, der Grundtriebe oder des *Strahlt/Spricht*. Ich kann hier noch ergänzen, dass das *Spricht* bei Lacan der schon erwähnte *Herren-Signifikant* ist, auch S1 geschrieben, die befehlende Rede des Herrn, während der *Signifikant* S2 das Wissen ist, das Wissen, das *Strahlt* (das bei Hegel vom Knecht erstellt wird und bei Freud und Lacan ist es das Wissen der Frau). Diese beiden begegnen sich im Menschen, vorwiegend im Gehirn, aber auch sonst in seinem gesamten Organismus. Denn der Kontext, den Noë beschwört, ereignet sich ja im Kontext mit allen anderen in der Welt.

Das *Pass-Wort* steht also mitten in diesem Kontext, in diesem Beziehungs-Konnex. Wir interagieren zwar nicht immer bewusst, aber eben doch unbewusst mit solchen Kontext-Schlüsseln, Konnex-Erfahrungen. Wenn wir in einer Psychoanalyse so weit gekommen sind, dass wir von diesen Kontext-Schlüsseln als „Passe" sprechen können, das Ganze also symbolisch – verbal – ausdrücken können, sind wir ja am Ziel. Dennoch: Welche Rolle spielt der Organismus dabei, was heißt hier hypersphärischer Raum, wie ereignet sich der Kontext konkret in und mit uns? Da sind immer noch viele Fragen offen. Worum geht es überhaupt, pflegte einer meiner Patienten in so einer Situation immer zu fragen. Es ist wichtig, dass man in den ersten Schritten nicht schon die letzten vorwegnimmt. Im philosophischen Kontext schreibt man ganze Bücher über den Begriff der Tautologie, weil man dann zu wissen glaubt, dass durch eine Anlehnung an die Mathematik (und ihr A = A) eine Möglichkeit besteht, glaubwürdig und beweisend zu sein. Man weiß dann, um was es geht, nämlich dass es bei A und A geht, definitiv. A ist Passe und A ist Wort, *Pass-Wort* bewiesen.

Dabei liegt der philosophische Anspruch hier gar nicht so falsch: Krieg ist Krieg ist eine Tautologie und sagt dennoch etwas darüber Hinausgehendes aus. Nämlich dass es nicht so lustig ist wie im Frieden, dass im Krieg andere oder gar keine Regeln mehr gelten. Das erste Wort Krieg ist noch harmlos, aber das zweite Wort Krieg verweist auf die Fürchterlichkeit des Tötens. Auch ich lehne mich letztendlich an die Mathematik an. Ich setze die „Menge" zuerst, dann erst das Einzelne, Doppelte, die Drei, die Vier, die ja auch wieder Menge sind. Ich erinnere an die eine Eins, die schäbige sozusagen, weil sie nur eine Null für die andere Eins repräsentiert, die noch nicht so beschädigt erscheint. Erst wenn man weiterrechnet, wird auch sie mit der Null konfrontiert. Ich erinnere auch an Gödel, Gamm und Heisenberg: Nichts ist endgültig bestimmbar. So schreibt auch der bekannte Physiker S. Hawking in seinem letzten Werk (The Great Design), dass keine einzelne Theorie jemals die Weltformel liefern können wird. In seiner M-Theorie genannten theoretischen Formulierung, lässt er die Menge aller Theorien gelten. Nur wenn man alle Theorien im Überblick ihrer Menge behält, liegt man richtig. Eine gut gewählte romantische Schilderung, eine Neuronentheorie, psychoanalytische Auffassungen, das Verständnis der Taube bei Johannes als das eines mythischen Sprechens und die Verwendung dieses Mythos als eine wertvolle Historie, die Tautologie und die Seele als Interaktions-Kontext – alles kann gut als ein Einstieg in das gewertet werden, was ich hier schreiben will, als Einstieg in das „Dahinter" und dass es tatsächlich so etwas geben muss wie das *Pass-Wort*, das niemand fertig benennen kann, weil es nur durch eine Wissenschaft v o m Subjekt herauskommt. Jeder kann es nur selbst ausdrücken. Kein Professor, kein Lehranalytiker ist nötig.

Und natürlich gilt dies auch für das Reden von der Entwicklung der Sprache. Lacan war ganz entsetzt über den berühmten Sprachwissenschaftler N. Chomsky, als dieser ihm gegenüber erklärte, die Sprache sei für ihn ein Organ, ein Werkzeug![70] Nach Chomsky ist die Sprache ein menschliches Werkzeug, das auf den Menschen selbst zurückwirken kann, während Lacan genau der gegenteiligen Auffassung war: „Der Mensch spricht" – hat die Fähigkeit zum definitiven Symbolisieren – „aber er tut dies, weil das Symbol ihn zum Menschen gemacht hat"![71] Irgendetwas Symbolisches, eine primitive symbolische Ordnung, eine Art von „Sage", „Spreche", ja von einem ES *Spricht*, von *Pass-Worten* ist schon da, bevor der Mensch erscheint, d. h. mit diesem *Spricht* erscheint er erst voll und ganz. „Die Natur liefert *Signifikanten*",[72] sie liefert Runen und Raunen, „there are books in rivulets and sermons in stones", wie schon Shakespeare sagte, was man jedoch nicht wort-wörtlich nehmen darf. Denn was wirklich zählt ist eben gerade das *Spricht* in seiner *Strahlt* – Form und sonst nichts.

Da haben wir es also, was die Mathematiker seit Pythagoras immer schon behaupten: Etwas, was wirklich zählt, Laute, die wirklich zutreffen, ein (Er-)Zählbares gab es schon zu Zeiten der Neandertaler (und sogar davor), und genau dieses Ursymbolische, das einfach rein nur zählte, hat den Menschen zum Menschen gemacht. Nicht allein das große Gehirn hat den Sprung zum Homo sapiens sapiens bewirkt, denn dies ist nur zum Teil berechtigt, weil man bedenken muss, dass das Neandertalergehirn noch größer als unseres war. Auch war nicht allein die Gruppendynamik Ursache der besonderen Menschenentwicklung, denn diese gibt es bei vielen Tiergruppen auch, die trotzdem bis heute nicht menschenähnlich geworden sind.

---

[70] Lacan, J., Le Sintome, Seminaire Nr. XXIII vom 9.12.75

[71] Lacan, J., Schriften I, Walter (1980) S. 117

[72] Was *Signifikanten* sind, soll sich aus dem weiteren Text ergeben. Gehen wir einmal davon aus, dass sie im Unterschied zu reinen „Bezeichnungen" der/das „Bezeichnende" sind, Wesen des originären Sprechens, also tatsächlich der „Sprechung", eines *Es Spricht* als solchem. Oder anders und etwas vereinfacht gesagt: *Signifikanten* sind Bedeutungseinheiten, Elemente der Bedeutung, „Bedeuter."

Wenn ich also von diesem *Es Erzählt* rede, so weil es natürlich wieder mit dem *Kenn-, bzw. Pass-Wort* etwas zu tun hat. Denn dieses spricht ja nicht nur einfach so vor sich hin. Vielmehr zählt, zählt sehr intensiv, was Es sagt.

Auch der Sprachwissenschaftler H. Haarmann bestätigt die Identitätsfindung als die Ursache der Sprache.[73] Ein Losungswort, *Pass-Wort*, das man sich zurief, um sich zu bestätigen und anzuerkennen, war der Anfang. Erst dann konnte man sicher sein und auch Gegenständen einen Namen geben. Die ersten Menschen mussten sich abgrenzen von anderen menschenähnlichen Hominiden. Aber man musste seine Identität auch ständig durch Lautbilder, durch Wort-Klang-Bilder und *Pass-Worte* bekräftigen. Schon vor ca. 1,8 Millionen Jahren sollen die Frühmenschen erstmals das Feuer gezähmt haben. R. Wrangham stellte die These auf, dass durch den Umgang mit Feuer die Vor- oder Frühmenschen erstmals auf dem Boden der Savanne schlafen konnten (das Feuer hielt die wilden Tiere ab) und sich auch durch Kochen der Nahrung besser ernähren konnten.[74] Dazu kam, dass man mit der Zähmung des Feuers auch ein Verständnis für den Umgang mit dem inneren Feuer, den seelischen Affekten, bekam. Also ein *Pass-Wort* für das Brennen und den Brenner.

War man beispielsweise ein Bewältiger dieses feurigen Brennens geworden, so war man ein Brenner und ein Löscher, ein „Brennzler", ein „Brunzler."[75] Man war nicht mehr nur ein Tiermensch,

---

[73] Haarmann, H., Weltgeschichte der Sprachen, Becksche Reihe, S. 32
[74] Wrangham, R., Catching fire: How Cooking made us Human.
[75] S. Freud näherte sich diesem Thema über das Brennen in der Harnröhre beim Urinieren, mit dem man auch Feuer löschen konnte, und zwar das innere wie das äußere zugleich. Innen und Außen fanden sich also durch die verschiedensten Funktionen verschränkt und verknüpft vor. Erst derartige Zusammenhänge und ihr Verständnis haben dazu veranlasst, dass man Worte benutzte. Dieser Ausdruck „brunzen" für urinieren entstammt einem österreichischen Dialekt und enthält wohl im Wortstamm das Brennen wie auch den Brunnen, vielleicht auch das Bruzeln und das Adverb brenzlig, das eben ideal die Mischung der in diesem

sondern fast schon ein Gottmensch wie Prometheus, der den Göttern das Feuer raubte. Man war „Agni" (ein Übermensch aus der indischen Mythologie) geworden oder irgend so jemand, und darin erkannte man sich wieder, wenn man jemanden mit diesem Losungswort anrief und dieser es verstand. „Brunzler", „Brennzler" – du und ich, da konnte man sicher sein.

Nicht umsonst hat S. Freud seine Theorie eine Sexualtheorie genannt, weil in all diesen Vorgängen etwas Erotisches mitschwingt, auch wenn es mit dem, was wir unter erwachsener und mehr männlich betonter Sexualität verstehen, gar nichts zu tun hat. Aber Zeugung und Geburt, sehr Intimes, inbrünstig Erfahrenes oder Getanes, „Brennzeln", erotisches Zündeln und Ähnliches lassen sich nicht als nüchtern Objektives verstehen, sind aber auch nicht subjektive Einbildungen. Bis man einen gültigen und sich bei allen Individuen eingebürgerten Namen z. B. für eben dieses Brennen-Machen, für diesen „Brenn-Brunzler" hatte, war es wie eine Schwangerschaft und Geburt, mit der schließlich ein solcher Name in einem selbst gewachsen und dann herausgepresst, hervorgedrückt und befreiend enthüllt werden konnte. Man hat nicht einfach Dinge bezeichnet, man hat Namen geboren. Denn mit jedem Ding außen war auch ein Ding innen gemeint.

Tatsächlich erinnert das Auftauchen eines *Pass-Wortes* bei der *APK* mehr an eine Geburt und an die begleitende Katharsis mehr an das „weibliche Genießen", die „jouissance feminine". Das *Pass-Wort* kommt wie aus der Tiefe oder Weite, man hört es erst gar nicht richtig, es wälzt sich, drängt sich empor. Viele, die damit üben, erklären, dass sie es erst in einem Moment danach bemerkt haben: Da war doch gerade ein seltsamer Gedanke, ein fast befremdlicher Satz, so wie der oben genannte „s′ist der Kennvogel". Um dem näher zu kommen muss ich nunmehr doch auf das tiefer eingehen, was ich weiter oben schon einmal kurz mit einer weiteren Spezifität, nämlich den *Formel-Worten* angedeutet habe. Auch hier ist es wieder wichtig, auf Psychoanalyse und Mathematik zurückzugreifen.

Namen ausgesagten Dinge vereint. Auch dies ist wichtig für das Verständnis der *Pass–Worte*. Sie sind Worte des Außen-Innens.

Das Unbewusste kann nämlich nur bis zur Drei zählen, weiter – und dies gilt auch bei vielen Primärvölkern so – gibt es nur noch das Viele, die Menge (diese Erkenntnis war auch ein Grund für die Mengenlehre). Der unbewusste Raum ist mehrschichtig und die unbewusste Zeit mehrdeutig. Die objektiv gleiche Stunde kann gähnende Lange-Weile sein oder Kurzweil und Hast.

Freud stellte sich das Unbewusste so vor, als wäre es die Stadt Rom mit ihren sämtlichen, auch aus frühesten Zeiten stammenden Bauwerken, also imaginär ineinandergeschachtelten alten und neuen Bauten, in einem Raum-Konstrukt zu sehen. In der Mathematik spricht man hier, also bezüglich dieser Raum-in-Raum-Strukturen, von räumlichen Mannigfaltigkeiten, was ebenfalls ein treffender Ausdruck ist. Der Raum ist mehrfach aus- und eingefaltet. Der psychoanalytische Raum ist also eine raum-zeitlich-gekrümmte Struktur, in der sich Patient und Analytiker treffen, theoretisch! Die Psychoanalytiker hängen jedenfalls an den „freien Assoziationen" ihrer Patienten buchstabengetreu die Interpretationen auf. Sie sprechen vom analytischen Raum, der mit Raunen, sich Versprechen, verlegenem Räuspern, schnellem Atmen, hastigen Ausreden, brünstigen Gedanken und schweigendem Deuten vollgepackt ist.[76] „Eine Rede, in der ich mir etwas sagen lasse, nenne ich wahr . . und so steht die Wahrheit am Anfang . . . in diesem sich mit der Auseinandersetzung zweier Subjekte aufspreizendem Raum", schreibt der Philosoph J. Simon.[77] In der klassischen Psychoanalyse gelingt es jedoch nur ganz selten, dass man von solchen verknoteten Räumen heraus auch so sprechen kann, dass sich die ineinandergeschachtelten Vorstellungen, Affekte, Gedanken etc. auch sprachlich interpretieren lassen.

Ich kehre wieder zu den *Kenn-* und *Pass-Worten* zurück, die ja eine Verwandtschaft und Ähnlichkeit mit den *Formel-Worten* haben. Sie sind ihr Pendant, ihr Kontrapart, ihre genauen Mit- und Gegenspieler. Der oben genannte die *APK* übende Kandidat hatte ja mit

---

[76] Ferro, A., Im analytischen Raum, Psychosozial Verlag, 2005

[77] Simon, J., Philosophische Untersuchung . . . De Gruyter, 1969 (Zitat ist zum besseren Verständnis etwas abgeändert)

seinem „ist der Kennvogel" so ein gleichermaßen seltsames formel-
artiges Wort, Kurz-Satz, Kurz-Kontext, *Kenn-Wort* hervorgebracht.
Zweifellos stand dieses *Kenn-Wort* dem Bewussten näher, er erkannte es ja als sein eigenes, wenn auch befremdliches und wie von
ferne her kommendes Denken. Dennoch ist es durch das Üben mit
den *Formel-Worten* (unter anderem hat er auch das Formel-Wort
ALOCUSTOS verwendet) entstanden. Das Bindeglied, durch das
das eine mit dem anderen zusammenhängt, ist nunmehr auch eine
derartige Formulierung, denn darin steckt zuerst einmal „s´ist." Es
geht ums Sein, das durch die Verkürzung eines „Es ist" zum „s´ist"
besonders prägnant ausfällt, und zwar deswegen, weil es kein ma-
terielles, ontisches Sein ist. Es geht vielmehr um ein In-„sist"-ieren,
also genau das, was bei Lacan ganz zentral steht: für das in der Psychoanalyse so wichtige Wort, die freie Assoziation, durch die hindurch etwas insistiert, um worthaft heraus zu kommen.

Sodann geht es um das „Kenn", um die Identität, darum, sich oder
andere zu kennen. Bei einer Besprechung über seine Übungen erwähnte der betreffende Adept das Gleiche, was ich mir selbst gedacht hatte: den Spruch aus der Bibel, wo es heißt, dass Adam und
Eva sich „erkannten", oder den Spruch, dass Maria ja kein Kind
bekommen kann, weil sie keinen Mann „erkennt". Im Hebräischen
wird das Erkennen durch die Wurzel עיד jd´ zum Ausdruck gebracht, die im gesamten semitischen Sprachraum vorkommt. Es
heißt wissen, erkennen, aber im Zusammenhang mit „Adam erkannte Eva, seine Frau" bezeichnet *jāda´* die geschlechtliche Liebe
von Mann und Frau. Man hat es ins Griechische mit ‚gignoskein‘,
intellektuell erkennen, einseitig übersetzt. Aber wenn jemand eine
zwingende Assoziation dieser Art hat, ist dieser Zusammenhang
auch wichtig. Und schließlich stand da ja noch der „Vogel", zu dem
ich ja bereits die Assoziationen „Chef", „Ornithologe" und „einen
Vogel haben" aufgezählt habe.

Wie das *Formel-Wort* hatte also auch das *Pass-Wort* mehrfache Bedeutungen, und das ist gut so. Denn dadurch werden der Kern und
alle seine Zusammenhänge mit einem Schlag sichtbar. Das ist die
Sichtung. Weiter analysiert kommt noch etliche Rede zustande, die
das Ganze abrundet, und so hat dieser Adept der *APK* weiter geübt

und schon bald ein weiteres *Kenn-, Pass-Wort* erfahren. Doch auch dies hat nicht dazu geführt, eine evtl. lückenlose und bis ins Letzte befriedigende Erklärung zu finden, wie von den Wort-Klang-Bildern der Formel-Worte die Wort-Klang-Bilder der *Kenn-Worte* exakt entstehen und welche Enthüllung noch notwendig ist. Ich denke auch – vorerst einmal – dass es gut ist, solange der Übende selbst (evtl. mit Hilfe seines Lehrers der *APK*) weitere befriedigende Ergebnisse erhält. Denn würde man dieses letzte Missing Link finden, wäre es wahrscheinlich nichts anderes als ein wissenschaftlicher Beitrag zum gesamten Verfahren oder wieder eine neue Art von Formel-Wort, das man vielleicht noch idealer als die bisher von mir gefundenen verwenden könnte. Ich muss dies also späteren Generationen überlassen.

Wichtig ist noch zum Schluss, dass die Echtheit und Originalität der *Pass-Worte* nicht nur dadurch garantiert ist, dass sie zusammen mit der *Katharsis* auftreten. Wichtig ist auch, dass sie diese Außen-Innen-Verschichtung haben. Weil dieses wie von Ferne her, wie vom *Anderen* her vernommene *Pass-Wort* so entrückt ist, ist oft nicht zu unterscheiden, ob es vom eigenen Inneren oder von Außen her kommt. Eben deswegen ist das *Spricht*, die Rede, das „unsterbliche Gerücht", die symbolische Ordnung als solche etwas Universelles. Manche Psychoanalytiker sprechen hier vom „kollektiven Unbewussten". Doch besteht zu Recht die Frage, ob es so etwas wirklich gibt. Wenn schon im „Urknall" ein „Es Verlautet" anzutreffen ist und die darin steckende Rhythmik, Metrik, Artikulation etwas sagt, dann muss man den Kreationisten wieder ein bisschen recht geben: „Aus dem *ein-unter-anderen*" – wenn man also von irgendeiner Vielheit ausgeht – „erhebt sich . . ein *Signifikanter essaim*, ein summender Schwarm, S$_1$", den auch Lacan mit vielen S schreibt.[78] S$_N$ (S$_1$, S$_2$, S$_3$, . . .).

---

[78] Lacan, J., Seminar XX, Quadriga (1986) S. 156

7. *Analytische Psychokatharsis (APK)*

Obwohl ich bisher wahllos Einzelteile des Verfahrens der *APK* geschildert habe, ist doch ungefähr klar geworden, wie das Verfahren funktioniert. Dennoch muss ich nunmehr eine kurze, detaillierte Darstellung vor allem von der Praxis des Verfahrens geben. Wie im autogenen Training oder ähnlichen Verfahren (Meditation) setzt man sich in bequemer Haltung hin und wiederholt gedanklich eines oder mehrere *Formel-Worte*. Scheinbar handelt es sich damit um nichts anderes, als wie man früher rein mit der Zunge der Gedanken ein Gebet formuliert hat. Der Unterschied liegt nur darin, dass das Gebet schon einen fest vorgegebenen Sinn hatte, der sich an der religiösen Lehrmeinung orientiert hat. Mit der entspannenden und meditativen Gebetsübung hat man sich sozusagen gleichzeitig die religiöse Doktrin eingekauft. Da ich hier wissenschaftlich bleiben will, muss ich anders vorgehen. Ich benutze also eine aus der Psychoanalyse abgeleitete psycho-linguistische Methode mithilfe von Formulierungen (*Formel-Worten*), die eben keinen vorgegebenen Sinn zulassen. Sie scheinen eher unsinnig zu sein, genauer aber muss man sagen, dass sie einen überdeterminierten Sinn haben, der eben so überdeterminiert ist, dass man keinen einzelnen Sinn oder eine einzelne Sinngeschichte mehr daraus machen kann. Was sollte man auch aus Custos, Sal, Os, Osa, Locus etc., – Worte, die ich im letzten Kapitel erklärt habe – für einen Kurzsatz, Kompaktsatz, schlüssigen Gedanken bilden? Das geht nicht, die einzelnen Bedeutungen sind zu disparat, das Bewusste wird also ausgeschaltet und das Seelische dann so lange mit dem Formel-Wort bearbeitet, bis es nunmehr aus dem Unbewussten einen derartigen Kurz-Satz herausgibt, den ich eben *Pass-Wort* oder Kenn-Satz genannt habe. Ich habe dies auch in dem Begriff des Wort-Klang-Bildes und des *Spricht* zusammengefasst, dem das *Strahlt* gegenübersteht.

Man setzt sich also in bequemer Haltung hin und wiederholt rein mental die Formel-Worte. Um dies nicht zur leeren, gebetsmühlenhaften Wiederholung werden zu lassen, konzentriert man sich gleichzeitig auf das, was ich mit dem *Strahlt* der „maßgeblichen Bilder", dem Spürbarwerden des Körperbildes beim „Aufträumen", mit dem „Durchrieseltwerden" usw. gemeint habe. Dies ist ja etwas, was man nicht künstlich erstreben, erarbeiten muss. Es ist ja schon immer da, dieses *Strahlt* der ineinandergeschachtelten Räume, diese Befreiungserfahrung des Körperbildes, dieser – wie die Psychoanalytiker sagen – Primärprozess des Wahrnehmungs- bzw. Schautriebes. Dieses *Strahlt* muss mit dem Wiederholen der *Formel-Worte* verbunden werden, weil dadurch ein Aufschaukeln und eine Stabilisierung des Verfahrens in einer ersten Übung erreicht werden.

Diese erste Übung enthält also zwei Komponenten. Während man das *Formel-Wort* gedanklich wiederholt (1. Komponente), achtet man darauf (anfangs vielleicht besser bei geschlossenen Augen), ob man so etwas wie ein Es *Strahlt* wahrnehmen kann (2. Komponente). Es handelt sich nicht um „Licht", wie das bei vielen Meditationen empfohlen wird, weil dieser Begriff widersprüchlich ist. Der Begriff des *Strahlt*, des „Lichtes" als einer Form des unbewussten Schauens, ist hier tatsächlich besser, und wird daher von den meisten Menschen schneller realisiert, als wenn man sich darum bemüht, irgendein Licht zu imaginieren, das es real als Licht, als „lux" [79] gar nicht gibt. Wie ebenfalls schon erwähnt, sprach die französische Psychoanalytikerin F. Dolto in diesem Zusammenhang vom „Körperbild", also von etwas, das sich vom Körper wie dessen eigenes ‚Strahlen' abheben würde. Man kann dies auch mehr empfinden als „sehen". Notfalls muss man eben so lange warten, bis sich diese Erfahrung klar eingestellt hat. Nicht zuletzt dient dieses Buch dazu, durch konkrete Wissens-Erfahrung bereits die klare Sicherheit zu haben, dass sich dieses *Strahlt* unverkennbar einstellen wird, wenn man darauf achtet, während man das *Formel-Wort* gedanklich und monoton-langsam wiederholt.

Man achtet also darauf – ohne etwas zu imaginieren, denn das wäre ein konstruiertes *Strahlt* –, was auch immer erscheint (und selbst wenn es nur wie Schwarz oder wie eine dunkle Wolke erscheint, die

---

[79] Im Lateinischen gibt es auch den Begriff des „lumen", der vielleicht eher ein „höheres Licht" meint, aber oft wird auch lumen und lux gleich verwendet. Man sollte daher den Lichtbegriff für die Meditation ganz vermeiden.

einen silbernen Rand hat, wie ein chinesisches Sprichwort sagt), sodass man es ein *Strahlt* nennen könnte. Der Vorgang ist also genau
umgekehrt wie bei allen Meditationen, wo man immer schon etwas
im Auge hat, ein Mandala, eine Christusfigur, einen Punkt. Bei der
APK dagegen „triumphiert der Blick über das Auge",[80] weil das der
Realität des Triebs entspricht, also wirklich i s t. Ja, es ist geradezu
so, als habe man einen „zweiten" Blick, von dem es übrigens neu-
erdings auch durch computergestützte Doppelbilder eine direkte Erfahrung gibt.[81] Dieser „zweite" durch Ausnutzung einer gewissen
Neurologie hergestellte Blick ist natürlich ebenfalls irgendwie
künstlich. Er zeigt uns aber, dass wir unter bestimmten Umständen
jederzeit fähig sind, noch einen anderen Blick als den üblicherweise
zum Sehen verwendeten zu haben, also etwa den unseres Körperbildes.

Beim „zweiten" Blick des „Magischen Auges" muss man wie
abgehoben, wie blöd auf das Computerbild starren, damit sich
dann plötzlich ein in dem Computerbild verborgenes dreidimensio-
nales Bild darstellt, das beim normalen Draufblicken nicht erkennbar ist. Nichts anderes sind die „Astralebenen" in der Mystik. Man
blickt dabei wie in Trance nach innen und oben, trennt sozusagen
den Blick vom Auge. Es erscheinen dann „Bilder" auf dem Hintergrund einer natürlichen, angeborenen, neurologisch bedingten „Geometrie", die der von mir schon oft erwähnten Topologie ähnlich
ist. Insofern diese „Bilder" durch „endogene Muster,"[82] durch die
geordnete „innere Wahrnehmung" des limbischen Systems oder
Ähnlichem mitgesteuert werden,[83] können sie jedoch eine „mentale" Erfahrung stützen und den Eindruck einer gefestigten „Vision"
erzeugen. Aber diesen mystischen Weg brauchen wir nicht zu
durchschreiten, denn in der *APK* wird das *Strahlt* alleine durch seinen Mit- und Gegenspieler, nämlich das *Spricht* (*Formel-Worte*,

[80] Lacan, J., Die vier Grundbegriffe der Psychoanalyse, Seminar Nr. XI,
Walter (1980) S. 109
[81] Das Magische Auge, Ars Edition, München, (1993)
[82] Eichmeier, J, Höfer, O., Endogene Bildmuster, U&S Verlag (1974)
[83] Kaplan - Solms, K., Clinical Studies in Neuro - Psychoanalysis (2001)

„Laut", *Pass-Worte*) gestützt. Genau darin liegen die wissenschaftliche Einfachheit und Klarheit.

Es geht also bei dieser ersten Übung um das *Strahlt*, das man ständig unbewusst vom eigenen Körper hat, und das nichts suggeriert, denn es handelt sich um ein angeborenes Es Oszilliert, Zeigt, wird Erspürt oder eben *Strahlt*, das immer schon in einem wirkt. Dieses entsteht irgendwo in der Mitte des Kopfes bei längerer Entspannung, in der man ständig weiter auf das achtet, was man schließlich erspürt oder erfahren hat (egal ob empfunden, „gesehen" oder sonst wie wahrgenommen).[84] Egal, wie wir es erklären oder sehen wollen, es geht um genau jenes *Strahlt*, das ich ja jetzt nicht noch besser intellektuell erklären kann, denn es kann nur selbst erfahren werden! Man muss also auf etwas achten, dem der Charakter von einem *Strahlt* irgendwie zukommt, auch wenn es schwarz hinter den geschlossenen Augen bleibt. Es geht nicht darum, sich die Worte „Licht" oder *Strahlt* gedanklich vorzusagen, sondern um ein passives Darauf-Achten, ob irgendetwas diesem Charakter des Schimmers eines „zweiten" Blicks zukommt. Es geht also nicht unbedingt um etwas herkömmlich Optisches, sondern evtl. auch nur um die Empfindung eines Körperbildes, eines Spürens (z. B. Gefühl des Durchrieselns, Durchschauerns).[85] Und während man nunmehr diese Erfahrung des *Strahlt* hat -wie gering sie auch sein mag –, wiederholt man gleichzeitig langsam in Gedanken die sogenannten *Formel-Worte* (in diesem Buch sind drei veröffentlicht, die für einen ersten Versuch genügen würden). In anderen Büchern oder

---

[84] Ich sage hier „in der Mitte des Kopfes". Es kann natürlich auch außerhalb sein. Beim 3D- Fernsehen sehen wird das dreidimensionale Bild auch oft direkt vor uns, wo sich gar kein Bildschirm befindet, also im virtuellen Raum. Das *Strahlt* ist aber nicht so sehr nur ein virtueller als auch ein realer Raum, der zudem auch eine schon beginnend symbolische Bedeutung hat (Körperbild, „Erscheinung mit Bedeutung" oder wie Lacan es nennt: „maßgebliches Bild").

[85] Diesen von mir bereits mehrmals erwähnten Begriff kann ich hier nicht besser wissenschaftlich begründen. Ich verweise nochmals auf Fußnote Nr. **Fehler! Textmarke nicht definiert.**.

auch an entsprechenden Einführungsabenden sind weitere zu bekommen.

Man sitzt also in bequemer Haltung und wiederholt in Gedanken langsam dieses oder mehrere so geartete Formel-Worte, während man – hier ein letztes Mal gesagt – gleichzeitig darauf achtet, ob man irgendetwas bemerken kann, ein Körperbild oder -gefühl, etwas Visuelles oder Taktiles, kurz: etwas, das einem *Strahlt* entspricht. Evtl. muss man einige Zeit ohne Anspannung darauf warten, bis sich dieses Oszillierende, das nichts mit den Augen zu tun hat, einstellt, und das immer unbewusst vorhanden ist. Diese Übung behalten wir etwa 10 min bei.

Die zweite Übung besteht dann in der Erfahrung *des Kenn-, Pass-Wortes*. Auch hier ist es nämlich hilfreich, sich auf das *Spricht*, das Verlautet, das Klingt, einer Art „Ton" zu konzentrieren, wenn ich den Primärprozess des Entäußerungs-, Sprechtriebes so erläutern kann. Die Psychoanalytikerin S. Maiello hat nämlich aus ihrer Arbeit mit psychisch gestörten Patienten heraus das „Erlebnis"- und das „Klang-Objekt" als erste seelisch-psychische Objekte des Menschen beschrieben.[86] Während das „Erlebnis-Objekt" wiederum genau mit unserem *Strahlt* bzw. Spiegelungsvorgang korreliert (das Kind bzw. der Säugling erlebt erste Beziehungsaspekte zur Wärme, Bewegung und Emotionen der Mutter wie Spiegelungserfahrungen), stellt das „Klang-Objekt" exakt jenem zweiten, ebenfalls schon frühzeitig auftretenden Vorgang dar, den ich ja jetzt ständig mit dem *Spricht*, dem Integrations-Kontext etc. beschrieben habe. Maiello geht davon aus, dass das Kind durch die Wahrnehmung erster Klanggeräusche, wie etwa der Stimme der Mutter, ihres Herzschlags etc., durch Laute also, deren Einordnung in das beim Menschen bereits früh ausgeprägte Hör-Sprech-System schon während der Schwangerschaft stattfindet, ein erstes (bzw. hier gleichzeitig zum Spiegelungsvorgang nunmehr zweites) seelisches „Objekt" aufbaut.[87]

---

[86] Kaminer, I., Die intrauterine Dimension des Menschen, Psyche Nr. 2 (1999) S. 101-136
[87] Maiello, S., Das Klang-Objekt, Psyche Nr. 2 (1999) S. 137-157

Indem man beide Übungen hintereinander übt, kommt vor allem durch die Konzentration auf die zweite Übung das *Kenn-* oder *Pass-Wort* zustande. Es ist dann, als ob man mit seinem Unbewussten sprechen würde, und so ist es auch. Mit längerem Üben kommt schließlich ein tiefgreifender Dialog zustande.

Dass diese „inneren Sätze", diese *Pass-Worte* so knapp, „ultrareduziert" und präzise sind, hat natürlich mit der gleichen Knappheit und Präzision der *Formel-Worte* zu tun. Das *Unbewusste* wird durch so eine kompakte, in sich vielschichtige Formulierung wie es die *Formel-Worte* sind zu einer ebensolchen Formulierung angeregt. Nun habe ich gesagt, dass diese zeitlich knapp skandierten, übersetzungsbezogenen *Pass-Worte* mehr auf die Seite des *Spricht* gehören, die Katharsis mit ihrer mehr raumausweitenden Befreiung dagegen auf die des *Strahlt*. Natürlich sind die meisten Ergebnisse – und so war es ja auch bei den hier erwähnten Beispielen – eine Kombination von beidem. FORMEL- und *Pass-Worte* haben ihre Wirkung in der Mehrfachbedeutung (mehr als drei sind für das Unbewusste notwendig, damit es sich zu bewegen, zu kreisen, sich zu öffnen anfängt) einer einigen Formulierung.

Indem ich von den „ultrareduzierten Sätzen" im Unbewussten schon gesprochen habe, ist auch klar, wie die *Pass-Worte* zustande kommen. Diese Sätze sind ja meist nur Silben, Wortbruchstücke, und drängen der Triebstruktur des Unbewussten entsprechend nach außen, werden jedoch verdrängt oder abgespalten und können so nun in den verschiedensten Symptomen erscheinen. Bombardiert man sie jetzt noch zudem mit den *Formel-Worten*, bleibt ihnen nichts anderes übrig, als sich doch irgendwie vernehmen zu lassen. Sie bleiben in ihrer eng gefassten symbolischen Grundstruktur, winden und drängen sich herum, bis sie doch so weit ins Bewusstsein kommen, dass sie als verbale Sprache auch verständlich werden. Ein erneutes Beispiel mag dies wieder erläutern.

Einer der Probanden, der die *APK* übte, hatte die Eingebung, ein „Ss´s da" gehört oder gedacht zu haben. Aus diesem sehr knappen „ultrareduzierten" *Pass-Wort* klang ihm sofort ein „Es ist da" heraus, was ihn kathartisch fast beflügelte. Denn dieses „Es" erinnerte ihn sofort an so etwas wie den „inneren Sinn", das könästhetische Es, an das Sein einfach, an sein Es. Das Selbst, das Subjekt, das ganzheitlich Seelische, Es eben. Es war für ihn schlicht kein Zweifel, dass es um das ging, was er schon immer gesucht hatte: sich selbst, sich als innere Substanz, als breites und direkt erfahrbares Ich. Wäre er ein gläubiger Mensch gewesen, hätte er gesagt: „Er ist da", aber so, mit dem Es, war es ihm lieber, denn es stärkte sein Selbstsein, seine eigene innere Struktur. Dieses Es ist immer da, wir sehen oder hören Es nur nicht ständig. Wir haben Es in der frühen Kindheit verloren, verdrängt.

Noch im Hören des noch recht unbewussten *Pass-Wortes* hatte er schon begonnen bewusster zu denken, so dass an dem „Es ist da" kein Zweifel war. Dennoch konnte man die „ultrareduzierte" Aussageweise, symbolische Ordnung des Unbewussten noch deutlich sehen und ein fremder Leser wird keine Schwierigkeiten haben, aus meiner Schreibweise, die ich auch dem Probanden vorgelegt habe, zu erkennen, dass man beim Lesen eines „Ss" fast ein Es ausspricht und beim „Ss´s" ein Es ist. Ich habe in meiner Broschüre „Die körperlich kranke Seele II" daher dieses „Ss´s" in den Anfangstitel eingebaut. Es ist ein Beispiel für das Stottern, „Grummeln, Röcheln etc." des Unbewussten, wie ich es schon von Lacan und seinem „sexuellen Aspirationslaut" erwähnt habe. Denn die Katharsis hat ein bisschen etwas mit dem Autoerotismus zu tun. Es ist ja eine Selbstreinigung, ein „Selbst-Durchrieseln". Das Unbewusste hat keine Sexualität, aber es hat eben Sexuelles als solches, den Kitzel, das Drängen als Unspezifisches.

Deswegen ist dieser „Klang", dieses Es Verlautet, dieser Primärprozess des *Sprechtriebes* immer in jedem Menschen bereits vorhanden, sozusagen angeboren. Manche Menschen hören sofort etwas Musikalisches, wenn sie sich längere Zeit in Ruhe auf ein inneres „Hören" konzentrieren, die meisten jedoch vernehmen – entsprechend der Abstumpfung des modernen Menschen – einen „Ton", Klang oder das, was Lacan das „universale Gemurmel" nennt. Bei diesem Gemurmel handelt es sich um all die Laute, die wir unverarbeitet in uns aufgenommen haben und die sich in diesem primärprozesshaften Vorgang eines Invokationstriebes (so Lacans

Originalausdruck für den Sprechtrieb) auswirken. Erst aus diesem Raunen, Rauschen, Murmeln, Verlauten heraus taucht dann meist plötzlich und unvermutet das *Pass-Wort* auf. Nach einiger Zeit des Übens vermischen sich die Ergebnisse der Übungen etwas. Während eine Katharsis sich durch die erste Übung einstellt, tritt schon beim Übergang zur zweiten ein *Pass-Wort* auf, und gerade dieser Zusammenhang ist es ja, der am besten die Wissenschaftlichkeit des Verfahrens beweist.

Selbstanalyse durch *APK*.

In der klassischen Psychoanalyse wird der Begriff der Selbstanalyse nicht sehr geschätzt. Zwar haben schon früh Autoren wie K. Horney und K. König in speziellen Büchern einen selbstanalytischen Weg propagiert, aber eine gewisse Selbsttäuschung ist natürlich bei einem Verfahren, das nicht einen Anderen, neutral Fremden, in Psychoanalyse Ausgebildeten als kritischen Begleiter mit einsetzt, leicht möglich. Etwas anderes ist es, wenn man aus den theoretischen Grundlagen der Psychoanalyse selbst ein kritisches Verfahren entwickeln kann, bei dem dieser neutrale Andere und ausgebildete Psychoanalytiker nur noch ganz selten, nur für gelegentliche Besprechungen einer derart kritisch geführten Selbstanalyse notwendig ist. Dies ist bei der *APK* der Fall, wobei hier das Wort Selbstanalyse eigentlich ersetzt werden müsste durch einen Begriff wie etwa: Selbstanalyse auf der Basis wissenschaftlicher, psycholinguistischer Grundlagen, wie sie z. B. von J. Lacan erarbeitet wurden.

Die *APK* beruht zudem nicht nur auf psychoanalytischen Grundlagen und ist nicht nur im Gefolge der Freud'schen und Lacanschen Wissenschaft entstanden. Sie hat auch Forschungen anderer Wissenschaftler und Psychologen aufgegriffen. Der Arzt und Psychologe Carl Albrecht hat beispielsweise Mitte des letzten Jahrhunderts eine rational kritische Methode der Selbstanalyse entworfen und jahrelang selbst praktiziert. Er übte sich in dem Verfahren des In-Sich-Hineinhörens durch Abschalten von Alltagsgedanken und Konzentration auf einen von innen kommenden, wortbezogenen

Begriff.[88] Es sollte also von innen ein bereits festes ganzes Wort
kommen. Er versuchte gleichzeitig, die ihm zukommenden Worte
rational zu prüfen, um ihnen eine ‚echte' und profunde Wertung geben zu können. Es leuchtet aber sofort ein, dass man hier schwer
von wirklich exakter wissenschaftlicher Methode reden kann.

Bei C. Albrechts Technik des in sich Hineinhörens auf das von „innen" kommende mystische Wort, also eines meditativen in sich
Hineinlauschens, spürt man sofort, dass sich ihm durch die "mystisch ankommenden Worte" nicht ein wirklich neues, reales Wissen
aufdrängt, sondern dass es ein Wissen ist, das er – Freud würde sagen: im Vorbewussten – bereits hat. Er verdrängt etwas, er ist schon
zu bewusst in seinem Wissen, dass seine „ankommenden Worte"
etwas Elegisches beinhalten werden, und spricht dies dann nur noch
aus. Die "mystischen" Eingebungen sind wie Gedichte, die stets etwas Dunkel-Erhabenes wie "Urherz", "Oh Stein", "Licht", wiederholen und auch Erinnerungen ans Altdeutsche wecken, an etwas
also, das er schon von irgendwoher kennt, z. B. von theosophischer
Dichtung oder religiösen Anspielungen her. Ihm fehlt der
Freud'sche oder auch der Sokratische Eros, irgendetwas traut sich
in ihm keine gewagteren Behauptungen zu, und so liest sich sein
Daimonion (die innere Stimme bei Sokrates) wie religiöse Lyrik.

Eine wirklich konkrete oder gar mutige Aussage, ein Wissen aus
dem Unbewussten, das neu, erschreckend oder treffend wäre, weil
es auf den Eros zielen würde und man es an die Menschen als neu,
revolutionierend weitergeben könnte, kommt bei Albrecht nicht zustande. Es ist wie mit vielen „medialen" Methoden, wo das Medium
die Botschaft nur aus dem ihm schon vertrauten Vorbewussten holt,
nicht wirklich aus dem Unbewussten, dem Transzendenten. Warum
sollte sich eine transzendente Botschaft unserer fertigen Sprache
bedienen, ist es nicht naheliegender, dass sie zuerst einmal wie etwa
KSTNDFRBNIZ unverständlich klingt, und wir sie erst entziffern
müssten? Trotzdem war sein Versuch mutig und interessant.

---

[88] Albrecht, C., Das Mystische Wort, (1951) S. 185

Was C. Albrecht fehlte, war genau das kritische Übertragungsobjekt, als das wir den Analytiker bezeichnen. Der Psychoanalytiker ist das Objekt, auf das alle möglichen und meist irrelevanten Bedeutungen und Gefühle unbewusst übertragen werden. Aus seiner Funktion, eben dieses Objekt zu sein, muss er dann seine Deutungen gestalten, die er dem Patienten zurückgibt. C. Albrecht hatte hier nur seine Bildung, seine sicher lautere und ernsthafte Absicht und seinen allgemeinen christlich-mythisch-mystischen Glaubens-Hintergrund. Für ein seriöses wissenschaftliches Verfahren war dies jedoch zu wenig. In meinem Buch *APK* habe ich zahlreiche weitere derart meditative Methoden untersucht, die alle diesen wissenschaftlichen und mit der Psychoanalyse konfrontierten Kriterien nicht standhalten können. Allen fehlt dieses Objekt der Übertragung, das dann ja auch noch ein Objekt der Deutung, der Übersetzung sein müsste.

Dies ist bei der *APK* anders. Sie führt direkt ein „Übertragungs-Deutungs-Objekt" ein, freilich nur in einer rein formalen, aber dafür klar wissenschaftlich fundierten Form. Ich habe gerade genügend von dieser unbewussten symbolischen Ordnung gesprochen. Viele Psychoanalytiker sprechen diesbezüglich auch von „Schlüsselsätzen", weil sie die Patienten gezielt mit ihren unbewussten Konflikten konfrontieren. Buchheim, Kächele et al. haben beispielsweise in kernspintomographischen Untersuchungen sogar nachweisen können, dass derartige „Schlüsselsätze" sich als Ausdruck der Stimulation bestimmter Hirnareale nachweisen lassen.[89] Sie hatten während eines längeren Zeitraumes Messungen vorgenommen. Dabei verfolgten sie ein Konzept, das „unbewusste kognitiv-affektive Prozesse erfassen sollte, die aus psychodynamischer Sicht relevant sind." Sie benutzten dazu angeblich messbare „unbewusste zentrale Konflikte" (Operationalisierte Psychodynamische Diagnostik) und Bindungsrepräsentationen (Adult Attachment Projective). All dies ist wissenschaftlich sehr interessant, der Patient selbst hat jedoch nichts davon. Denn man kann auch „Schlüsselsätze" rein formal so

---

[89] Buchheim, A., Kächele, H., et al.: Psychoanalyse und Neurowissenschaften, Nervenheilkunde 2008; 27: 441-45

konstruieren, dass sie, übt man sie wiederholt rein gedanklich, sich in die entsprechenden „Schlüsselsätze", Übertragungs-Deutungs-Objekte im Unbewussten einschreiben und intervenieren. Die formalen Schlüsselsätze (die ich bekanntlich *Formel-Worte* nenne) bringen sozusagen die bestehenden zum Leuchten oder drängen sie sogar aus ihrer Ruhelage (Fixierung) heraus, sodass sie sich – oder Teile davon – deutlich artikulieren können.

Um all dies ganz zu verstehen, muss ich nochmals zum Anfang zurückkehren. Selbstanalyse heißt, dass einem nicht ständig ein Anderer vorschreibt, wie man sich zu verstehen hat. Natürlich tut man dies auch in der herkömmlichen Psychoanalyse nicht, da ja nur die eigenen „freien Assoziationen" gedeutet werden sollen. Aber wie man sie deutet, darin fließt dann doch meist etwas Suggestives mit ein. Auch weil sie meistens gar nicht so „frei" sind – diese „Assoziationen" –, ist man schon ein bisschen in der Falle der Fehlinterpretation. Es wäre also ideal, würden die „Schlüsselsätze" kernspintomographisch kontrolliert aus uns direkt so perfekt heraussprudeln, kurz: Das irrational Unbewusste würde sich einfach so umgewandelt rational entäußern können. Weil es dies eben nicht tut, braucht man – wie es C. Albrecht schon richtig begonnen hat – nur in sich hineinzuhören, diesmal jedoch mittels eines Übertragungs-Übersetzungs-Gerätes, „Schlüsselsatz-Gerätes", das perfekt nach wissenschaftlichen, psychoanalytischen Kriterien gebaut ist. Denn ohne so etwas geht es nicht, kann man nicht Halluzinationen von rationalen Gedanken unterscheiden.

Das gleiche Problem, das man bei C. Albrecht sehen kann, kritisierte Freud auch bei seinem Schüler H. Silberer. Dieser behauptete, eine perfekte symbolische Äußerung aus dem Unbewussten erhalten zu können, wenn im Traum bzw. im Halbwachen ein Konfliktgedanke sich plötzlich in eine bildlich perfekt dargestellte Vision umwandelte. Freud zitiert Silberers Aussage: „Ich denke daran, in einem Aufsatz eine holprige Stelle auszubessern. Vision: ich sehe mich ein Stück Holz glatthobeln."[90] Zurecht betont Freud, dass dies nur eine situative Selbstwahrnehmung ist und keine wirkliche

---

[90] Freud, S., GW, Bd. XV, S. 23

Botschaft aus dem Unbewussten. Silberer überträgt sozusagen ein Problem auf sich selbst und gibt sich dann auch selbst die Deutung. Denn genau so hätte er auch den umgekehrten Weg beschreiten können: Er hobelt ein Holz glatt, und dadurch fällt ihm ein, dass er die holprige Stelle in seinem Aufsatz ja noch ausbessern muss. Auch das wäre ein rein assoziativer Vorgang, dem keine tiefere Deutung zugrunde liegt. Die dazwischengeschaltete Maschinerie von Übertragung/Deutung als einem wirklich *Anderen*, als dem Lacanschen A, fehlt bei Silberer genauso wie bei C. Albrecht.

Eine solche Maschinerie stellt natürlich das im Kreis geschriebene *Formel-Wort* in idealer Weise dar. Der Leser dieses Schlüsselsatzes wird erst die eine, dann die andere darin enthaltene Botschaft verstehen, doch dann wird er recht verwirrt sein, wenn er den ganzen "Schlüsselsatz" verstehen soll und will. Aber genau dies ist ja erwünscht. Denn in diesem Fall, im Fall der *Analytischen Psychocatharsis*, wo der Schlüssel ja andersherum verwendet wird, muss er so beschaffen sein, dass nicht der bewusste Leser, sondern das Unbewusste selbst damit zurechtkommen muss. Und das Unbewusste tut dies gerne. Es lässt sich davon stimulieren, denn diese am Rande des Sprachlichen stehenden, diese fast metasprachlichen Sätze mag es am liebsten.

Dazu passt auch der Titel einer der Abhandlungen Lacans: "Das Drängen des Buchstaben im Unbewussten".[91] Lacan bezieht sich hier darauf, dass das Unbewusste sich w i e einer Linguistik bedient, in der nämlich der Buchstabe zwei Seiten hat, die des Signifikats (Bezeichneten) und die des *Signifikanten* (Bezeichners, Bedeuters). Um den Funken des wirklichen Sinns zu erzeugen, müssen jedoch mehrere *Signifikanten* in einer Kette auftreten, wobei die Sinnspitze, die eigentliche Metapher, besonders dadurch erreicht wird, dass „die größte Disparität der bezeichneten Bilder gefordert ist". Das heißt, um volle Wirkung im Unbewussten zu erzielen, darf das oben als Beispiel erwähnte ALOCUSTOS, Sal (Salz), Locus (Ort, Raum), Custos (Wächter), Os (Mund, Knochen), Salo (durch das Meer), Alo (ich ernähre, Sto (ich stehe), Osa (hassend) nicht in

---

91 Lacan, J., Schriften II, Walter (1975) S. 15

einem vordergründigen Sinn zusammengehen, vielmehr muss durch die große Disparität dieser Bedeutungen ein scheinbarer Unsinn provoziert werden, damit dann das Unbewusste selbst s e i n e n , den je ihm eigenen Sinn herausgeben kann (so deutet ja auch der Analytiker aus dem Unsinn des Traums den wahren Sinn des Träumers heraus). Das Unbewusste darf also nicht durch das Bewusste gestört werden. Was wir brauchen, ist "ein Subjekt ohne Kopf" wie Lacan sagt. Der Buchstabe drängt nach außen, aber direkt (vom Irrationalen zum Rationalen) – wie oben betont – kann er das nicht. Er braucht dieses Gerät der Psycholinguistik, diese rein formale „Schlüsselsatz"-Maschine, um etwas heraus zu geben, das der Rationalität zugänglich ist.

Nunmehr also kann jeder mit der Selbstanalyse beginnen. Detaillierte Beschreibungen der Praxis finden sich unter dem freien Download der Psychoanalyse/Meditation-Broschüre auf der hinten angegebenen Webseite. Zum Schluss jedoch noch ein Hinweis zu der Frage, wie ein aus dem Unbewussten aufsteigender "Schlüsselsatz" in Bezug zu den bewussten Gedanken treten kann. Bei C. Albrecht hatte ich ja betont, dass die ihm zukommenden mystischen Worte bzw. Begriffe nicht wirklich aus dem Unbewussten stammten, sondern schon vorbewusst waren. Das Üben mit den Formel-Worten lässt nun einen derartigen Kurzschluss aus dem Vorbewussten nicht zu. Die Aufmerksamkeit auf das Formel-Wort verhindert jeden auch nur annähernd noch vorbewussten Gedanken. Erst wenn das "Drängen der Buchstaben" aus den chaotischsten, irrationalsten Bereichen kommt, kann es zum Bewusstsein durchbrechen. Und sie brechen natürlich dann eben gerade nur als Kurzsätze, formelhafte Formulierungen durch, denn ihre Kette wird sehr schnell wieder vom Wiederholen des Formel-Wortes durchkreuzt und damit unterbrochen.

Das ist ein ganz wesentlicher Vorgang und auch Vorteil der Methode der Analytischen Psychocatharsis. Wie ich schon in meiner Abhandlung "Sprachentstehung und Psyche" erwähnt habe, können dadurch auch nicht lange Tiraden und durch komplexe Argumentationen bestärkte ideologische oder wahnhafte Vorstellungen Gehör bekommen. Die Ratio wird eingeschaltet und muss erst prüfen, was ein derartiger "Schlüsselsatz" nun wirklich bedeutet. Sicher ist durch den Ausdruck "Schlüssel" schon gewährleistet, dass die Eingebung sofort verstanden werden kann. Aber sie sollte zusätzlich noch – gerade auch von psychoanalytischer Seite her und hier evtl. natürlich auch wieder mit Hilfe eines Therapeuten – endgültig gedeutet werden. Auch hierzu finden sich Beispiele in der erwähnten Broschüre. Und ein allerletzter Hinweis. Hildegard von Bingen hat bekanntlich einige Seiten über die "lingua ignota" geschrieben. Sie wollte damit exakt dahin, wo die "Schlüsselsätze" stehen oder ihre meditative, vom normalen Sprachbezug entfernte Wirkung haben. Nur Formel-Worte, die am Rande der Sprachlichkeit stehen, sind hier durchschlagend. Aber selbstverständlich sollten sie eben doch noch klar in der verbalen Sprache ebenso einen Bezug haben. Die von mir genannten Bedeutungen im *Formel-Wort* sind alle noch normalsprachlich, erst durch ihre Verflechtung bekommen sie den Schlüsselcharakter. Bei Hildegards "lingua ignota" war es nicht anders: es sind fast alles Substantive, die allein keinen Satz bilden können, aber für sich doch wie ein Satz wirken. Das war ihr Trick, Formel-Worte zu kreieren. Sehr kreativ, aber für uns heute eben nicht wissenschaftlich. Und auch die Heilige selbst hatte damals schon Schwierigkeiten mit ihrer Methode.

Der runde Satz

Ähnliche Lösungen, Sätze so zu formulieren, dass sie in sich eine gewisse Geschlossenheit und doch auch Gegensätzlichkeit bis hin zur Widersprüchlichkeit bewahren, beschäftigten seit jeher auch Philosophen, Dichter und Schriftsteller. Auch der Dichter und Schriftsteller Max Frisch hatte solche Gedanken ähnlich ausgedrückt und gemeint, dass ein vollends gelungener Satz, den man sozusagen wie ein Werkzeug in der Hand sachgerecht platziert und wiegt, das höchste aller Gefühle und die wertvollste Arbeit sei, die erreicht werden kann. Der Satz muss rund sein, in sich ausgeglichen, vielleicht von ein oder zwei Nebensätzen eingefasst, zutreffend, originär, wohlgestaltet gesagt oder niedergeschrieben sein und so geradezu durch eine Art von Geometrie, von musikalischer Stringenz, wirken. Solche Sätze gelingen einem nicht ständig, aber vielleicht doch so reichlich, dass man mehrere Seiten damit füllen, ja vielleicht ein ganzes Buch damit schreiben könnte. Es wäre das Buch der Bücher, mindestens vergleichbar mit der Bibel, die ja sonst als ein solch besonderes Buch gepriesen wird.

Aber Max Frisch hat die Bibel noch nicht richtig überholt und seine runden Sätze finden sich nicht überall in seinem Werk. Wir müssen einen neuen Anlauf machen, um aus dem Holprigen unserer Sätze diese noch besser gerundeten Aussagen zu machen, so dass wir die alten Religionen mit ihren Bibeln nicht mehr so notwendig brauchen bzw. ihre alten Weisheiten in einer neuen Wissenschaft formulieren können. In einer Konjekturalwissenschaft z. B. wie sie in Bereichen der Mathematik oder der Psychoanalyse ausgearbeitet worden ist. In diesen Disziplinen gilt es ohnehin schon seit Langem, dass die Sätze algorithmisch rund und kompakt sind. Bei Lacan sind sie sogar so rund, dass sie sehr vielen Menschen als äußerst schwer verständlich erscheinen, was zum Teil auch seine Absicht war. Er wollte nicht schnell verstanden werden, weil dies nichts bewirkt. Etwas krumm gerundete Sätze waren daher seine Spezialität. Wenn man bei einem Redner alles gleich gut versteht, meinte er, dann schlafen die meisten Zuhörer ein. Kommt man aber nicht so gut mit, obwohl man merkt, dass etwas an der Sache dran ist, bleibt man angestrengt wach.

Die Rundung der Sätze hat bei Lacan folgenden Grund: Nicht nur war die Erde am Anfang wüst und leer, wie es in der Bibel steht, sondern es herrschte auch ein eigenartiges Stillschweigen vor. Jeder weiß, dass es gerade in der extremsten Stille eine Lautwahrnehmung gibt, die sich bis zum Dröhnen steigern kann. Mystiker in der Einsamkeit der Wüste haben das genauso erfahren können wie Bergsteiger, die einen Achttausender zum ersten Mal allein bestiegen. Meditation beinhaltet ebenfalls nichts anderes, als im extremen Stillschweigen das *Andere* (Unbewusste, Jenseitige) in sich selbst vernehmen, ja hören zu können. Lacan fasst dieses Stillschweigen in geometrische Begriffe: Je länger es sich ausdehnt, meint er, windet es sich zu topologischen Formen, die eben schließlich etwas laut werden lassen. Der Philosoph M. Heidegger sprach in diesem Zusammenhang auch vom „Geläut der Stille", was einfach nur poetischer und vielleicht auch etwas religiös das Gleiche ausdrückt. Und in der modernen Physik finden wir dieselben Ansätze wieder. Hier spricht man von der Gleichzeitigkeit des Urknalls, also eines Lautphänomens, das man zwar nicht hören kann, das aber dennoch diese Bezeichnung zu Recht verdient, mit einer Inflation des Universums, d. h. eines ultraschnellen Sich-Ausdehnens und wieder Kollabierens des völlig stillschweigenden, lautlos sich wirbelnden Weltalls. Es ist schon eine eigenartige Vorstellung, dass im ganzen Universum Totenruhe herrscht.

Die geometrisch-topologischen Figuren, die Lacan verwendet, sind z. B. das Möbiusband, die Kleinsche Flasche und der Torus. Sie zeichnen sich dadurch aus, dass Vor- und Rückseite (Innen- und Außenseite) aus der gleichen Fläche bestehen bzw. eine derartige innige Verschränkung ihrer Geometrie darstellen. Dadurch können die Grundtriebe, die Urkräfte, wie sie die Psychoanalyse formuliert hat, ideal konzipiert werden. „Anspruch" (Sprechtrieb) und „Begehren" (Schautrieb) beispielsweise verwickeln sich auf den Flächen des Möbiusbandes oder des Torus in der gleichen Weise, wie sie es in unserem Gehirn oder besser Unbewussten tun. Doch wie soll man sich vorstellen, dass diese sich krümmenden Flächen auch noch Laute von sich geben? Ganz einfach, man muss dazu nur Musikwissenschaft studieren. Sicher klingt es eigenartig, dass man sich der Musik, die so stark emotional und damit meist auch irrational besetzt ist, mit einer Wissenschaft nähern können will. Man kann zur Musik vieles philosophieren, aber eine an die Mathematik angelehnte, ja fest in sie eingebaute Wissenschaft hört sich seltsam

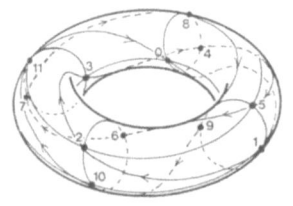

an. Dennoch kann man schon beim ersten Blick in ein derartiges Werk sehen, dass die Musikwissenschaftler ihre Betrachtungen speziell über die moderne Topologie (auch Gummigeometrie oder Einsteinsche Geometrie genannt) angehen.

In der unten nebenstehenden Abbildung finden wir den sogenannten Terztorus wieder. Er kann viel besser darstellen, was es mit den Klängen, aber auch der „Tonigkeit" der großen und kleinen Terz auf sich hat. Die Musikwissenschaftler begnügen sich nämlich nicht damit, nur die Töne als solche zu betrachten, wie sie etwa auf einer Partitur angegeben sind. Neben der physikalischen Schwingung geht es ihnen auch um Metrum, Stimmung, „Tonigkeit", Rhythmus und andere mehr. Wer sich in die Musikwissenschaft einarbeitet, kann wirklich bei der Betrachtung eines derartigen Torus mehr als nur die Tonlage heraushören.

Es kommt zwar noch keine direkte Sprache und auch keine Musik zustande. Der Torus vermittelt also nicht den kleinen Teil einer Sonate bekannten Inhalts oder fängt gar mit ein paar Vokalen zu singen an. Dies ist wiederum ein Gebiet von Poesie- und Musikpsychologen. G. Mazzola, ein Musikwissenschaftler, der das Bild entworfen hat, unterscheidet Klangsprache und Klangrede.[92] Wegen „ihrer emotionalen Signifikation verwehrt sich die Musik einer Klangsprache", sie kann nur weitgehend unbestimmte Klangrede sein. Diese probiert Mazzola geometrisch einzufangen, während z. B. der Komponist Leos Janáček es auf rein intuitive Weise versuchte. Er wollte in seinen Kompositionen „musikalische Wahrhaftigkeit" abbilden: „Verstohlen horchte ich auf die Sprache der Vorübergehenden, . . . gierig suchte ich jede Schwingung der Stimme zu erhaschen, beobachtete die Umgebung der Sprechenden, die Gesellschaft, die Tageszeit, Licht und Dämmerung, Kälte und Wärme. Einen Abglanz dessen fühlte ich in der notierten Wortmelodie. . . Einen Menschen, auf dessen Sprache ich durch die Melodie des Wortes horchte, schaute ich viel tiefer in die Seele."

Dagegen versucht die Autorin S. Bayerl in ihrem Buch „Von der Sprache der Musik zur Musik der Sprache", diesen Spagat zwischen den reinen Klängen und den komplexen Begriffszusammenstellungen von ästhetischen, also annähernd mehr philosophischen, Konzepten her auszuleuchten.[93] Sie zitiert Adorno: "Die Sprachähnlichkeit reicht vom Ganzen, dem organisierten Zusammenhang bedeu-

---

[92] Mazzola, G., Geometrie der Töne, Birkhäuser (1990). Eingezeichnet sind die Terzbeziehungen, wobei die Reihe der Halbtonschritte als aufgewickelte geschlossene Spirale erscheint.
[93] Bayerl, S., Von der Sprache der Musik bis zur Musik der Sprache, Königsh. & Neumann (2002)

tender Laute, bis hinab zum einzelnen Laut, dem Ton als der Schwelle zum bloßen Dasein, dem reinen Ausdrucksträger. nicht nur als organisierter Zusammenhang von Lauten ist die Musik analog zur Rede, sprachähnlich, sondern auch in der Weise ihres konkreten Gefüges. Die traditionelle musikalische Formenlehre weiß von Satz, Halbsatz, Periode, Interpunktion; Frage, Ausruf, Parenthese; Nebensätze finden sich überall, Stimmen heben und senken sich, und in all dem ist der Gestus von Musik der Stimme entlehnt, die redet." [94]

Sicher lassen gewisse Alliterationen und Reime schnell das Gefühl aufkommen, dass es sich bei bestimmten poetischen Texten um etwas fast Musikalisches handelt. Bayerl zitiert auch R. Barthes, um mit seiner Auffassung von der „Körnung, bzw. Rauhigkeit der Stimme" an die oben erwähnte „Tonigkeit" heranzukommen. Sie weist auch auf Adorno und Benjamin hin, die bei der Musik vom „göttlichen Namen" gesprochen haben. Der Name Gottes soll unaussprechbar bleiben, er ist sozusagen ein musikalisches Erkennungszeichen, in das man sich vertiefen und verlieren kann. Es ist nur die Frage: Ist er dann wirklich noch ein Name? Ist er dann nicht eine rhetorisch-musikalische Fiktion?

Denn um so etwas wie einen musikalisch klingenden Namen könnte es bei dem runden Satz natürlich durchaus gehen. Seine geometrisch runde Form bedeutet ja, dass er in sich geschlossen, knapp, konkret ist. Er hat Klang, und dies vielleicht gerade dann, wenn er aus dem eigenen Inneren kommt. Lacan spricht hier auch vom „inneren Satz", der bei jedem Menschen in seinem Unbewussten auf der Lauer liegt. Im Witz oder im Versprecher kommt dieser Satz dann plötzlich und unverhüllt heraus. Im Traum torkeln diese Sätze dann durcheinander, ein runder Satz entsteht hier nicht oder erst nach längerer Deutung. Der runde Satz muss also wohl auch eine Aussage auf einer zumindest angedeutet begrifflichen Ebene haben. Selbst wenn er „ultrareduziert" ist, muss doch etwas gemeint sein, das, was speziell die Rundheit angeht, besonders prägnant und fast apodiktisch herüberkommt. Als Satz muss annähernd ein Gedanke

---

[94] Adorno, T. W., Musikalische Schriften I –III, GS Bd. 16, S. 251

in ihm stecken, der nicht durch irgendwelche bewussten Vorgaben eingegrenzt, aber auch nicht in seiner Bedeutung uferlos sein kann. Bei aller Liebe zur Musik und zur Dichtung: Sie können wohl nicht immer das erreichen, was mit dem runden Satz gemeint ist.

Denn auch wenn ich vorher Max Frisch mit seinem runden, gelungenen Satz zitiert und spekuliert habe, dass man ein ganzes Buch damit schreiben könnte, so war dies doch weit vorgegriffen. Aus dem hinweisenden, bestimmten und hier fast universalierenden Artikel „d e r" bei der Verwendung des runden Satzes klingt fast heraus, als gäbe es nur einen, eben d e n als solchen. Zumindest aber scheint es eine Kategorie zu sein, etwas also, was ganz definitiv rund und Satz ist. Dies erreichen jedoch auch die neuropsychologischen Strukturschemata und Konzepte nicht, wie sie ein Dichter und ein Neuropsychologe in ihrem Buch „Gehirn und Gedicht" als etwas neurophysiologisch Vorgegebenes, Rundes und Satzhaftes und zentral Wirksames für das menschliche Wirken und Kommunizieren herausstellen. Sie versuchen das Problem des Zusammenhangs von Denken, Sprechen, Psyche und Gehirn in vielschichtigster Weise zu lösen.[95] So stellen sie fest, dass es letztlich diese neurophysiologisch und -psychologisch angelegte Schemata und -Konzepte sind, die mit „Klangpartikeln" und „Lautfiguren" so sehr in eins gehen, so übereinstimmend sind, dass sich die Wirkung von Grammatik, Syntax und sogar Reimen und Dichtung damit erklären lässt. Stabreime und Schüttelverse, vokalische Assonanzen und ein „artikulatorischer Regelkreis" wirken sich in der Plastizität des Gehirns förderlich aus, und auf sie greifen wir zurück, wenn wir Kunst, Kultur, Sprache und Rede, Denken und Ausdrücken nutzen. Ist der runde Satz also im Gehirn schon fertig vorprogrammiert und unser Wirken dann nur noch ein Abbild oder Nachahmung davon? Man hat das Gefühl, dass durchaus etwas an dieser neuro-psycho-wissenschaftlichen Vorgehensweise dran ist, was mit der Suche nach dem runden Satz zu tun hat. Aber d e r, der als solcher, der eigentlich runde, der runde Satz ist es nicht.

---

[95] Schrott, R., Jacobs, A., Gehirn und Gedicht, Hanser (2011)

Auf die Arbeiten der Psychoanalytiker Buchheim, Kächele et al. hinsichtlich kernspintomographischer und elektroencephalographischer Untersuchungen habe ich schon hingewiesen und beschrieben, dass gewisse „Schlüsselworte" sich als Ausdruck der Stimulation bestimmter Hirnareale nachweisen lassen.[96] Diese Autoren hatten also psychoanalytische Kriterien, in deren Zentrum die erwähnten „Schlüsselsätze" standen, mit der Gehirnbildgebung verbunden. Man spürt jedoch schon bei dieser hochakademischen und schulpsychologischen Vorgehensweise, dass diese dem psychoanalytischen Vorgehen total widerspricht. Die im Zentrum der Psychoanalyse stehende „Übertragungsdeutung" fehlt, da ja „operationalisiert" und nur projektiv deutend vorgegangen wird, also nur nach Maßgabe dessen, was die Therapeuten sich – gewiss anhand quasi etablierten psychoanalytischen Wissens - ausgedacht haben.

Doch dass die nunmehr also so mühsam gewonnenen „Schlüsselsätze" (z. B. „andere beachten mich nicht so wie ich es mir eigentlich wünsche") in der SPECT- (Single-photon-emission-computed-tomography) Untersuchung bestimmte Aktivierungen zeigen, mag interessant sein, aber was sagen sie wirklich dem Patienten? Weiß er und auch seine Forscher nicht auch so schon von vornherein, dass die „Schlüsselsätze" nur durch äußere und bekannte Psychoanalyse-Kriterien zustande gekommen sind, und es somit fraglich ist, ob sie wirklich therapeutisch sehr entscheidend sind und auch hilfreich wirken? Denn wenn der Patient „nicht so beachtet wird, wie er es sich wünscht", steckt doch etwas Anderes und Tieferes dahinter, das durch die Gehirnaktivierungen nicht gebessert und gar gelöst wird und gerade auch nach psychoanalytischen Kriterien nicht nur bewusst weiter diskutiert werden kann, sondern nunmehr erst recht der Analyse unterworfen werden muss.

---

[96] Buchheim, A., Kächele, H., et al.: Psychoanalyse und Neurowissenschaften, Nervenheilkunde 2008; 27: 441-45. Diese „Schlüsselworte" artikulieren direkt die Kern- und Konfliktproblematik in psychoanalytischer Sprechweise, während die PASSWORTE diese Kern- und Konfliktproblematik in noch etwas verschlüsselt lassen, so dass sie noch etwas weiter enthüllt werden müssen.

Die runden Sätze, die echten „Schlüsselsätzen" sehr ähnlich zu sein scheinen, müssten also spontan zustande kommen und nicht bewusst konstruiert sein. Sie können ja mit den Gehirn-Strukturschemata zusammenhängen. Jedoch erhebt sich dann die Frage, ob die Reihenfolge nicht umgekehrt ist: Nicht die Strukturschemata bringen die Sätze hervor, sondern eben exakt die Rundheit und Knappheit, die „Tonigkeit" und topologische Form der Sätze, der „Phrase", ja gerade ihre „Phrasenhaftigkeit", „*Signifikant*igkeit" könnte doch dieses so plastische Gehirn in Richtung auf Strukturschemata verändert haben. Nicht das Gehirn – insbesondere das menschliche Großhirn mit seinen hinteren unteren Temporalregionen – war zuerst da, sondern der runde Satz. E r hat im Laufe von Jahrtausenden die Verschaltungen des Gehirns so geformt.

Das würde wiederum – und so schließt sich der Kreis wieder zur Religion als unserem Ausgangspunkt im ersten Kapitel und zu der oben zitierten Bibel – recht gut zu göttlichen Aussagen passen. Schließlich war ja nach biblischer Erkenntnis zuerst der runde Satz eines „fiat lux" vorhanden. Später kamen noch ein paar andere derartige Rundsätze dazu, die sozusagen in den Sternenstaub hineingerufen alle möglichen Formen des Lebens bis hin zum Menschen haben entstehen lassen. Leider sind diese biblischen Aussagen nur mythisch, sie sind einfach nur gut erzählt, aber nicht wissenschaftlich begründet. Ich möchte jedoch mit diesem Essay zum runden Satz eine – wie oben erwähnt – konjekturalwissenschaftliche Arbeit vorlegen. Ich habe den runden Satz nicht erfunden. Die meisten Menschen wissen sofort, was in etwa mit dem runden Satz gemeint ist. Ein Satz, der, wie Max Frisch es ja gesagt hat, rund geschliffen ist, „ultrareduziert" knapp, aber zutreffend, genau und wie ein passendes Werkzeug in der Hand liegt.

Ich arbeite hier sozusagen mit den „freien Assoziationen" der Menschheit. Zum runden Satz fällt den meisten Menschen so etwas Prägnantes ein wie etwa das gerade zitierte „fiat lux", aber er hat bei allen schon einen viel zu subjektiv geformten Inhalt. Ähnlich wie beim Mythos, der Neurowissenschaft oder der Musik gibt es nicht d e n runden Satz, der dabei herauskommt. Ich meine mit d e m, wie ja schon erwähnt, natürlich nicht einen einzigen, absoluten.

Aber es soll doch einer sein, der all die genannten Kriterien von der Poesie und Musik bis zur Mathematik (Geometrie) und Psychoanalyse samt den Geräuschen der Natur bis hin zum Urknall ansatzweise genügt. Der runde Satz als Kategorie. Ja, schon als E r, he himself.

Offensichtlich ist es so schwierig, diesen runden Satz zu finden, weil er eine starke Subjektbezogenheit hat, also nicht von irgendjemandem einfach hingeschrieben, behauptet, wissenschaftlich erwiesen oder sonst wie suggeriert werden kann. Er muss wohl von jedem selbst in seiner Rundheit und Satzhaftigkeit gefunden werden. Man spricht hier auch von einer Wissenschaft in der Teilnehmerperspektive. Gerade hier, in dieser Wissenschaft v o m Subjekt ist jeder selbst gefragt. Dazu wäre die Psychoanalyse eigentlich schon der beste Ansatz, denn hier müssen im langen Zueinanderdialogisieren Analytiker und Analysand (Patient) sprachlich übereinkommen, wobei Sprache hier an den Rand ihres Wesens gelangen kann. Aus Traumschnitzeln, aus Bildworten (dem Rebus), verworrenen Versprechern muss hämmernd und schmiedend schließlich der runde Satz herauskommen, der zumindest für diese beiden Protagonisten gilt. Aber noch besser ist es, wenn man ihn in sich selbst zum Sprechen bringen kann.

Denn nur das kann ihn ja rund machen. Der Schriftsteller und Philosoph W. Benjamin hat sich auch um diese runden Sätze bemüht, aber er hat es wiederum ganz anders gemacht. Er wollte sich nicht an die großen Themen, sondern an das Unscheinbare, Unwesentliche und Versteckte halten, um daraus ein Werk zu schaffen. Dies hat er vor allem in seinem unvollendeten Buch des „Passagenwerkes" versucht, in dem er aus den kleinen Gegenständen und Collagen, Spielzeugfiguren und Nebensächlichkeiten in den Pariser Passagen eine Aussage für die Wirklichkeit und Wahrheit des damaligen Lebens machen wollte. Philosophischer und akribischer hat J. Derrida ein solches Vorgehen in seinem Dekonstruktivismus praktiziert. „Was ich Dekonstruktion nenne, ist keine Methode und auch keine wissenschaftliche Kritik. . . Wenn die Dekonstruktion [also]die Geschichte der Metaphysik oder die des Methodenbegriffs befragt wird, dann kann sie nicht einfach selbst eine Methode darstellen. . . . Die Dekonstruktion setzt die Umwandlung selbst des Begriffes des *Textes* und der *Schrift* voraus . . ." Derrida benutzte hierzu auch den Begriff différance, der seine Bedeutung aus dem Unterschied von Aussprache und Schrift erhält. Das Wort différance klingt genauso wie différence (Unterschied), soll aber die unterschiedlichsten Lesarten im gleichen Text, ja im gleichen Wort bezeichnen.

Kurz: Es wird alles bis in den letzten Buchstaben hinein dekonstruiert, bis nur noch so etwas übrig bleibt, dass man gerade noch stammeln, stottern oder aufs Papier kritzeln kann. Doch dann, wenn aus dem Gekritzel doch noch etwas herauszulesen ist, kommt eine umso interessantere Lesart dessen heraus, was eigentlich zu sagen war. Dieser Methode bedient sich auch die Psychoanalyse, wenn der Analytiker aus den daher gehaspelten „freien Assoziationen" oder aus den wirren Träumen des Patienten die Wahrheit von dessen Krankheitssymptom dechiffrieren soll. Er muss, wie Lacan schrieb, den Patienten mit dem Schweigen therapieren, also so wenig wie möglich sagen, weil dies den Patienten zwingt, mehr und mehr aus sich herauszugeben. Auch wenn dies umständlich ist, weil der Patient somit ja auch mehr nicht Verwertbares erzählt, ist es doch besser, als wenn nur eine Plauderei entsteht. Und wenn ich hier einen Text schreibe, so müsste ich nunmehr innehalten und selbst die Worte zu kontrakarieren, zu kontrapunktieren anfangen.

Ich müsste etwa so schreiben, wie J. Joyce es in Finnigans Wake getan hat: "Riverrun, past Eve and Adam's, from swerve of shore to bend of bay, brings us by a commodius vicus of recirculation back to Howth Castle and Environs . . ." oder E. Pound in folgendem Gedicht: „Und ob Antonius dahin gelangte, dies ward verdeckt Kuan, verdeckt Ad posteros urbem donat, Artemis gemünzt *All goods light against coin-skill* If there be 400 mountains for copper Flußgold stammt aus Ko Lu; Preis von XREIA her . . ." Aber ich müsste natürlich dabei wissenschaftlich bleiben, denn ich bin ja kein Dichter sondern Arzt und Psychoanalytiker, der sich des Dekonstruktivistischen bedienen will. Ich will auch alles zerschlagen, um es dann wie Phönix aus der Asche wieder auferstehen zu lassen. Übrigens ist dies meiner Ansicht nach auch der Sinn der

Auferstehung in der christlichen Religion. Es soll alles in einem völlig neuen Gewand wiederkommen, aber so neu, dass es gar kein Gewand mehr ist.

8. Ökopsychoanalyse und Quantenpsychologie

Neben der klassischen Psychoanalyse hat man immer schon verschiedene andere Bereiche mit ihrem Namen verknüpft. Bekannt ist z. B. dic Ethnopsychoanalyse, in der Psychoanalytiker Feldforschungen und Gespräche in den unterschiedlichsten Ethnien betrieben und festgestellt haben, dass man psychoanalytische Grundprinzipien etwas abgewandelt verwenden und ausdrücken muss. So hat man erkannt, dass es auf Samoa und anderen Südseeinseln einen anders gearteten Ödipuskomplex (die Rivalität zum gleichgeschlechtlichen, erotisches Begehren zum gegengeschlechtlichen Elternteil) gibt als bei uns. In diesen Ländern wirken z. B. frühkindlichere Phänomene in den Ödipuskomplex hinein, die sich noch vor dem dritten, vierten Lebensjahr etabliert haben und für das Leben dieses Individuums wesentlich sind. Es beherrschen dann paranoische Hexen- und Monstervorstellungen (meist auf eine Mutter-/Frauenfigur bezogen) das Kindes- und auch Erwachsenenleben dieser Menschen, in denen zwar auch erotische Elemente des Gegengeschlechtlichen eine Rolle spielen, die sich jedoch erheblich komplexer und vielschichtiger darstellen.

So spielt auch der Mechanismus der Verdrängung in diesen Primärkulturen keine große Rolle, während man bei diesen Primärkulturen häufiger auf den Abwehrmechanismus der Spaltung trifft. Ähnlich verhält es sich auch, wenn Menschen verstärkt psychotisch sind oder körperliche Beschwerden psychischen Ursprungs haben. Dann spielen auch totale Verschiebungen psychischer Komplexe ins Somatische eine Rolle. In all diesen Fällen, sowohl in der Ethnopsychoanalyse wie auch in der Psychosomatik, kommt man daher auch mit der klassischen Form des analytischen Vorgehens nicht gut zurande. Unabhängig von meiner Methode der *APK* kann man dann jedoch auch etwas Ökopsychoanalyse betreiben. Sie nivilliert den Tod, weil die Angst, kein mit Öko-Lebendigkeit erfülltes Leben zu haben, größer sein muss als die Angst vor dem Tod. Der Tod ist etwas Relatives.

Es wird im Lacanschen Konzept und damit auch in der Ökopsychoanalyse der Todestrieb Freud'scher Konvenienz nicht mehr benötigt. Nach Lacan geht es nämlich darum, wie die neu benannten Triebkräfte (Schau- und Sprechtrieb) zu- und gegeneinander arbeiten, und der Tod tritt dementsprechend nur dann ein, wenn man ihre ideale Kombinatorik nicht findet. Bei Lacan hängt alles davon ab, wie real etwas symbolisiert wird. Wenn man den Tod schon mehrfach im Leben erfahren hat (durch Lösung von den Primärobjekten, überwundene Kränkungen, Verzweiflungen und Komplexe, durchgestandene Krankheiten etc.), ist er nicht mehr der Tod, den man dauernd als ungewiss und schrecklich vor Augen hat. Deswegen sagt Lacan auch: Was das Jenseits ist, kann man nur durch zwei oder mehr Tode im Diesseits erfahren, und dann ist eben auch die ideale Kombinatorik erreicht. Und hier beginnt die Ökopsychoanalyse. Nur mit einer derartigen neuen Wissenschaft ist es heutzutage möglich, ein Höchstmaß an Liebesfähigkeit und Leben zu gewinnen.

Für die Ökopsychoanalyse ist es also nicht nur wichtig, welche individuellen Erfahrungen aus der frühesten Kindheit oder sonst woher wieder erinnert oder treffend rekonstruiert werden können und müssen, sondern auch, welche Umwelteinflüsse ständig auf uns positiv und negativ einwirken. Könnten wir uns einfach hinsetzen und warten (wie in einer Meditation), ob und wie die Umwelt mit uns zusammenwirkt, könnten wir nämlich bis zur Urverdrängung zurückkehren und spüren, wahrnehmen, wo und welche Vorgänge in und um uns in diese oben erwähnte Gegenbesetzung eintreten. Wir könnten unsere Entäußerung (das Sprechen) benutzen und perfekt von uns geben, worum es hier und dort, das- oder diesbezüglich, insbesondere oder allgemein geht. Doch so einfach ist es natürlich nicht. Ein Buddha mag dies vielleicht gekonnt haben. Er soll schon bald nach seiner Geburt ausgerufen haben: Erde unten, Himmel oben, ich bin der alleinig Geehrte.

Wir sind also keine Buddhas und brauchen Ökopsychoanalyse. Der *Tast-Schautrieb* ist beim Menschen durch seine Sinnesapparate einerseits und durch eine eben triebartige Struktur andererseits definiert. Freud selbst drückte sich so aus, dass es das Unbewusste selbst ist, das „mittels des Systems W-Bw [Wahrnehmungs-Bewusstsein] der Außenwelt Fühler entgegenstreckt", dass es also ein primäres *Tasten*, *Schauen*, *Erfühlen*, gibt, als könnte die Seele sich aus- und vorstülpen und so eine direkte Erfahrung der Welt haben. Aber wenn jeder und auch evtl. jedes Lebewesen solche seelischen Fühler hat, müsste man ja sagen, dass wir uns in einer Welt ständig sich ausstülpender Fühlerseelen befinden, dass es also ein „Es Fühlt" gibt, in dem wir ständig baden. Ich habe dies – wie bekannt – als ein Es *Strahlt* bezeichnet, weil diese Fühler wie Strahlen sind und vor allem beim Menschen ja das Optisch-Visuelle sehr im Vordergrund steht und da passt der Ausdruck *Strahlt* besser dazu.

Wir sitzen also in einem „Fühlt-", oder besser „*Strahlt*-Raum" und merken normalerweise nichts davon. Genau genommen ist dies auch nichts Neues. Gerade die frühen Philosophen und Mystiker haben sich gerne so ausgedrückt, und man musste dann eben die eigene Empfänglichkeit für diesen „*Strahlt*-Raum" so erhöhen, dass man ihn und seine Besonderheiten wahrnahm. Nun, so weit muss man heutzutage nicht gehen. Diese Mystiker haben nichts davon gewusst, dass es – entsprechend den obigen Erklärungen über das Wesen der Triebkräfte – natürlich auch ein *Spricht* geben muss, oder noch besser und ergänzend zum „*Strahlt*-Raum" die „*Spricht*-Zeit". Denn genau das ist es doch, was in der Psychoanalyse so wesentlich ist: die Zeit des Sprechens, die schnell vergeht, wenn die Assoziationen gut laufen, wenn die Übertragungsdeutungen zutreffen usw., und die langsam dahin schleicht, wenn man aneinander vorbeiredet. Überhaupt, die ganze Psychoanalyse ist eine „*Spricht*-Zeit" (Assoziationen, Übertragung und Deutung), die in einem „*Strahlt*-Raum" (Verdrängung und Urverdrängung) stattfindet. Und so auch die Ökopsychoanalyse, nur dass hier eben der „*Strahlt*-Raum" wir selbst und unsere Umwelt sind und die „*Spricht*-Zeit" – nun, die muss auch etwas anders aussehen, und man muss sie etwas umständlicher beschreiben.

Da wir ja alleine mitten in der Umwelt sitzen, muss der Analytiker durch das ersetzt werden, was er ohnehin eigentlich ist, nämlich ein „Übertragungsobjekt". Er ist das Objekt, auf das der Patient oder Analysand die Bedeutungen und Gefühle etc. „überträgt", wie ich es oben schon erwähnt habe. Der Patient tut dies, indem er frei assoziativ, quasi spontan von sich weg plappernd spricht, wobei der Analytiker in Bezug auf sich Elemente darin erkennen kann, die aus dieser „Übertragung" heraus gedeutet werden können. Er könnte z. B. sagen: „Sie erzählen mir jetzt Ihre Empörung über einen Diebstahl, weil Sie glauben, dass auch ich Ihnen Ihre Worte stehle, ja vielleicht gar Ihre Seele." Eine knappe, recht heftige Übertragungsdeutung! Mehrere sich überlappende Bedeutungen stecken drinnen. Sie sind so knapp, kompakt und eng verdichtet, dass hier der Analytiker fast an die Urverdrängung herangekommen ist. Fast hat er den „*Strahlt*-Raum" angesprochen, so direkt hat das „*Spricht*" des Patienten und seines Analytikers geblitzt (in Wirklichkeit gibt es wohl selten so eine direkte Übertragungsdeutung).

Doch auch unabhängig vom ganzen analytischen Vorgang gibt es etwas, das hierher passt und das J. Lacan die Invokation genannt hat (Seminar III, S. 135). Es gibt sozusagen immer etwas, das ständig in uns verlautet und nach draußen ruft, wenn auch oft kaum merklich und knapp. Der Philosoph M. Heidegger meinte, es sei die Sprache selbst, die in uns heraustönt, aber ich glaube, Lacan ist hier näher dran mit dem, was er auch als „inneren Satz" bezeichnet. Es ist eine Art „Urübertragung" (Gegenstück zur Urverdrängung), etwas in uns hat sozusagen immer schon einen Ruf bereit. Wir sprechen ja auch mit uns selbst. Kurz: Die „*Spricht*-Zeit" ist immer da, und zwar gerade auch, weil sie ständig in Beziehung zum „*Strahlt*-Raum" steht. Dies drückt sich bei Lacan auch dadurch aus, dass er sagt, dass dieses „innere Sprechen in vollständiger Kontinuität mit dem äußeren Dialog steht, sodass wir auch sagen können, das Unbewusste ist der Diskurs des *Anderen*."

Der Diskurs des Anderen als Formel-Wort

Vor fast hundert Jahren hat G. Hellpach in seinem Buch "Geopsyche" versucht, Umweltbezüge auf den Menschen direkt zu erklären. Er hatte jedoch keine psychoanalytische Ausbildung und konnte so die wesentlichsten, weil besonders unbewussten Zusammenhänge zwischen der Neuro-Psyche (dem Unbewussten) und der Umwelt nicht beschreiben. Meines Wissens hat E. Gartmann als erste den Begriff Ökopsychoanalyse verwandt, obwohl sie ebenfalls keine Psychoanalytikerin ist. Ihre Arbeit gilt jedoch ausschließlich dem Vegetarismus. Zu Recht behauptet sie, dass die Kinder zu unökologischem Verhalten erzogen werden, indem man sie von frühester Kindheit an besonders zum Fleischkonsum anregt, obwohl dieser mehr als das Zehnfache der Proteinressourcen verbraucht, als pflanzliche Nahrung. Doch der ausschließliche Bezug zur Nahrung ist nicht ausreichend.

Gartmann argumentiert ja eher ökopolitisch, geht aber im Grunde genommen wohl vom Tierschutz aus. Doch weltanschauliche Thesen zum Tierschutz gelten hier nicht, obwohl neuere Erkenntnisse während der Covid2-Pandemie in der fleischverarbeitenden Industrie grauenvolle Verhältnisse aufgezeigt haben. Enge Tierhaltung, in Gittern eingequetschte Schweine, mörderische Tiertransporte und Akkordarbeit in Schlachthöfen und Fleischfabriken, Küken zu Tausenden in Lagerhallen etc. haben nahegelegt, dass man vielleicht doch etwas Ökopsychoanalyse lernen muss. Denn die Wahrheit, um die es hier geht, kann man nur mit einer „der Liebe unterstellten Wissenschaft" erfahren (ein Begriff, den Lacan für die Psychoanalyse verwendet hat). Wie soll man je wissen, was hier wirklich passiert? Schließlich denken die Tiere nicht um drei Ecken, wie wir nicht. Oder doch?

Ein weiteres einfaches Beispiel: Das Leben der Neandertaler werden wir niemals „objektiv" erforschen können, weil es dazu einfach viel zu wenig gibt, was von ihnen übrig geblieben ist (lediglich ein paar Knochen, ein oder zwei Werkzeuge). Wir müssen uns in sie rein seelisch hineinversetzen, wie sie gelebt haben könnten, um sie zu verstehen. Wir müssen sie – so der Paläoanthropologe Appleton – lieben, wenn wir mehr von ihnen wissen wollen. Hier wird Liebe zur Erkenntniskategorie, sagt der Paläoanthropologe Appleton. Hier bedarf es einer „der Liebe unterstellten Wissenschaft". Wenn man die Neandertaler nicht lieben kann, hat Paläoanthropologie (ich könnte auch Paläo-Psychoanalyse sagen) wenig Sinn. Und sicher muss man wohl auch die Tiere etwas lieben, wenn man Vegetarismus betreibt, obwohl hier ökopolitische und auch gesundheitliche Gründe eine doch beweisbare Grundlage haben.

Unsere Umwelt lebt viel authentischer, als wir es sehen, vielleicht ist höchstens ein tonnenschwerer Uranklotz tot, aber sonst regt und lebt alles in unterschiedlichster Weise. Nur wie das in eine nicht vollkommen willkürliche und sektiererische, sondern in vermittelbare Form für viele bringen?

Schließlich ist das Leben einer Amöbe etwas anderes als das eines Menschen. Es gibt eine horizontale und eine vertikale Achse des Begriffs Leben. Ich habe dies in der obigen Abbildung dargestellt.

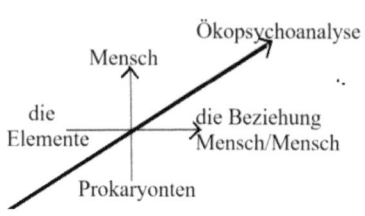

Die vertikale Achse ist die, die unten mit den Prokaryoten beginnt: Zellen ohne Kern, Viren, Prionen. Vielleicht könnte man bei noch undifferenzierteren Formen anfangen. Nach oben hin steigert sich die Komplexität bis hin zum Menschen. Die waagerechte Achse ist die der Bedeutung, des Symbolischen, der *Signifikanten*. Hier steht links das einfachste nur denkbare Ökosystem, die Beziehung von Wasser, Luft und Erde, also so Ähnliches, wie es früher in den Mythen der vier Elemente schon vorkam, aber heute zählen wir mehr Grundelemente. Ganz rechts außen dagegen steht die Beziehung des Menschen zum Menschen (ich gehe davon aus, dass darin sich auch so etwas wie ein Gott oder die akribischste Vernunft zum Ausdruck bringen kann).

Die Ökopsychoanalyse ist nun die Achse, die sich quer durch das ganze Leben und Ökosystem einschließlich psychoanalytischer Grundlagen schräg nach rechts oben zieht. Sie schließt die Mensch/Mensch-Beziehung ein, aber nur am äußersten Rand, so wie sie sich auch nicht so vorwiegend um die Beziehungen früherer Formen „primitiven" Lebens kümmert. Ein Gärtner kann ein guter Ökopsychoanalytiker sein, wenn er nicht nur von der Botanik etwas versteht, sondern auch von Gartengestaltung bis hin eben zu den Geheimnissen, mit denen eine seltene Pflanze, ein neu entdecktes pflanzliches Heilmittel, ein besonders ästhetisches Gewächs zwischen den Menschen Harmonie und Verständnis für alles Leben vermitteln kann.

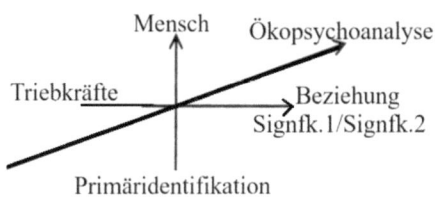

Will ich jedoch von Freudschen und Lacanschen Feststellungen ausgehen, kann ich auch auf das zweite Bild hier nebenan verweisen. Ich stütze mich hier vorwiegend auf den Begriff der Primäridentifikation. Der Begriff der Identifizierung wird bei Freud schon sehr unterschiedlich gefasst und ist von vielen Autoren noch weiter differenziert worden. Freud unterscheidet grundsätzlich und primär die Objektbesetzung (die Mutter wird z. B. mit Liebe/Libido besetzt) von der (primären) Identifizierung, die sehr eng verwandt ist mit dem Trieb der oralen Einverleibung. Später erwähnte Freud auch eine Identifizierung mit dem Vater der „persönlichen Vorzeit" und versteht darunter eine ganz primäre Identifizierung „frühzeitiger als jede Objektbesetzung".[97] Egal, was gemeint ist, wir haben es mit dem von mir ja ständig verwendeten Begriffspaar des Wahrnehmungs- / Schautriebs und des Entäußerungs- / Sprechtriebs zu tun, also mit dem *Strahlt* / *Spricht*, mit Rede und Sichtung, viel einfacher. Die Primäridentifizierung ist dann tatsächlich so etwas wie die von Freud so eigenartig mit dem „Vater der Vorzeit" verbundene Form der Identifizierung. Nur ist dies ja eine fast religiöse Begriffsbildung.

Denn der leibliche Vater ist für das Kind zuerst einmal nur eine Bezugsfigur, wie auch die Mutter. Erst im zweiten, dritten Lebensjahr entwickelt das Kind die Unterschiede. Freud meint jedoch eine ganz frühe Person/Figur. Meines Erachtens muss dies aber gar keine menschliche Figur sein. Es genügt, dass sie zwei „augengleiche Punkte" aufweist und mit den frühesten Regungen des Kindes korreliert. Wie der bekannte Entwicklungspsychologe J. Bowlby schreibt, wird das sich bewegende menschliche Gesicht zum

---

[97] Freud, S., GW, Band XIII, S. 115 ff und 295

hauptsächlichen Visualreiz für das erste Lächeln des Kindes.[98] Ja, es genügen eben schon „ein Paar augengleicher Punkte", um dieses *Strahlt* im Gesicht des Kindes auszulösen, sodass auch andere Objektkonstellationen so etwas vermitteln können. Hier kommt wieder das *Spricht* zum Zug. Schreckt oder erwärmt diese Objektkonstellation, oder tut sie sogar beides in einer geheimnisvollen Abwechslung? Es kommt schließlich eine Primäridentifizierung zustande, die vielleicht im sogenannten Präödipalen, also vor der Ödipuskonstellation existiert. Der Natur-Philosoph R. Carnap behauptete, dass kleine Kinder die Welt nicht dreidimensional, sondern so ähnlich in sich verwoben und verwickelt sehen. Ich kann also nicht besser darstellen, was ich meine, aber es wird dem Leser ungefähr einleuchten, dass es eine Identifikation mit einem Wesen geben kann, das die zwei vertrauensvollen Augenpunkte hat und doch auch Unheimliches ausdrückt. Freud hat ja besonders auf das Heimlich/Unheimliche angespielt, als er vom „Gegensinn der Urworte" schrieb. Heim, heimlich und Unheimliches waren ursprünglich das Gleiche, so wie altus im Lateinischen hoch und tief bedeutete.

Die Psychoanalytikerin A. Bitsch beschreibt dieses Reale ausgiebig in ihrem Buch „Diskrete Gespenster, die Genealogie des Unbewussten", transkript (2009). Umgekehrt verhält es sich bei den Bildern von G. Richter, dem derzeit erfolgreichsten Maler. Seine Bilder könnte man zutreffend als „Schleier-Bilder" bezeichnen. Zumindest sind es bestimmte Bilder, die aussehen wie eine unscharf eingestellte Fotographie. Eben wie verwackelt und verschleiert. Ich denke, dass der Maler uns mit diesen Bildern ebenfalls auf das leicht verschleierte Reale hinweisen will, also darauf, dass das, was hinter den Dingen wirkt, hinter der äußeren Realität, nämlich das Wirkliche, Wirkende und Reale ist. Dieses ist nicht gleich perfekt erkennbar, ist nicht gleich direkt und distanzlos vermittelbar, sondern nur durch einen Blick dahinter oder hindurch. Während es die Physiker mit einem direkten Hindurch versuchen, indem sie gewaltsam die Materie aufbrechen, machen es die Maler

---

[98] Bowlby, J., Bindung, Kindler, Geist und Psyche (1972) S. 264

eben mit einem „Schleier", hinter den man etwas sehen kann. Und die Psychoanalytiker lassen es durch die Wortklänge, durch die Zwischentöne herausklingen.

Lacan kreist das Wesen dieses Heimlich/Unheimlichen von seinem Spiegelstadium her ein. Dabei betont er stets zwei Elemente in diesem Entstehungsvorgang. Da gibt es eben zuerst die Spiegelung, sodann die eigentliche *signifikante* Verlautungswelt – den „Eintritt des *Signifikanten* [verkürzt ausgedrückt: der Bedeutungswelt] ins Reale", sagt er. Die Spiegelung lässt ein erstes Vor-Ich, Früh-Ich entstehen, ein „Ur-Bild des Ich" i(a) wie Lacan auch vermerkt. Spiegelungsvorgänge sind universal, man denke nur an die Symmetriespiegelungen in der Physik oder an die Spiegelneuronen in der Neurologie. Doch dieses unbewusste „Ur-Bild des Ich" hat keinen Halt. Die Spiegelung geht weiter zu einem virtuellen Bild dieses Ur-Bildes i′(a), das schließlich so verzerrt sein kann, dass man vom Doppelgänger-Bild spricht. Und das kann Angst auslösen und unheimlich sein.

Es gibt auch reale Doppelgänger-Problematiken. Zwei Beispiele für das, was man treffend die Doppelgänger-Furcht nennt: Das eine betrifft Freud selbst, der in A. Schnitzler, dem Arzt und Schriftsteller, der sich im Grunde mit den gleichen seelischen Konflikten beschäftigte wie Freud, einen solchen Doppelgänger hatte. Freud und Schnitzler lebten beide in Wien zur gleichen Zeit und waren sich gut zugetan, arbeiteten an der gleichen Thematik, nämlich der menschlichen Psyche, aber sie trafen sich nur ganz vereinzelt und dann auch ohne großen Austausch ihrer jeweiligen Arbeiten. Gerade der einem in Wort und Gedanken so wie ein Spiegelbild Nahestehende ist auch der unheimliche Konkurrent. Das gleiche Phänomen konnte man auch bei dem Dichter Gerhard Hauptmann und dem Maler Max Liebermann beobachten. Beide drückten in ihrer jeweiligen Kunst das Problem der gesellschaftlichen Unterschicht, der Armen und des einfachen Volkes aus. Sie lebten zur gleichen Zeit im gleichen Land, kannten und studierten sich und hatten doch kaum je Kontakt zueinander. Der Doppelgänger hätte einem die Schau stehlen können, man hätte sich zu innig nahe sein müssen, und dann wäre einem das eigene Originelle vielleicht abhanden gekommen. Man hätte in eine Depression fallen können. Alles ideale Beispiele für das späte Wirken der Primäridentifikation und auch für die Ökopsychoanalyse.

Die Ökopsychoanalyse steht ja in gewisser Weise der rein politischen Ökologie gegenüber, weil die Politik immer nur übergreifende Antworten finden kann, die dann meist nur einer Gruppe hilft und im Besonderen nichts ausrichtet. Wahre Ökologie kann nur aus jedem Einzelnen herauskommen, die sich dann schon in ihren Gemeinsamkeiten finden werden, aber eben nicht zuerst sich politisch zusammengeschlossen haben, um dann plötzlich merken zu müssen, dass sie alle ganz Verschiedenes wollen. Die oben gerade genannten Personen waren eben nicht durch eine Sozial- oder Öko-Partei zusammengekommen, sondern so, spontan, durch Zufall. Zusammen hätten sie eine viel größere Wucht ihrer Arbeit erreichen können, hätten sie das Problem der Primäridentifizierung gelöst und die Doppelgängerfurcht durchschaut. Wanted reformers – heißt ein alter Spruch – not of others but of themselves. Zuerst müssen wir uns also selbst ökologisieren und dürfen nicht nur anderen Ökologie predigen oder scharf getrennte Wege gehen. Wir können jedoch von Texten ausgehen, die sich von den verschiedenen Seiten her mit der Thematik beschäftigt haben.

Gibt die Natur etwas freiwillig?

Ich brauche hier gar nicht mehr auf die vielen Artikel hinzuweisen, die in letzter Zeit zum Thema Humanismus, Tierschutz, Vegetarismus und Ökologie erschienen sind und deren Tenor war, wie sehr die Menschheit Hunger und Umweltprobleme dadurch lösen könnte, wenn sie sich an das halten würde, was die Natur ohnehin im luxurierenden Überfluss produziert und hergibt. Selbstverständlich kann man der Natur nicht unterstellen, dass sie manches „freiwillig" und manches „unfreiwillig" dem Menschen zur Verfügung stellt. Psychoanalytisch aber kann man eine solche Frage durchaus ventilieren. Es geht um die Übertragung der Natur auf mich und meine Gegenübertragung, die mich in einen fast sprachlich genau zu erfassenden Dialog mit der Natur bringt. Eigentlich ist das nichts Neues, ich drücke es nur anders aus. Denn das, was die Natur im Überfluss und luxuriös verteilt, klingt genau nach den „freien", meist überschießenden und ausufernden „Assoziationen", die der Analysand von sich geben muss, damit hie und da einmal etwas herausklingt, das der Analytiker zur Deutung verwenden kann, und manchmal benutzt er auch einfach seine Gegenübertragung. Wir könnten uns mit diesem Teil der Natur identifizieren und nicht gerade mit dem Teil, der „unfreiwilliger" aussieht, weil man hier die Natur erst gewaltsam töten muss oder sie eben dadurch vergewaltigt, dass man ihre Ressourcen verschleudert.

In der Primäridentifizierung haben wir diese Unterschiede nicht so beachten können. Sie besteht ja in einer Art wilder Identifikation, ähnlich wie wir uns von den Überflüssen in der Natur, aber auch von ihren Schrecken einfach haben überrumpeln lassen. Aber jetzt, bewusster und kritischer, könnten wir doch sehen, dass unsere Zerstörung schöner Landschaften, die Verpestung der Luft, die Vergiftung des Wassers, die Verstrahlung der Geobereiche und die Überproduktion von tierischen Proteinen und vieler anderer schädlicher Dinge nichts anderes als die unerledigte Primäridentifikation darstellen. Natürlich kann ich es verbal nicht so wissenschaftlich interpretieren, aber auch in der üblichen Psychoanalyse benutzen wir die sogenannte Gegenübertragung **Fehler! Textmarke nicht definiert.**oft auch als Instrument der Deutung. Hier spürt man als Therapeut manchmal einen Druck, eine Schwäche oder sieht ein Bild vor sich, und dies hat selbstverständlich auch etwas mit dem Patienten zu tun. Man muss diese Erfahrung dann behutsam in das Gespräch einbringen, ob sich darin nicht doch der Ansatz zu einer Interpretation versteckt und der Analysand dadurch neue Einfälle hereinbringt. Wir müssen unser Gefühl über die Zerstörung der Umwelt in jeder Minute ausdrücken und nicht nur in umständlich arbeitender Politik.

Schließlich lässt sich mehr und mehr eine Deutung aus diesen Auseinandersetzungen entnehmen, die Franz von Assisi – der zweifellos schon ein Vorfahr der Ökopsychoanalyse war – vielleicht etwas übertrieben formuliert hat. Übertrieben insofern, als er laut mit den Tieren redete, sodass ihn jeder für verrückt halten musste. Das muss man ja nicht tun. Während Novalis von der blauen Blume der

Romantik schwärmte, die es jedoch gar nicht gab, entdeckte der spanische Dichter M. Unamuno eine Blütenpflanze auf einer der Kanarischen Inseln, deren Selten- und Besonderheit er so gut und inbrünstig beschreiben konnte, dass diese Entdeckung ihn all diejenigen belächeln ließ, die sich mit der monotonen Freude an Margeritten und Löwenzahn begnügten. Er differenzierte also auch in einer speziellen Weise irgendwie Leben und Leben, Übertragung und Gegenübertragung. Allein eine seltene Pflanze schien ihm mehr Leben zu haben, als die, die nur wild um sich wuchern. Um irgendwie so etwas geht es beim kathartischen Erfahren der kleinen Dinge, die ich Ökopsychoanalyse nenne. Sicher gibt es ein besseres Wort dafür. Ich weiß es nur noch nicht. Vielleicht findet es jemand anderer.

Ich fasse nochmals zusammen: Der „*Strahlt*-Raum" mag ein kleiner Bereich der Natur, eine Stelle im nahen Park oder sonst wo in der Umgebung als bevorzugter Platz sein, als gerne immer wieder aufgesuchtes Bild, als "Heimat", ja als lebendiges Etwas, das eben durch Beschäftigung damit und meditative Betrachtung als Teil des eigenen Inneren erfasst werden kann. Das Außen wird dann zu einem Objekt im Inneren und umgekehrt. Ich nehme dann nicht nur wahr, sondern werde auch wahrgenommen, sehe nicht nur, sondern werde auch gesehen. In der Psychoanalyse nennen wir dies dann eine "Objekt-Konstanz". Ein "Objekt" der Welt wird zum Stütz- und Haltepunkt meiner selbst, es ist draußen und drinnen zugleich. Man könnte auch sagen, dass man unter dem Blick des *Anderen* steht, der einen fasziniert, denn man hat dann zu diesem Anfangsobjekt einen positiven, emotional-intellektuellen, ja, fast müsste man sagen "angemessen erotisierten" Bezug. Die Betonung liegt auf "angemessen", aber die positive, warm getönte Grundeinstellung ist das Besondere und Wichtige dieser „der Liebe unterstellten Wissenschaft". Dadurch kann sie ihr „Objekt" lange genug betrachten und erforschen. Sie kann es vielleicht nicht nach Maßgabe „harter Daten" messen, aber sie kann es ermessen, sie kann es „objektiv" genug, im Sinne einer eben nur schwachen, aber dafür genau so binären Logik erfassen.

Natürlich kann ich dann das "Objekt" ausweiten. Wenn ich mit dem kleinen Anfang, den ich gemacht habe, klar und befriedigt bin, kann ich versuchen, weitere Bezüge dazu in der gleichen öko-psychoanalytischen Weise herzustellen. Früher habe ich als Arzt einige Zeit lang Patienten mit homöopathischen Mitteln behandelt. Ich habe diesen Weg später aufgegeben, weil die Homöopathie mir zu sehr vom Suggestiven abzuhängen schien. Die gegenseitige (Arzt und Patient) Überzeugung von der Wirksamkeit der Homö-opathie, der ernsthafte Glaube und die gemeinsame Anstrengung, nebenwirkungsfrei zu arbeiten, sind sicher gute und wesentliche Elemente eines Heilverfahrens. Dennoch liegt über der Homöopa-thie der Schatten einer nicht wirklich korrekten Wissenschaftlich-keit. Hier aber möchte ich ein mit der Homöopathie zusammen-hängendes Beispiel erwähnen, das für das Verständnis der Öko-psychoanalyse hilfreich sein kann.

Quantenpsychologie, Unsinn oder Wahrheit?

Seit vielen Jahren geistert nämlich das Wort Quantenpsychologie, hauptsächlich erfunden von dem amerikanischen Wahrheitssucher S. Wolinsky, durch die Literatur, die Internetdiskussionen und so-gar durch die psychoanalytischen Institute. Es handelt sich um den alten und bekannten Versuch, moderne Physik und die Naturwis-senschaften mit Psychologie, Geist, Seele und Unbewusstem in Einklang oder zumindest in klare, verständliche und messbare Zu-sammenhänge zu bringen. Einer der ersten, der sich auf diesem Sektor versucht hat, war F. Capra mit seinem Buch „Das Tao der Physik", mit dem er in den Sechziger Jahren des letzten Jahrhun-derts Aufsehen erregte. Er stellte ganz klare Analogien zwischen dem Zenbuddhismus und der Quantenphysik her. Er fragte sich – verkürzt ausgedrückt -, ob die Quark-Symmetrie nicht ein neues Koan ist,[99] also aufgebaut ist wie ein zenbuddhistisches Rätsel-wort. Aber hier liegt schon das erste Problem: Eine noch so faszi-nierende und klare Analogie ist noch lange kein wirklicher wissen-schaftlicher Beweis. Hier liegen Welten dazwischen. Zudem ist

---

[99] Capra, F., Das Tao der Physik, Scherz Verlag (1987) S. 246. Die Quarks sind bekanntlich die derzeit kleinsten Untereinheiten des Atoms.

der Aufbau eines Koans rein sprachlich, wenn auch oft irrational, während die Quarksymmetrie immer noch eher physikalisch-mathematisch aufgebaut ist. Und auf ähnlichen Gedankengängen beruht auch S. Wolinskis Quantenpsychologie.

Auch Wolinsky ging von den Quantenobjekten aus, die in sogenannten Verschränkungsexperimenten ein interessantes und aufregendes Ergebnis zeigen. Entlässt man ein Photon (ein Lichtquant) einer entsprechenden Quelle und lässt es in zwei unterschiedliche Richtungen strahlen, kann das eine – obwohl es mit dem anderen überhaupt keine Berührung oder Kommunikation jedweder Art mehr hat, – das andere doch gleichsinnig (z. B. Polarisationsänderung) beeinflussen. Es gibt also sozusagen ein Ganzheitsphänomen, das die beiden außerhalb unseres physikalischen Systems und Vorstellungsvermögens zusammenhält.

Dieses Phänomen ist inzwischen bei den meisten anerkannten Physikern nicht mehr umstritten. A. Einstein sprach zwar von „spukhaften Fernwirkungen", weil er die Quantenmechanik von N. Bohr ablehnte. Heute ist aber sowohl die Relativitätstheorie (mehr die Physik des ganz Großen, Astrophysik) als auch die Quantenphysik (Physik des ganz Kleinen, Elementarteilchenphysik) als nebeneinander stehend voll anerkannt. Man weiß nur noch nicht, wie man die beiden zusammendenken. kann. Erklärungsversuche sind diesbezüglich im Rahmen der sogenannten Quantengravitation, der String-Theorie, der Supersymmetrie und anderer gemacht worden. Auch hier steht ein klares, endgültiges Ergebnis noch aus.

Dennoch kann man das Verschränkungsexperiment erklären. Man könnte z. B. zurückgreifen auf die Vorstellung und den physikalisch-mathematischen Nachweis des Higgs-Feldes, eines physikalischen Feldes, von dem alle Teilchen ihre Masse bekommen und interagieren. Die Sache ist in jedem Fall irgendwie mehr in physikalisch-mathematischer Theoriebildung zu regeln und weiter nicht so aufregend, denn sie hinterlässt keine Konsequenzen. Zudem habe ich bereits auf die Kritik hingewiesen, die in der mangelnden numerischen Wohldefiniertheit besteht. Die „Messinstrumente" liegen hier außerhalb einer derartigen Definition. Dazu zitierte ich den Physiker M. Esfeld mit seinem Satz über die Messbarkeit auf der Grundlage wohlbestimmter Werte, die in die Dynamik eingebaut werden muss, die man für die Zeitentwicklung von Quantensystemen ansetzt.

Etwas anderes ist es jedoch auch, wenn man diese physikalischen Phänomene auf Wesenheiten wie Geist und Psyche, Mensch und Gehirn, Bewusstes und Unbewusstes überträgt. Hier kommt man nicht um vorwiegend symbolische, also nicht so sehr bildhafte, sondern worthafte Ausdrucksmöglichkeiten herum. Vereinfacht gesagt geht Wolinsky von einer „Wahrnehmungsidentität" aus, die wir als Kinder unbewusst aufgenommen hätten und die mehr oder weniger falsch ist. Wir fixieren uns aber daran und leben dann weiter mit einem in uns verankerten grundlegend falschen Selbst. Wir müssen also lernen, dass wir nicht das sind, was wir erfahren, zu sein. Und nun ist es ganz einfach, sich vorzustellen, dass man nur mit einer anderen „Wahrnehmungsidentität" zusammentreffen muss – am besten eben einer, die wie Wolinsky „gereifter" ist, um wie die Photonenquanten in der Verschränkung vollkommen und kongruent zu interagieren. Wolinsky kann dann vollständig in mich „eintreten" und wir können uns darüber austauschen, worin mein falsches Selbst besteht.

Tatsächlich ist dies auch in der klassischen Psychoanalyse in ähnlicher Form schon lange bekannt. Bereits H. Rosenfeld beschrieb in den Vierziger Jahren des letzten Jahrhunderts das Phänomen, wie der seelische Raum des Unbewussten des Patienten und des Analytikers sich verschränken und großartige Deutungsmöglichkeiten zulassen, aber auch Probleme erzeugen können (Rosenfeld, H., Sackgassen und Deutungen, Verlag Internationale Psychoanalyse (1990) und Rosenfeld, H., Zur Psychoanalyse psychotischer Zustände, S. 140 und 195). Von dem englischen Psychoanalytiker W. Bion ist dieser Zusammenhang noch weiter ausgearbeitet worden und wird heute immer wieder in psychoanalytischen Fallgeschichten oder Theoriediskussionen erwähnt. Auch daran ist eigentlich nichts mehr Aufregendes. Aufregend ist eher die Tatsache, dass man wieder glaubt, eine klare, faszinierende Analogie sei ein echter wissenschaftlicher Beweis. Auf jeden Fall wird sowohl im physikalischen als auch im psychologischen Feld der Fehler gemacht, auf den J. Lacan mit dem folgenden Satz hingewiesen hat: „Wenn die Einheit, die in der Physik wirkt, an zwei Punkten zugleich sein kann, dann bekommt sie eine subjektbezogene, irrationale, höchstens noch mathematisch oder psychoanalytisch erfassbare *gekrümmte* Form."

Welche Einheit wirkt dann in der Psychologie dermaßen analog der „Verschränkung" und der Punkt-zu-Punkt-Wirkung, wirkt so identisch, dass sie nicht mehr abbildbar, sondern nur noch mit viel Worten und Abhandlungen erklärt werden kann? Die Identität selbst? Was soll das sein? Das eigene Ich? Ein Größen-Ich oder gar ein absolutes Ich? Oder das Ich, so wie Freud es vermutet hat, das in sich gespaltene Ich? Oder das Ich, das eigentlich nicht als Ich, sondern als Identität zu verstehen ist, wie ich es gleich in Wolinskys Worten weiter definieren werde. Was überhaupt ist Identität?

Es ist klar, dass die Physik niemals eine psychische Identität bilden kann. In all diesen Kurzschlüssen der Psycho-Physik wird nicht beachtet, dass man die gleiche Arithmetik, die gleiche wohldefinierte numerische Messbarkeit einsetzen muss, und dazu habe ich das wirkliche Wesen des Null-Eins-Abstandes in Kapitel 2 ausführlich diskutiert. Was also ist wirklich Identität? Ist es etwas Wirkliches oder etwas Spiegelbildliches? So wie die Verschränkungsexperimente hat die Identität anscheinend beides an sich. Und tatsächlich finden wir so etwas auch schon bei den „Spiegelneuronen" der Neurowissenschaftler und im Begriff des „Spiegelstadiums" von Lacan. Die Neuronen sind sicher im Gehirn ein Stück Realität, und das „Spiegelstadium" Lacans erzeugt durch eine illusorische Reflexion ein besonders fassbares Ich-Gefühl beim Kind im Alter von etwa eineinhalb Jahren. Doch wie wird aus diesen realitätsbezogenen Spiegelungen dann mehr als nur ein kindliches Ich, mehr als nur ein Nicht-Ich wie Wolinsky sagt (ein eigentliches Ich sozusagen, das seine Schein-Ich-heit erkannt hat und im „namenlosen Absoluten" aufgeht? Denn für den Quantenpsychologen gilt: „Am Anfang war das absolute Nichts. Dann verdichtete sich innerhalb dieses Nichtseins das *Ich bin.* Und eines

Tages wird das *Ich bin* verschwinden, sich einfach auflösen in dieses Nichts hinein. Dann wird wieder das absolute *Nichts* herrschen" (Wolinsky, Die Essenz der Quantenpsychologie, VAK).

Also, wer damit leben kann, sollte es tun. Mehr oder weniger heißt dies, dass ich die Nichtigkeit des Ich in einer generellen Nichtigkeit auflösen muss, weil ich dann wenigstens Teil dieser Nichtigkeit als solcher bin, d. h. ein Fast-Nichts von wenigstens einem bisschen Etwas, dem Absoluten. Es gibt somit eine Identität von Außen und Innen, es hat eine Identifizierung (so nennt man es tatsächlich in der Psychoanalyse) stattgefunden. Nun treten sich zwei Menschen, die sich auf diese Weise irgendwie identifiziert haben, gegenüber. Blitzartig gibt es ein Auflösen in der „einen Substanz" (etwas Körper- und Dinghaftem), die die Welt und alles ausmacht, würde nicht jeder Einzelne mit seinem falschen Selbst dies verhindern. Deshalb lernen die Buddhisten und Meditationslehrer dieses Zurückkehren in die reine Leere, von der S. Wolinsky sagt, dass sie eben namenlos ist.

Aber ist das nicht der alte Schwindel, von dem einem schwindlig wird, weil er eigentlich nichts sagt? Ich schlage einen anderen Weg vor. Gewiss mache ich den gleichen Fehler, indem ich wie Wolinsky von allem und nichts rede, ohne zu hinterfragen, was Reden eigentlich ist, aber ich gehe von der etablierten Psychoanalyse aus, insbesondere ja von der noch wissenschaftskonformeren Psychoanalyse Lacans. Das „Wort ist der Mord der Sache", sagte Hegel. Indem wir reden und reden, verlieren wir die Dinge und das eigentliche Sein, das die Psychoanalyse ja im Unbewussten nachgewiesen hat. Wir sind uns dann so entfremdet, dass wir erst wieder mystische Zustände aufsuchen müssen, in denen wir fühlen, dass wir sind (körperhaft, dinghaft), obwohl wir doch, als wir anfingen zu reden, schon ding- und körperhaft waren. Das Ganze kann man nicht durch Worte wie „Identität", „Ich bin" oder „Nicht-Ich-Ich" körperbezogen und dinglich machen. Um wirklich zu „dinglich" zu machen, müsste es gleichzeitig „sprechlich" sein. Das ist das, was auch Wolinsky im Grunde genommen will: Er will mit Worten „verdinglichen", er will „körpersprechlich" daherkommen, wortdinglich, dingwörtlich, spruchlich, peng . . .

Aber so einfach geht es halt nicht. Wolinsky ist ein Wahrheits-
schwätzer, er sagt das Richtige, weiß aber nichts. Er sagt es gut, es
ist aber falsch. Nicht allein um Quantenpsychologie sollte es gehen, sondern auch um Psychoanalyse, weil diese wissenschaftlich
fest und gesichert ist, nur muss man sie eben „anders-herum" prak-
tizieren, als man es bisher getan hat. Statt des Jonglierens mit den
falschen und doch wieder nicht richtigen Ich-Ichs, empfehle ich
eines mit wissenschaftlich begründetem „Dingsprechlichem", das
ich Formel-Worte genannt habe. Sie „sprechdinglichen" sich wirklich so daher und dahin, dass man dem „namenlosen Absoluten"
zwar nicht noch schnell einen Namen unterschieben kann, aber
eben etwas, das zwischen Wort und Sache so angesiedelt ist, dass
es beides schon vorher in sich vereint, bevor es zum Zusammentreffen der „Identitäten" kommt!

Nur so etwas kann der wahre Schlüssel sein. Keine langen Bücher,
die wieder nur die „Leerheit des ungeteilten Bewusstseins" da-
heralbern. Denn die Formel-Worte kann man üben, ohne im namenlosen Nichts verschwindend aufblühen zu müssen. Ein Formel-Wort ist nach psychoanalytischen, psycholinguistischen Kriterien so aufgebaut, dass es eigentlich auch nichts sagt, obwohl
übermäßig gesagte Bedeutungen in ihm stecken. Lacan nannte dies
einen „linguistischen Kristall", ein Sprech-Ding. Nun sagt Lacan
auch, dass die Psychoanalyse eigentlich keine (im stringenten
sach-wissenschaftlichen Sinne) Wissenschaft sei, doch sie ist eben
„unwiderlegbar", weil sie „Praxis ist, Praxis des Geschwätzes
(bavardage)."[100]Allerdings meine ich, dass diese Praxis etwas an
Schwung verloren hat und ich darum die *APK* entwickelt habe. Auf
jeden Fall ist sie wissenschaftlicher oder – wenn man will – unwi-
derlegbarer als die Quantenpsychologie und ähnliche esoterische
Versuche.

Paralleluniversum und Esoterik

Dagegen gewinnen Diskussionen um die Theorien des unsichtbaren Universums (Dunkle Materie und Dunkle Energie) eher an

---

[100] Lacan, J., Seminaire XXIV, 15. 11. 77

Bedeutung. Laut der bekannten amerikanischen Physikerin L. Randall leben wir in einem Multiversum. Es gibt zumindest zu dem uns bekannten noch ein Paralleluniversum, das jedoch nicht weit von uns entfernt ist. Im Gegenteil, es ist nur 10^{-31} cm von uns getrennt, und das heißt eigentlich fast mit unserem identisch. 10^{-31} cm sind eine so ungeheuer kleine Distanz, dass sie überhaupt nur schwer messbar und schon gar nicht mehr vorstellbar ist. Doch gerade diese enge Verbundenheit liefert den Physikern von heute die beste Möglichkeit, so unklare Dinge wie die Dunkle Materie und Dunkle Energie und den Zusammenhang zwischen Quantenmechanik und Relativitätstheorie (die sogenannte Quantengravitation) zu interpretieren. Aber sie liefert auch Wasser für die Mühlen der Esoteriker, die nunmehr glauben, alle geheimnisvollen Kräfte, die dem Menschen direkt zugänglich sind – wie etwa Psychokinese – zu erklären. Doch L. Randall widerspricht einem solchen Zusammenhang aufs Heftigste.

Es gibt nämlich nur sehr vereinzelte enge Stellen, Durchtunnelungen, an denen ein Durchgang von einem Teil des Multiversums in einen anderen (Paralleluniversum) möglich ist. Auch wenn das zweite Universum direkt in uns unsichtbar versteckt ist, ja bis zum Geht-nicht-mehr mit uns verklebt und zusammenhängend ist, gibt es keine Chance einer Verbindung als nur die genannte Durchtunnelung, die hohe Energien und Materie-Masse-Umwandlungen erfordert. Dennoch ist die Tatsache der 10^{-31} cm nahen Trennlinie so faszinierend, dass man damit spekulieren muss. Auch in der Psychoanalyse sprechen wir von derartigen Phänomenen einer äußerst engen Durchtunnelung, nämlich der vom Bewussten zum Unbewussten. Lacan spricht hier von den „défilés logiques" oder „défilés signifiantes", den logischen oder *Signifikanten* Engführungen, die im Traum, im Sich-Versprechen oder psychischen Fehlhandlungen sichtbar werden.

Warum nicht Parameter aus anderen Wissenschaften nutzen? In Mystik und Religion hat man zwar ähnliche Durchtunnelungen vom Diesseits ins Jenseits behauptet. In dem Verfahren der *APK* konnte ich diese eher psycho-physisch zu nennenden Phänomene noch besser theoretisieren und auch direkt erfahrbar machen. Doch

auch wenn ich hier psycho-physisch sage, hat dies nur am Rande
mit den physikalischen Vorstellungen von L. Randall zu tun. In
einem neuen Buch habe ich jedoch diese Thematik aufgegriffen,
und mich besonders auf das unsichtbare Universum bezogen, das
rein physikalisch nicht erklärbar ist.[101] Ich habe mich hier auf den
generellen Substanzbegriff bezogen, wie er uns seit Aristoteles bekannt ist, und ich eben lieber von einer Konjekturalwissenschaft
spreche (oder wie ebenfalls schon zitiert: einer „der Liebe unterstellten Wissenschaft"). Dass so etwas im unsichtbaren Universum
möglich ist, hängt rein mit dem Verständnis für dasjenige zusammen, das man als Wissenschaft gelten lassen kann.

Die Substanz, griechisch die Usia, beinhaltet nicht ein physikali-
sches Sein, sondern das Wesenhafte, Elementare, das Eine als solches. L. Randall wird natürlich lachen und sagen: Da haben wir es
wieder, die Metaphysiker wollen die Gesetze der Materie und
Energie, der Quantengravitation und anderer neuerer naturwissen-
schaftlicher Erkenntnisse nicht anerkennen. Doch darum geht es
nicht. L. Randalls neuestes Interesse gilt der Stringtheorie, die sich
mit an Sicherheit grenzender Wahrscheinlichkeit niemals experi-
mentell beweisen lassen wird, wie die Physikerin selbst zugibt. Damit tritt sie selbst in einen mehr mathematisch-konjektural-wissen-
schaftlichen Bereich ein, und dies ist genau der, von dem ich auch
– von der Psychoanalyse her kommend – sprechen möchte.

Nikolaus von Kues spricht in seinen philosophisch-theologischen
Schriften von jener *linea maximalis et infinita*, der größten und unendlichen Linie, die die Wesen in *Liebe* verbindet. Er geht von den
Konjekturen aus, präzisen Bahnen der Vermutung, die man in immer weitere Präzision treiben kann. (Werke, Meiner, 2002). Die
höchste Präzision ist seiner Meinung nach Gott, aber der Mensch
kann an sie sehr nahe herankommen. Auch in der Mathematik
nutzt man die Konjekturen, die Vermutungen, die man dann durch
Rechenschritte präzisieren muss. Auch in der Psychoanalyse geht
man so vor. Man gibt den Assoziationen des Patienten immer prä-
zisere Deutungen, bis schließlich ein Maximum erreicht ist, das

---

[101] Hummel, G. v., Fang mit dem Anfang an, BoD (2026)

das krankhafte Symptom zum Verschwinden bringt. Besser als mit der Physik lässt sich mit der Konjekturalwissenschaft arbeiten, wenn es um Grundsatzfragen geht. Physikalische Gesetze werden dadurch nicht gestört.

Ob wir vom Kantschen oder Lacanschen „Ding" reden, oder von einem Nichts als Etwas, es ist egal, wie wir es nennen. Gehen wir von der Psychoanalyse als Konjekturalwissenschaft aus, wissen wir, dass es jedenfalls nicht einfach nur e i n „Ding" ist, um das es geht. Man kann schon froh sein, wenn man die Grundkräfte, Triebe, auf zwei reduzieren kann. Den Rest, die Vereinheitlichung muss jeder selbst tun können, da kann einem der beste Schlaumeier nicht helfen. Wie schon mehrmals erwähnt, siedelt die universitäre Wissenschaft die Wahrheit unterhalb des Wissens an. In der Psychoanalyse ist dies leider heute oft auch schon wieder so, dass man also psychanalytisch zum Scholastiker geworden ist. Wir brauchen Teilnehmer an dieser Praxis, die „unwiderlegbar" ist, nur so kann man aus dem Dilemma herauskommen.

Und damit schließt sich wieder der Kreis zur Ökopsychoanalyse, deren „Ding" sich in der Natur verbirgt, obwohl wir von ihm nur 10^{-31} cm getrennt sind. Natürlich können wir physikalisch dieses „Ding" nicht mit den Fingern greifen. Aber wir können uns von ihm „greifen" lassen. Dazu müssen eben wir selbst zum zweiten „Ding" werden. Dies geht ganz einfach, wenn wir uns z. B. zum Mittelpunkt des Universums machen und somit die Ökopsychoanalyse auch als Astro-Psychoanalyse verstehen (man kann jedoch auch nach wie vor ganz simpel beim Begriff der *APK* bleiben).

Die heutigen Versuche, das Universum zu erklären, werden immer ausgefallener, kurioser und damit auch unwahrscheinlicher. Unter den vielen Modellen, die es momentan dazu gibt, habe ich schon das des sogenannten Multiversums herausgehoben. Da man das eine, das unsrige Universum nicht von sich selbst heraus erklären kann, nimmt man an, es gäbe parallele Welten, die in einer anderen Schicht, auf einer virtuellen Ebene, durch eine Raum-in-Raum-Verschiebung (Branen) existieren. Man kann dann nämlich ganz leicht all das, was in dem einen, dem unsrigen Universum passiert, aber nicht erklärbar ist, durch den Einfluss oder Zusammenhang mit dem zweiten (oder mehreren) parallelen Universen erklären. Wem das genügt, der braucht nicht weiterzulesen. M. Tegmark, Professor für Physik und Astronomie an der Pennsylvania – Universität genügt es. Er sagt, dass grundsätzlich eine „ungebrochene mathematische Symmetrie herrscht: Sämtliche mathematischen Strukturen existieren auch physikalisch. Jede mathematische Struktur entspricht einem Paralleluniversum." Damit ist man auf sicherem Boden und der theoretische Ansatz ist auch elegant. Wirklich, man könnte hier enden, warum nicht?

Gäbe es da nicht auch noch die Astrologie. Wenn die Astronomie die Sichtung ist, dann ist sie die Rede, das leuchtet ein. Die astronomo-logo-ische Sichtung ist nichts anderes als ein phantasmatisches Verknoten der Dinge. Lacan sagt in seinem 24. Seminar: "La science n'est rien d'autre qu'un fantasme, qu'un *noyau fantasmatique* . ." Die Wissenschaft ist an das gebunden, was man speziell den Todestrieb nennt. Es ist eine Tatsache, dass das Leben fortdauert, dank der tatsächlich an das Phantasma gebundenen Reproduktion."[102] Die reine, nackte Astronomie sagt uns nicht viel. Worin konnten Aristoteles und später die Scholastiker sich sicher sein, dass die „himmlischen Sphären", in denen sie auch Gott ansiedelten, nicht Trug und Täuschung sind? Für uns heute funktioniert die „himmlische Sphäre", dieses „Astrale" – wie es manche nennen – ganz einfach von sich aus durch das Zusammenspiel von Elementarteilchen und Gravitation. Hier gibt es keinen großen *Anderen* (A) der spricht.

Aber die Astrologie spricht, sie ist Rede. Doch glaube ich, dass sie zu viel spricht. Sie ist zwar Rede, aber Rede im Sinne von Geschwätz, wie es in der Psychoanalyse auch üblich ist, indem sie eine Praxis des Schwätzens ist. [103] Lacan spricht mehrmals in

---

[102] Die Wissenschaft ist nichts anderes als ein Fantasma, als ein fantasmatischer Knoten . . La science est liée à ce qu'on appelle spécialement pulsion de mort. C'est un fait que la vie continue grâce au fait de la reproduction liée au fantasme.
[103] Lacan, J., Seminaire Nr. 25, vom 15. 11. 77

seinen Seminaren von „L'Autre des astres", vom *Anderen* der
Sterne, womit er die sichere, reale Verortung dieses unbewussten
Anderen meint, aber eben nicht mehr. Das „Astrale", das viele
Mystiker meinen oder auch „sehen" ist immer in der Gefahr, aus
diesem *Anderen* der Sterne einen persönlichen Anderen, ein Subjekt zu machen. Wenn man in der *APK* dahin kommt, das *Strahlt*
und die Katharsis zu erfahren, sagen einige, dass sie die Empfindung haben, im Universum zu sein, Sterne zu „sehen". Das kann
man so stehen lassen. Es ist eine Garantie, richtig verortet zu sein.
Aber mehr darf man daraus nicht machen, man kommt sonst ins
ungesteuerte Phantasma, während die nüchterne Astronomie zwar
auch phantasmatischen Hintergrund hat, das Phantasma aber nach
Maßgabe astro-physikalischer Prinzipien etwas zu steuern vermag.

Der unbewusste, große *Andere* ist immer an seinem Platz so wie
die Fixsterne eben. Und er äußert vielleicht auch einen Laut, ein
Gemunkel, aber mehr nicht. In der Meditation den Sternenhimmel
zu „sehen" und seinen Rumor zu hören ist nichts als ein primitives
Strahlt / Spricht. Das ist ein guter Ausgangspunkt, aber eben nicht
mehr. Zudem: schon seit langem könnte sich die Astrologie auf
andere Zusammenhänge stützen als die, die die klassische Form
der Astrologie benützt, also z. B. den Zeitpunkt und Ort der Geburt
eines Menschen. In der Psychoanalyse hat man zwar ebenfalls der
Geburt eine wichtige Bedeutung beigemessen, hier insbesondere
der Freudschüler O. Rank, aber grundsätzlich ist nicht für jeden
Menschen die Geburt gleichermaßen ein problematischer oder besonders bedeutungsgeladener Zeitpunkt. Denn es taucht die Frage
auf, ob nicht im Zeitalter vertiefter Kenntnisse der Myriaden von
Galaxien, ja Galaxienhaufen, diesen nicht gegenüber den Planeten
und Sternzeichen unseres so unbedeutenden Sonnen- und Milch-
straßensystems eine größere Achtung entgegengebracht werden
müsste. Denn hier gibt es ja auch Bewegung und massive Verän-
derungen von Kräften in Raum und Zeit. Hier hätte die Astrologie
etwas nachzuholen. Der wahre Astrologe sitzt in uns selbst und
gibt ab und zu ein *Pass-Wort* heraus. Geleitet von den *Formel-
Worten* darf der *Andere*, auch der Andere der Sterne vieles sagen.
Da ist der Irrtum ausgeschlossen.

Schon der Dichter Jean Paul hat in seinem Traktat „Rede des toten Christus vom Weltgebäude herab" klar werden lassen, dass da oben im unendlichen Universum nichts zu holen ist. Und nie werden wir den Ausgangspunkt, das Zentrum des Universums dort draußen finden. Denn viel zu stark sind dunkle Masse und Energie und erzeugen so Verschiebungen, um nicht zu sagen Umkehrungen unseres Blicks. Schon ein paar Sterne genügen, um den Blick durch die Gravitationslinsen so zu verzerren, dass wir nicht mehr deuten können, was wir sehen. Außer ein paar schönen Bildern vom Hubble-Teleskop wird sich uns dort keine große Wahrheit enthüllen. Wir müssen das Zentrum des Universums in uns selbst finden. Die Sterne müssen aus uns heraus sprechen und nicht nur außen sichtbar sein. Das Zentrum des Universums ist in uns und kann uns Sicherheit, Verortung geben. Gelenkt durch die Übungen der Analytischen Psychokatheris kann es auch ein wahres *Spricht* dieses *Anderen* geben.

In uns selbst ein *Strahlt / Spricht* aufzubauen, das eine *Katharsis* erzeugt, inmitten der wir dem Vernehmen der Wahrheit (*Pass-Wort*) doch viel näher sind als in der unermesslichen Entfernung von Milliarden von Lichtjahren kann doch die beste Astro-Logo-Nomie sein? In sich selbst kann man Astronomie und Astrologie doch viel einfacher zusammen bringen.

10. Zusammenfassung und Ausblick

Reden ist etwas Lässiges, Allgemeines, während Sagen als das Zutreffende und Sprechen als das Edlere gilt. Die von mir oben zitierten „sermons in stones and books in rivulets" sind nicht etwas Gesagtes, auch nicht verbale Schriftsprache, sondern ein Gerede, stilles oder gurgelndes Vor-Sich-Hin-Formulieren. Vielleicht hätte ich sogar besser als vom Es *Spricht* vom Es Sagt berichten sollen. Aber bei den *Pass-Worten* kommt es doch dazu, dass Es aus der Tiefe des Unbewussten heraus ‚radebricht', weil eben hier durch die *Formel-Worte* die Struktur von Sprache schon vorgeformt ist und am Schluss solcher Worte das übliche Denken schon zugegriffen und es daher aus dem diffusen Reden einen Kurzsatz, ein übliches Sprechen gemacht hat, das jedoch nichts sagt.

Ich will nicht mit fachlichen Auseinandersetzungen, die sicher ihren Wert haben, belästigend wirken. Psychoanalytische Literatur ist immens angewachsen und so bedarf es einer Vereinfachung. Ich habe die Literatur für den allgemeinen Leser gesichtet – speziell die Lacanschen Seminare, und dieser Sichtung stelle ich die einfache Rede gegenüber. Aus der Geschichte dieses Paares, dieses Doppelwesens von Rede und Sichtung, habe ich etwas zu machen versucht, womit man der Wirklichkeit auf die Spur kommen und sie bewältigen kann. Der Dramatiker F. Dürrenmatt schreibt, dass man eine Geschichte zu Ende denken muss und dies dann der Fall ist, wenn sie ihre schlimmstmögliche Wendung genommen hat. Diese tritt speziell durch den Zufall ein, denn „je planmäßiger die Menschen vorgehen, desto wirksamer kann sie der Zufall treffen."[104] Dürrenmatt erwähnt hier selbst die Ödipussage und fährt fort, dass solche Geschichten paradox sind, dass im Paradoxen aber die Wirklichkeit erscheint. Der Dramatiker „kann den Zuschauer überlisten, sich der Wirklichkeit auszusetzen, aber nicht zwingen, ihr standzuhalten oder gar sie zu bewältigen." Die Psychoanalyse aber kann das und – wie ich meine – auf Grund nachlassender Praxis und erstarrter Theoriebildung kann es die *APK* noch mehr.

---

[104] Dürrenmatt, F., Die Physiker, Diogenes (1998) S. 91- 93

Denn sie repräsentiert ideal dieses Paradox nicht nur in der komplexen, unbewussten Kombination von Rede und Sichtung, von *Strahlt* und *Spricht*, sondern vor allem auch in den *Formel-* und *Pass-Worten*. Denn das Üben mit derartigen in sich widerspenstigen Formulierungen fordert ja den Zufall des *Pass-Wortes* aufs Vehementeste heraus. Und natürlich liegt darin auch die schlimmstmögliche Wendung verborgen. Diese ist auch bereits in der klassischen Psychoanalyse zu sehen, wenn es zur „negativen *Übertragung*" und zur sogenannten „negativen therapeutischen Reaktion" kommt, in der der Patient die Kur abbricht. Freud knüpfte diese Phänomene direkt an den Todestrieb: Der Patient will nicht gesunden, zieht masochistische, infantil zerstörerische Gegenstrebungen vor, was dann eben oft zum Abbruch der Therapie führt. In der *APK* wird diese schlimmstmögliche Wendung jedoch mehr in einem Stocken des Fortschritts erfahren. Es stellen sich keine geeigneten *Pass-Worte* ein, die *Katharsis* fällt nicht so aus oder ereignet sich nicht so häufig wie erwartet. Doch die Bewältigung solcher Krisen steht dennoch gleichzeitig im Verfahren zur Verfügung.

Man kann mit der *APK* gerade dem Zufall ein Gesicht geben und ihn rational entzufälligen, ihn in Kontingenz, in Möglichkeit, überführen. Es existiert ja einerseits der in der Bildtheorie demonstrierte „Schleier", hinter dem der/das *Andere* durchscheint und somit immer präsent ist. Mit diesem „Schleier" gibt es eine Sicherheit der Existenz des Unbewussten in einer Form, die zwar nicht gleich heilend und erlösend ist, aber doch erfahrbar und aushaltbar, wenigstens halbsichtbar. Natürlich könnte das Andere auch erschreckend sein, unheimlich, wie Freud es als „urverdrängt" theoretisiert hat, und wie ich ja von bildhaft Unbewussten meine, dass es gerade den/das *Andere(n)* hinter dem „Schleier" deutlicher sichtbar macht, als wenn man direkt daraufblickt. Auf diese Weise ist der „Schleier" das eigentliche Bild, das Subjekt-Bild, das man zwar nicht für alle und objektiv sichtbar machen kann, aber bei dem man sich bei sich weiß.

Bekanntlich hat Freud die Theorie des Unbewussten mit dem Konzept des „toten Vaters" verbunden (siehe die Religionstheorie in Kapitel 1). Den Vater kann man nicht echt, direkt, aufregend vital erfassen. Wir wissen heute, dass er biologisch durch die Spermato-zoen ins Spiel kommt, aber ohne Mikroskop ist das alles etwas blass und abstrakt. Der Vater per se ist der Name für die symbolische Ordnung, indem er durch sie, durch die Sprache metaphorisiert, ver-bal herausgehoben ist. Schon im Animismus: Überall gibt es diesen Vaterbegriff, doch entweder ist er zu mythisch, magisch vorgestellt, oder zu abstrakt ausgedrückt als Gott, als universaler Übermensch. Der reale Vater dagegen ist „kastriert", er leidet wie wir alle am Kastrationskomplex, und so steht der Begriff, der Name Vater im Wesentlichen für etwas Halbtotes, Verschleiertes, vielschichtig Zu-sammenhangloses. Ausgerechnet in seiner wesentlichen Funktion als Schöpfer, Creator, kommt er uns nie wirklich und vital vor die Augen, auch wenn die sogenannten Kreationisten ihn uns immer vehement einreden wollen.

Doch im „Bild-Schleier", in der Sichtung, wird er spürbar, körper-haft, konkretistisch fassbar, und das gibt einen gewissen Halt. Ich habe in der Besprechung der Bildtheorien dazu Stellung genom-men, dass dieser Halt faszinierend ist, aber letztendlich nicht total und nicht umfassend. Dazu bedarf es eben auch noch der Rede, des „unsterblichen Gerüchts", des analytischen Gesprächs und der ide-alen Verbindung der beiden als solche einzeln nur teilweise Halt gebenden Vater-Metaphern. Natürlich hat die Evolution auch nicht zeigen können, was der wahre Vater wirklich ist, der wahre Creator. Allein die natürliche Selektion Darwins reicht nicht aus, um dieser Metapher gerecht zu werden. Nischenbesetzungen in der Leben-sumwelt, epigenetische Mechanismen und anderes mehr muss die Evolutionstheorie ergänzen, und selbst dann fehlt immer noch ein bisschen von jenem *Spricht*, von der schöpferischen Wortfunktion.

Und die Psychoanalytiker zeigen den Vater per se ebenfalls nur sehr verhalten, indem er als Projektion dieser Metapher sich hinter der Couch verstecken muss. Immerhin weiß man, dass er da ist, doch immer nur für Momente in einer lang sich hinziehenden Zeit. Zu-dem: Immer wenn er wirklich spürbar wird, stört er sogar eher, da er zu physisch (Atem, Bewegungen, verschiedene Stimmlagen etc.) präsent ist. Doch in der *APK* erscheint er dauerhaft in Form einer Involution/Kreation. Der „Schleier" ist nicht unbeweglich, ich habe schon demonstriert, dass sich in ihm topologische Figuren und endogene Bildmuster verwoben haben. Man kann mit ihm spielen. Während man sich in der Relaxation zurückentwickelt (Involution in Richtung Taubheit und Ultrareduziertheit des Körperbildes), entwickelt sich spürbar die kreative Kraft, die durch die *Formel-Worte* den „Schleier" in Richtung eines *Pass-Wortes* lüftet. Spürbar heißt jedoch auch urübertragen manifest, konkretistisch, „transsubstanziiert", könästhetisch, als „Innerer Sinn", taktil. Man kommt sich echt berührt und angesprochen vor.

Eine derartige Hilfe und Wendung zum Positiven der Vater-Metapher kann jedoch auch die *Katharsis* speziell und zusätzlich dann werden, wenn man sie mit all dem, was ich unter Ökopsychoanalyse, Epigenetik und Naturheilverfahren geschrieben habe,[105] unterstützt. Es gibt keinen Therapieabbruch in der *APK*, da man ja keinen Therapeuten aufsucht, nichts bezahlen muss und kein sogenanntes „Arbeitsbündnis" eingehen muss wie in den psychoanalytischen Verfahren. Natürlich kann man das Üben einstellen. Andererseits will ich selbstverständlich für jeden Leser und jeden an der *APK* Interessierten eine größtmögliche Wirkung und Hilfe erreichen. Dafür gibt es auf meiner Webseite ein Kontaktformular, auf dem auch individuelle Fragen beantwortet werden.

Der Mensch ist erst im Werden. Der Philosoph E. Cioran hielt den Menschen für eine Fehlkonstruktion, aber er ist eher eine Halbkonstruktion, er ist einfach noch nicht fertig. Wir müssen ihn selbst zu Ende bringen und vollenden. Dafür ist die Psychoanalyse mit ihren Richtungsstreiten nicht immer so ganz gut geeignet. Sie ist zu umfangreich und zu kostspielig. Die Praxis und die Subjektbezogenheit müssen wieder stärker herausgestellt werden. Freud hatte die Laienanalyse propagiert, während es heute so ist, dass Psychoanalytiker nur werden kann, wer einen der zwei, drei zugelassenen fachakademischen (Medizin, Psychologie) Grade erworben hat. Ich habe jedoch die Teilnehmerperspektive in der Wissenschaft als ganz wesentlich herausgestellt. Jeder muss teilnehmen können am wissenschaftlichen Arbeiten. Jeder muss bei der wissenschaftlich-

---

[105] Siehe auf der Webseite >analytic-psychocatharsis.com<

praktischen Menschwerdung mitmachen können. Das ist das Haupt-Ziel der *APK*.

Dazu braucht man auch keine Institution. Freud und auch Lacan mussten noch Institute und Fachgesellschaften einrichten. Sie mussten sich auf wissenschaftlichen Tagungen treffen, und es gab ständig Reibereien, Eifersüchteleien und Rivalitätsintrigen. Das ist bei der *APK* nicht nötig. Man kann die Methode aus der Broschüre „Die körperlich kranke Seele" (kostenlos herunterladbar), also aus schriftlichen Äußerungen, heraus erlernen, das Internet ist dafür ein ideales Forum. Deshalb habe ich in diesem Buch, das ja auch zudem noch als wesentlich billigeres E-Book herunterladbar ist, alle bisherigen Internetbeiträge überarbeitet und zusammengefasst. Alles ist frei kopierbar oder herunterladbar. Es ist Zeit, dass wir wieder zum freien Gedankenaustausch zurückkehren, wie er von der Akademie Platons bis zu den Romantikern und Wissenschaftlern des 18. Jahrhunderts der Fall war.

Weiterführende Literatur

Freud, S., Abriss der Psychoanalyse, Fischer Taschenbuch, 1996

Lacan, J., Die vier Grundbegriffe der Psychoanalyse, Walter, 1980

Weischede, Zwiebel; :t-Cotta, 2009

Webseite: analytic-psychocatharsis.com
Kontakt: g.vonhuemmel@web.de

Weitere Bücher des Autors im MCS Verlag

Die körperlich kranke Seele I und II
In diesen jeweils 40 Seiten langen Broschüren beschreibt der Autor das Verfahren der *APK* knapp und praxisnahe. Während es im Teil I um allgemeine Erklärungen geht, wird im Teil II das Verfahren aus seiner biographischen Entstehung her und mit seiner Praxis erneut dargestellt. Beide Broschüren sind im Buchhandel zu bekommen,

Politik / Therapie
In diesem Buch geht es um den Versuch Politik und Psychoanalyse in einer praktisch-logischen Form zu verbinden. Der rote Faden dafür ist T Lipowatz These von den zwei wichtigsten Parametern des Lebens: Individuierung und Liebe zur Transzendenz. An Hand geschichtlicher Schilderungen und Aussagen von Zeitzeugen wird vor allem auch die Verarbeitung der deutschen Vergangenheit des 20. Jahrhunderts diskutiert.

,teetrunken' Ausgangspunkt des Buches stellt die Lehre des Psychoanalytikers O. Graf Wittgenstein dar, der davon ausging, dass der Mensch in sich drei Teile birgt, die er nur verschiedentlich zu einer Einheit bzw. einheitlichen Persönlichkeit verbinden kann. Die letztliche und ideale Einheit nennt er den 'Trialog'. Anhand der Schilderung mehrerer Bergbesteigungen durchstreift der Autor alle möglichen kulturellen und psychologischen Fragestellungen, um im Endeffekt den 'Trialog' durch das Wandern, Meditieren und intellektuelle Verarbeiten zu erreichen.

Yoga und Psychoanalyse

An Hand einer wissenschaftlichen Biographie des Religionswissenschaftlers und Yogalehrers Kirpal Singh (Surat Shand Yoga) werden alle Yogaformen von der Seite der Psychoanalyse her betrachtet. Es ergibt sich die Notwendigkeit ein eigenes Verfahren zu begründen, das der Autor auch *APK* nennt. Zahlreiche Bilder und Schemata machen das Buch anschaulich.

Analytische Psychokatharsis
Psychoanalytische Theorie und
kathartische Meditation können
nicht einfach ineinander über-
führt werden. Setzt man beide
Verfahren aber durch ein ent-
scheidendes Element (einen „linguistischen Kristall") in Beziehung, lässt sich ein eigenes neues
Verfahren begründen. Die Psychoanalyse und die meditativen
Methoden werden diskutiert, und
die Praxis des eigenen Verfahrens wird ausführlich beschrieben.

SIGNIFIKANT Gott?
Schon die unterschiedliche
Groß- Kleinschreibung provoziert, dass der SIGNIFIKANT
(Bezeichner, Bedeutender), ein
Begriff aus der Linguistik, wichtiger sein könnte, als die altehr-
würdige Vokabel Gott. Der Autor zeigt, dass Jesus ein Vorläu-
fer der modernen Psychothera-
pie war und somit sein Vorgehen
auch für die heutige Psychoanalyse genutzt werden kann.